てづくりのすすめ

増補改訂版

自然食通信 編
小玉光子
八田尚子
宮代一義 彫

はじめに

朝ごはんのおかずにと、三日に一度は鍋を持って豆腐を買いに走らされたのは、昨日《きのう》のことのようなのに、もう三十年も昔の話になりました。

六時には、街いちばんの早起き者、豆腐屋さんのコンクリートの床はきれいに洗い清められ、大きな水槽では、プカリプカリ、真白くてやわらかな手ざわりの豆腐が泳いでいたものです。夕方、買いに行くとよく、余分に豆腐をもらったりもしました。豆腐は生きのいいうちに食べるもの。翌日になったら同じ値段で売るもんじゃない、と店のおばさんは思い決めていたようでした。

その豆腐が、プラスチックのパックに入るようになった頃からでしょうか。遺伝子を傷つけ、ガンを引き起す作用のある殺菌剤ＡＦ$_2$が豆腐に入れられていると聞いたのは。一九五六年頃より、当時の子どもたちに人気のあった魚肉ハム、ソーセージやカマボコ類にも、強力な殺菌効果をもつＡＦ$_2$は盛んに使われていましたから、気づいた時には、相当の量を体内に取りこんでいたことになります。このＡＦ$_2$は結局、薬品メーカーの在庫が底をつく一九七五年まで、十五年もの長期にわたり殺菌剤として使われたのでした。

ともかく、事実を知った時の豆腐に対する失望は大きく、その後、七年余りも豆腐を食べない日が続くのですが、ＡＦ$_2$問題がきっかけで、店頭に出回っているほとんどの加工食品には防腐剤、漂白剤、着色剤といったさまざまな薬品が使われていることも知りました。

防衛策といっても、当時、無添加の食品を置いている店もなく、困りはてましたが、ようやく小さな自然食品店を見つけ、〝〇〇酵素〟〝〇×エキス〟などという目のとび出るほど高い品物の陰にかくれがちな天日干しのワカメや煮干、天然醸造の醤油、酢などを選んで買っていました。

あるとき、目にとまったのが「天然にがり」と書かれた袋。裏には、〝家庭で豆腐が作れる〟と書いてあるのです。その「にがり」と、横にあった穴のあけられた木枠を買い、大豆とミキサーもそろえて、ただちに豆腐つくりに取りかかることにしました。

それはそれは感動的なできごとでした。あの、丸くて硬い大豆の粒から、ふわりとした豆腐を作るなんて、素人にはうかがい知ることのできない秘伝があるに違いないとあきめていたのに、あっさり、目の前で香り高いふくよかな豆腐ができたのですから。目からウロコが落ちるとは、このことでしょうか。

この〝豆腐づくり〟はまた、さまざまなことに気づかせてくれました。

自分で作った豆腐は、ごはんの替りになるくらいに中身がしまっているのに、市販のものは、どうしてあんなに水っぽく頼りないのだろう。と疑問に思い、調べるうちに、水分含量が多くても固めてしまう強力な凝固剤が豆腐には使われていることや、日本に水揚げされる前に、強い毒性をもつ殺虫剤で必ず薫蒸されてしまう米国など海外からの大豆。価格が安いがゆえに、この輸入大豆を使わざるを得ない豆腐屋さんの内情。大豆をもっと作りたくても経営的になり立たない日本の農家。などなど。食卓に載せられたひとつの食べものの向こうに、大きな問題が次々と見えてきます。果ては、それでは自分は、何を、どのように作ってきたのか、これからどのように選択して生活するのかということまで問われていることを自覚しないわけにはいきませんでした。

自問しつつあったときに、安心して食べられる、より自然な食べものを食卓に取り戻そうと、暮しの現場からじわじわと興りつつあった共同購入運動に出会えたことは幸せでした。こうして一九八一年六月、共同購入運動の情報交流誌として、雑誌『自然食通信』は創刊されたわけですが、身近な食べものから、視野と行動を広げていきたいと考え、「手づくりのすすめ」も連載ものとしてスタートしました。

この六年、各地で手づくりの技を今も大事にしておられる方たちに手ほどきいただき、それを持ち帰って誌上で再現してきました。こうして味噌もコンニャクも、酢も、コウジもと、プロに預けてしまっていた食べものつくりの技を、ひとつひとつ台所に引きもどしていく作業を続けながら私たちが知ったのは、どれもこれも、もともとは暮しの中から生れ、ついこの間まであたりまえに日々の営みのひとつとして作られていたものだという事実でした。

また、豆腐ひとつとってみても、北は北海道から、南は沖縄まで、土地土地で、また家々で実に多彩で自由な作り方をしているということも、思いがけない発見でした。今では、ほとんどの人が豆腐は四角くて冷たいものと思われているでしょうが、たとえば沖縄では「豆腐は熱いうちに」と、ふわふわのアツアツを食べたものだとのことですし、岡山県のある地域に伝わる「玉豆腐」という丸い豆腐、おからも分けずに固める岩手の豆腐、女の人たちが寄り合い、大鍋で煮て作る高知の村の豆腐づくりなどなど。

考えてみれば、全国どこへ行っても同じ顔と同じ味の豆腐や醤油や味噌が売られていることのほうがおかしいのですが、地元の人たちを相手に、地場の材料を使って、納得のゆく安全でおいしい食品を作ってきた小さなメーカーも、大量に安価に作られる大企業の製品に太刀打ちできず次々と閉業に追いこまれていったというのが実情です。

一方で、大企業によるこうした寡占化の大きな波に洗われながらも、共同購入をしてきた方たちの活動の中から、家庭での手づくりや、企業戦争に何とか生き残った地元の生産者と手を携え、信頼できる食品を回復していくという試みも地道にすすめられており、ここでは人と人との関係の深まりに支えられるようにして良質な食品が育ってきています。食べものが人と人との関係を育てている、という言い方をしてもよいでしょう。

何もかも手づくりで、家族に安全な食べものをと気負う必要はないと思いますが、食べものを作ることや、服を作ることや、暮しを創るさまざまな工夫が実に楽しい仕事であることをぜひ体験し、味わっていただきたいと思うのです。

そして、食べものの素顔に出会える「手づくり」を通して、食べものとそれを食す私たちの生活を取り巻くさまざまな社会の仕組へ関りを深めていく一歩に、この本が多少なりともお役に立てるならば幸いです。

一九八七年六月　　　　　　『自然食通信』　横山豊子

手づくりのすすめ

増補改訂版
目　次

目次

秋冬

装幀 貝原浩　装画 宮代一義

春

酒まんじゅう

・時間もかかりますし、手間もかかります。でも湯気のあがっている出来たてのあつあつ酒まんじゅうの味とかおりの良さはまた格別。少々形がいびつだろうと、あんが飛びでていようと、多少堅めだろうとなんのその。気楽に気長に、そしてできれば大勢でワイワイと酒まんじゅう作りの楽しみを分けあいましょう。

材料

【酒ダネの材料】

コウジ 八〇g（今回は乾燥したものを使用）

ごはん 二五〇g（茶わんに山盛り一杯）冷やごはんでも麦が入っていてもいい

ぬるま湯 一ℓ

【酒まんじゅうの材料】

酒ダネ 3カップ

小麦粉 約一・三kg（地粉があればなおよい）

あんこ お好みのあんで

一 ごはんとコウジをよく混ぜ合わせる。熱いごはんは人肌に冷ましてから。

二 そこへ、ぬるま湯を差してさっと混ぜ、夏ならば窓際、冬ならばコタツの中など、30度前後のところに二日間置き、酒ダネができるのを待つ。出来た酒ダネはザルでこす。

三 小麦粉700gと3カップの酒ダネをさっとハシで混ぜ、これをまた、30度前後のところで4〜5時間ねかせる。

㈣ぷうっとふくれあがってきたら、約450gの小麦粉を、ベタつかず手になじむような、ほどよい固さになるように、様子を見ながら少しずつ混ぜ、空気を抜くようにこねる。

㈤できた生地で皮をつくり、あんを包む（次ページの図参照）

㈥粉をひいた紙の上にまんじゅうを並べ、ふたたび30度前後のところに置く。30分もすると、ぷうっとふくれてきて、表面の様子が変わってくる。長く置きすぎると蒸したときに割れてしまうので注意。

七 20分ほど蒸せば出来上がり。

皮のつくり方

右手の指で生地をかき寄せながら、そこを支点に左手の手の平の上でころがし、表面をなめらかにしながらまるめる。

つまんだ出っぱりを押し込む。

左手に生地を持ち、右手をそろえる。

← 次のページに続く

ごちそうだよ、熱々のいい香り

「ああ、いいにおい」。囲炉裏横のへっつい（かまど）にかけられたせいろから、ほのかに甘い酒の香りのする湯気が、シュッシュッと盛んに上がっています。台所の入口に立って、そんな様子をながめている幼い私。はるか遠い日の一瞬の光景が、満ちたりた幸わせな気持とともに不思議と記憶に残っています。

東京の多摩地区や山梨の東部、埼玉などでは昔から家庭で酒まんじゅうを作ってきました。母から子へとその作り方が伝えられてきたのですが、だんだんと作る人が減っています。その理由はやはり「買うほうが早いし簡単だから」ということのようです。消え去ろうとしている家庭での酒まんじゅう作り、やはりもう何年も自分では作っていないという多摩に住む母に話を聞き、実際に作ってみました。一緒に作ればよかったのですが、それができずにノートと首っぴき、何度も電話をするということを繰り返し、あげくの果てに酒ダネの発酵に失敗してしまいました。ウンともスンともいわなくなってしまったのです。やはり作り方をマスターするには経験者から手とり足とりで教えてもらうのがいちばん。そこで再度挑戦。今度は母に直接、指南役を務めてもら

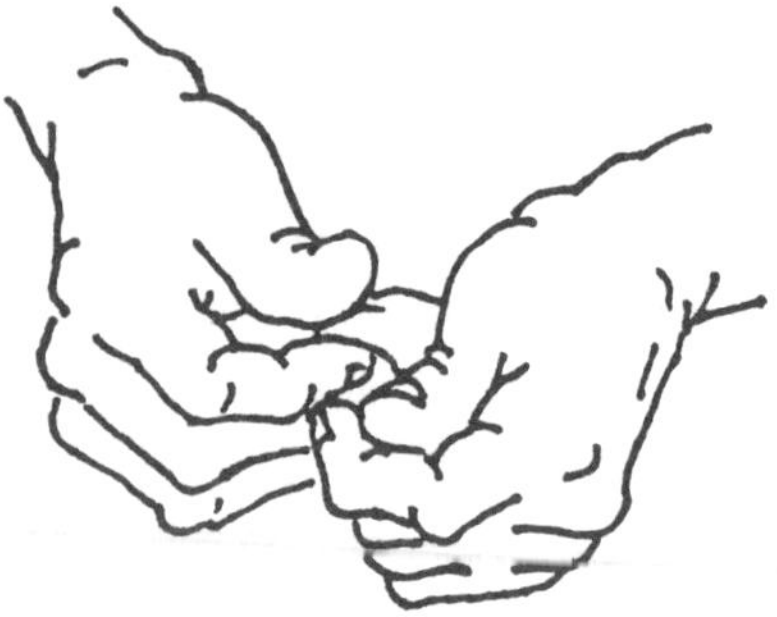

生地をまわしながら順々に押して薄くのばしていく。ひっぱらないように。

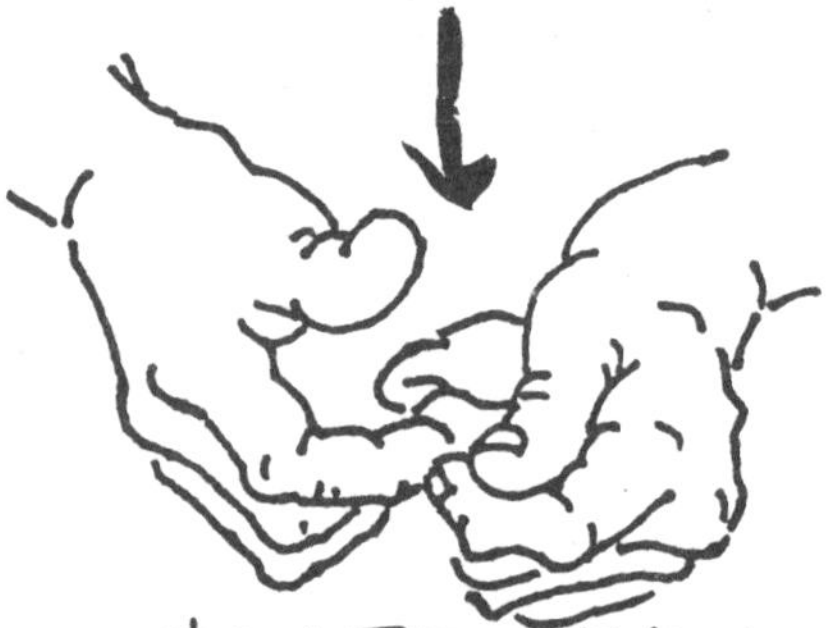

中心を厚目に、外側を薄目に。

これで皮はでき上り。あとはあんを包む。

いました。作り方のページのようにして見事成功。あつあつの出来たての酒まんじゅうのおいしかったことといったら……。長い時間をかけてやっと出来ただけにおいしさもまた、ひとしおでした。

大切に育てる酒ダネ

作り方に書いた時間などはあくまでもこうしたら出来たというだけのことで、そのときのコウジの状態によっても、温度によってもちがってきますから分量にも神経質になることはないと思います。ただ相手はコウジという生き物。温度が下がらないように、上がりすぎないように注意しながら、大切に見守っていきます。今回作ったのは十月の終りで、とても発酵させるには温度が足りなかったためこたつを使いましたが、夏でも窓ガラスの内側に置いたりして温度が下がらないようにします。焦らずに、じっくりと腰を落着けて待ちます。

そしてコウジが次の段階に進みたがっているときに手を加えてあげなければなりません。早すぎても遅すぎてもうまくいかないのです。この「とき」の判断が難しいのですが、やはり何度も試してみて覚えるしかなさそうです。一回目の失敗の原因は結局のところ定かではありません。温度管理がまずかったのか、コウジの量が足りなかったのか、いずれにしてもコウジの力が弱かったということにちがいないのですが。

さて、注意深く大切に酒ダネを育ててみても失敗してしまったら、イースト菌を少し入れます。純粋の酒まんじゅうとはいえませんが、発酵が途中まででも進んでいれば酒の香りのする柔らかなまんじゅうが出来るそうです。酒まんじゅうを作るんだ、と意気込んで作るのではなく、失敗してもいいやぐらいの軽い気持で作ってみるとよさそうです。コウジが発酵し変化していく様子もおもしろいし、なにより手づくりの酒まんじゅうの味は最高です。たくさん出来すぎてしまったら冷凍することもできるし、二、三日だったらふかし直せば充分食べられます。油で揚げてもおいしいそうです。

よそゆきのまんじゅう

この手間と時間のかかる酒まんじゅう、忙しい農家の生活にもかかわらず、祭に、お盆に、そしておやつとしても、折にふれて作られてきました。季節はやはり夏を中心に晩春から初秋まで、発酵に必要な温度が得やすい時期に限られたようです。それで放っておけばいいということはなく、温度が下がらないくふうをし、畑仕事の合間をぬっては何度もコウジの様子を見に家に帰ったといいます。近年はイースト菌や重曹を使ったまんじゅうもおやつには作るようになったけれど、行事のあるときにはやはり酒まんじゅうに限ったとも。

手間暇かかる分だけよそいきのまんじゅうだったのでしょう。祭やお盆には集落を挙げて、どの家もみんな酒まんじゅうを作りました。発酵がうまくいかないときには隣から元気のいいコウジを分けてもらい、出来たまんじゅうはみんな隣近所へ配ったそうです。家によってあんも皮も少しずつ味が違ったというのがいかにも楽しい。

甘いだけが〝あん〟じゃない

　酒まんじゅうの中身は一般的には小豆のあんですが、その他にも場所によって、食べるときによって様々なものが入れられてきました。ウルカ（あゆの腹ワタの塩づけ）、塩あん（塩で味つけした小豆）、梅干を砂糖で煮たもの、サツマイモのあん、小豆以外の豆のあんなど、小豆の甘いあんが入れられないときの代用品だったのかもしれませんが、ずいぶんとバラエティに富んでいてどれもこれもおいしそうです。戦後の物のない時代、砂糖のかわりにスイカを煮詰めた蜜であんを作り中に入れたという話も聞きました。

　いろんなことばが酒まんじゅうを作るとき使われています。酒ダネの発酵について「すをたてる」（発酵させること）、「にえる」（発酵すること）、「コウジがはらたってにえない」（発酵しないこと）。まんじゅうの生地が発酵してふくれることを「こやける」「もやかす」などなど。特にコウジが「はらを立てる」という表現には実感がこもっている気がします。作らなければならない時間は迫ってくるのに、いっこうに発酵は進もうとしない、ハラハラしながら待つ気持が伝わってくるようです。

　手間暇かかるだけに、そういつでも作られたわけではない酒まんじゅう。でもそれだけにハレの日のごちそうとして深く生活に結びついていたようです。

　はじめ、作るのを億劫がっていた母が最後に「また作ってみようかねえ」といった言葉が印象的でした。

絶妙、棡原の酒まんじゅう

　長寿村で知られる山梨県は棡原。中央線・上野原駅から路線バスで一時間近く山の方へ。停留所を下り、谷ぞいの路を渓流をながめながら四、五分ほど行くと、民宿「梅《ばい》鶯《おう》荘」です。ここの食事は、自家製のコンニャク、雑穀のごはん、ほうとう、せいだのたまじ、ふきの煮ものなどの郷土食ですが、なかでも「酒まんじゅう」は有名。

　梅鶯荘をきりもりする石井おばさんは、三日かけて大麦麹づくりから酒まんじゅうづくりを始めます。いちばん難しい甘酒は、『甘』酒でない『辛』酒にするのがコツですね」

なるほど、おばさんの甘酒は茶色っぽくどろりとしていて、なめてみると甘味というより辛味が出ていました。甘酒と地粉で生地をつくりねかせた後、あんこを入れます。

できあがった酒まんじゅうは、皮とあんこの絶妙のおいしさ、そのうえ体にも良いという逸品です。（梅鶯荘＝山梨県上野原市棡原一三三二八　TEL〇五五四―六七―二九三三二）

青草とワラ、ムシロでコウジづくり

山梨県大月市の上条キイさんから、青草とワラ、ムシロを使うコウジつくりをお聞きました。

「土の上でも板の上でもいいのですが、まず、厚さ二〇cmくらいに青草を敷きます。青草を敷くと必ず熱が出るので発酵を助けます。その上には、また二〇cmくらいワラを敷き、ワラが充分に湿める程度に熱湯をかけます。そこにむしろをかけ、その上に一日冷やかして、蒸して人肌にさました米なり、麦なりを広げ、いちばん上にむしろをこんどは五～六枚かけます。

こうしておくと二昼夜で発酵しますが、その間、日に二～三回は行って見ます。米に白いカビがはえていたら「ああいいな」と、まだはえていないところにも均等にはえるようにかきまわしてやります。ほうっておいたり、熱が出すぎたりすると発酵が進みすぎ黒くなります。逆に温度が上がらないときは、上に湯たんぽをのっけてみたり、一升ビンにお湯を入れて置いてみたり、工夫してあったためるようにします。コウジ菌や甘酒があれば、それをまぜると早くできます」

手間がかかるし、難しくもあるので今はめったに作らないそうですが、昔はこうして米糀、麦麴を作っていました。

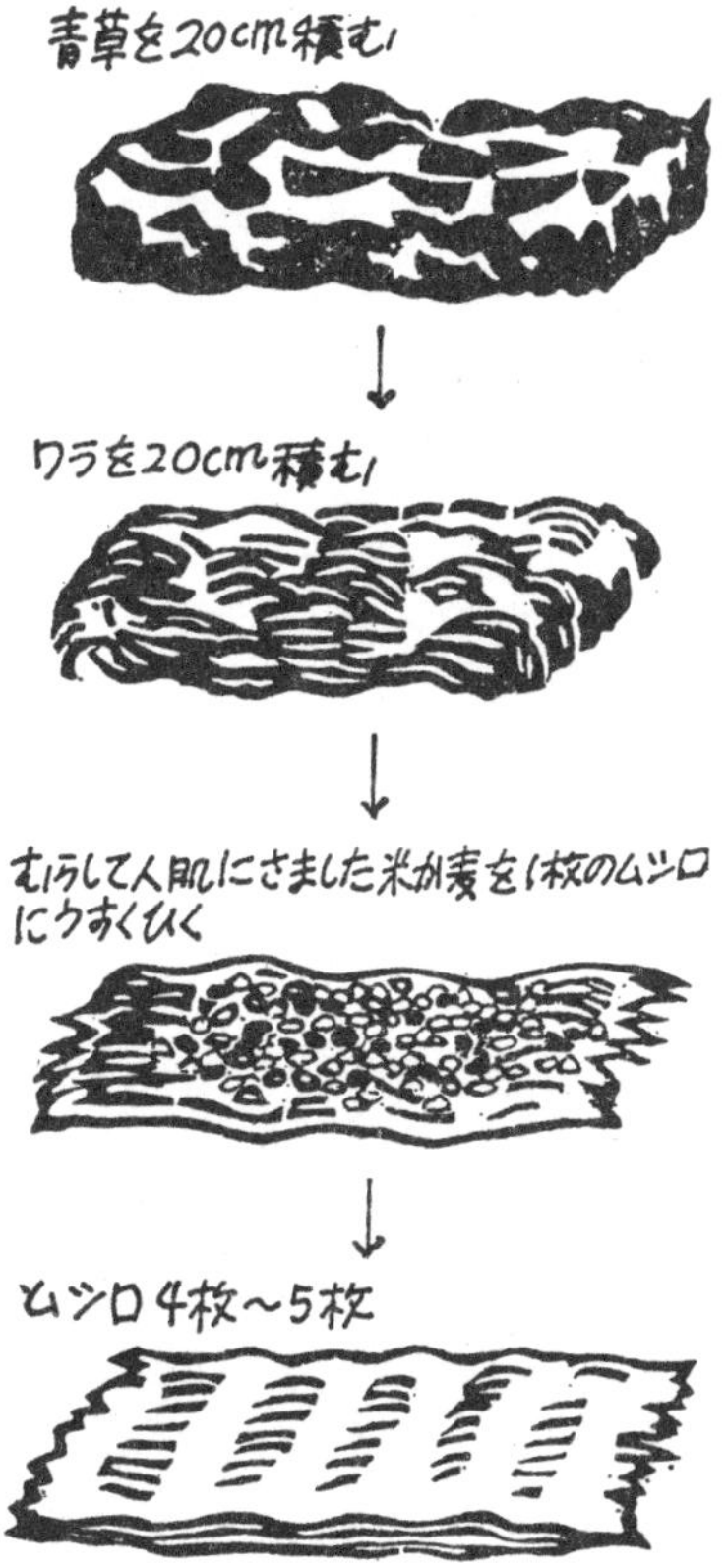
青草を20cm積む
ワラを20cm積む
むらして人肌にさました米か麦を1枚のムシロにうすくひく
ムシロ4枚～5枚

味噌

●やわらかく煮た大豆とコウジ、そして塩。この三つに半年から一年の季節の移り変りが加わると〃たまり〃の香りがツンと鼻をくすぐる香ばしい味噌が生まれます。市販のコウジを使うので、初めて試みる方でも気軽にヒョイと取りかかれるのがみそ。気負わず楽しく始められる味噌づくりです。

材料 ━できあがりの味噌約七・五kg＝カメ五升分━ **米コウジ** 二kg **大豆** 二kg **塩** 〇・八kg

道具 **かめ** **すり鉢** **すりこ木** あればミンサー **重石** 一kgほどの石が数個あると便利 **竹の皮** **さらし**

一 大豆は洗って三倍の水に一晩つけ、柔らかく煮る。煮加減は親指と小指で大豆をタテにつまみ、楽につぶれるくらい。

二 煮汁は残し、大豆は熱いうちにすりつぶす。

三 米コウジは両手でパラパラにもみほぐし、塩と合わせておく。（このとき塩の1割ほどを取り分けておく）

㊃ ㊂とおりつぶした大豆（暖かいうち）をよく混ぜる。全体がパサついたり、コウジがパラパラするようなら、煮汁を加え、しとっとひとつにまとまる固さに調節する。

㊄ 残しておいた塩の1/3くらいを、熱湯消毒したカメの底にふり入れ、その上に㊂を両手で握れるくらいずつ、叩きつけるように入れてしっかりと詰める。

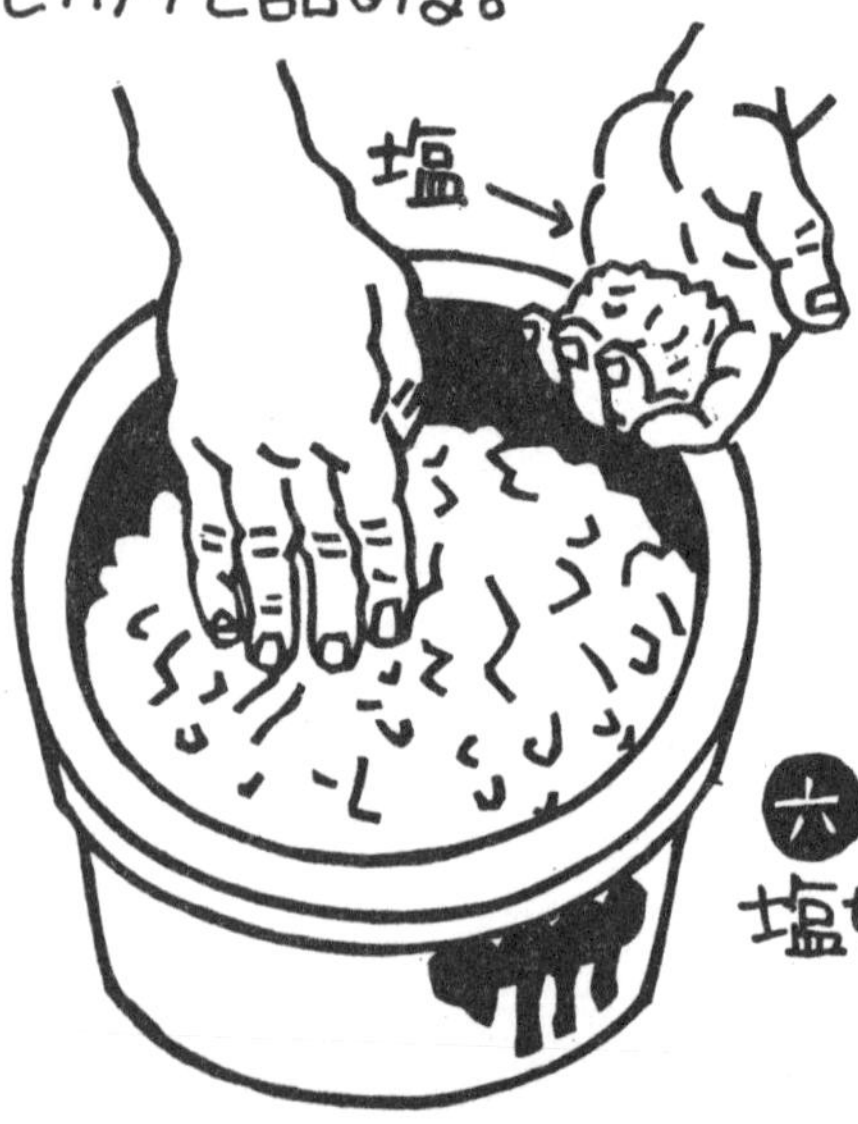

㊅ 表面を平らにして上に残りの塩をふりしく。

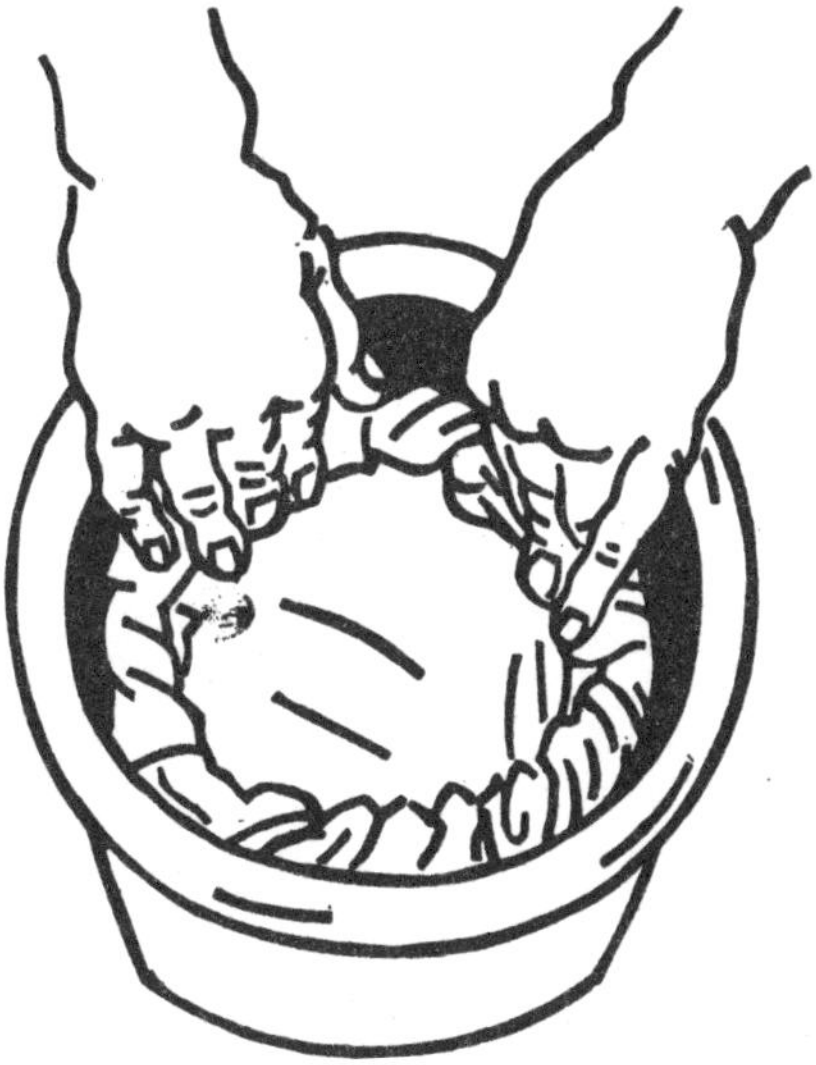

七 さらしか竹の皮でピタッとおおいをする。カメとの境はさらしをねじったひもをつめるようにする。

八 押しぶたを入れ，仕込んだ味噌と同量の重石をのせる。

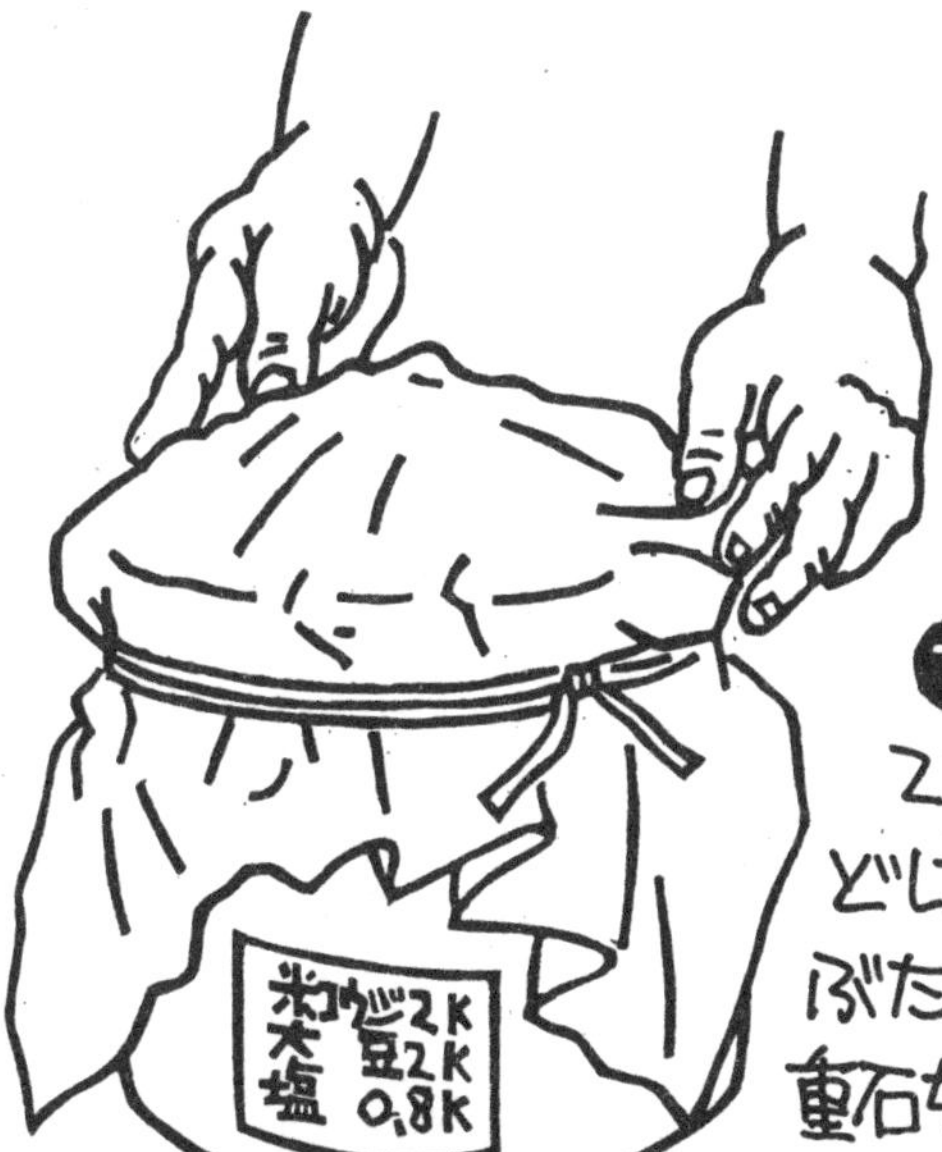

九 カメの口は紙をかぶせてひもで縛っておく。1カ月ほどしたら様子を見，水が押しぶたのうえまで上がっていたら重石を半分に減らす。

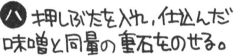

気楽に気軽に手前味噌

自分好みの割合で

前記の材料をみて「コウジが多いな」と思われた方もおられるでしょう。関西育ちの私の味噌の割合は多少白味噌寄り、大豆や塩の量の多い北国の味噌とは少し違います。でも、最低一年間は寝かせて使うこの味噌の味は中辛で、決して白味噌のようにもったりと甘味のある味ではありません。寝かしを長くするほど色合いも濃くなり、北国の味噌を食べ慣れた人でも異和感はないようです。大豆、コウジ、塩の割合で味が変りますから、一度ためして、あとは自分流に手を加え、独自の味を工夫してください。

甘口、辛口の割合の目安を強いてあげれば、白味噌は大豆一に糀二、塩〇・四と糀が多く、辛口の味噌は糀一に大豆一・五〜二、塩一といった塩梅でしょうか。後者は大豆と塩だけで作るものもあり、これは後で別項でご紹介します。寝かせる期間は、白味噌は一カ月程度ですみますが、塩分も少なく、永く保存するには向きませんから、作るなら一カ月くらいで食べきれるくらいが適量です。いっぽう大豆の多い味噌は塩の量も多くし、長期間（二〜三年）寝かせてゆっくり熟成させます。暮しのサイクルから考えると、この〝熟成期間〟と〝食べきる期間〟が等しくなる量を仕込むのが味噌作りの適量（最低必要量）といえましょう。

こうして自分好みの割合で作れること、材料を選べることなどが「手前味噌はうまい」といわれるゆえんでしょうか。特に材料は、市販の味噌が生産現場や輸送・貯蔵過程に不安のある輸入大豆を使用するのに比べ、安心して口にできる国産無農薬大豆をはじめ、米（または麦）コウジ、天然塩と、すべて自分で確かめたものを利用できるのですから、おいしいのももっともといえます。私の場合コウジに関してはまだ余裕がなく、今のところ共同購入で手に入るときはそれを利用し、それ以外は味噌屋さんで分けてもらっているにすぎませんが、自家製味噌も七年たち、そろそろコウジも自前で、の色気が出てき始めました。

失敗はほとんどない

七年やってみていちばん感じるのは「よほどのことがないかぎり失敗しない」ということです。豆やこうじの量が少なかったり、多かったり、瓶《かめ》の上下に振り入れる分の塩まで全部混ぜてしまい余分に塩を使ったり、それまでは煮大豆の温かい間にコウジと混ぜていたのを忘れ、翌日冷えたまま利用して不安になったり、年々の気候だけでなく、人工的条件もずいぶん違えてきましたが、どうにもならない味噌には一度も出会いませんでした。ただ、味噌も生きもの、ときどき顔をみてやってください。面倒くさがりの私ですが、仕込んで一カ月と夏の前後の計三回くらい瓶のふたを開けます。最初はたまり状の水が上がっているかを確かめ重石を調節するため、次は最も熟成の進む夏を味噌がよい状態で迎えられるよう、カビなどが出ていたら取り除くため、最後は夏を越してどの程度熟成したか味をみ、いつごろから食べられるかの目安をつけるためです。こうして三度、味噌全体をよく混ぜ合わせます。混ぜたほうが塩味の慣れがよく熟成も早まりますが、よく本にあるように毎月混ぜるのは少々重荷で、この程度ですませています。それでも瓶を開けるときの一瞬の緊張感、いい状態で現れたときのうれしさ、いつもより匂いが悪かったり、カビがひどかったときの無念さ、うまくいった味噌には、元気に育ってよかったね、悪かった味噌にはほっといてごめん何とかするから、とそれぞれに自分の子供を見るような思いが湧くのも手づくりならでは。

上手につくるためのコツ

材料の大豆、コウジ、塩の割合はさまざまですが、塩の量は、減塩といっても出来上がり量の十三%くらいが限度でしょう。

ここでは重石をするやり方を紹介しましたが、しないという方もおられます。要はできるだけ空気を入れないようにすること。木の樽を使うと、まわりの部分にカビがはえやすいとも聞きました。しかし、ポリ容器はお勧めできません。ホーロー容器とか瓶が最適です。もしカビがはえていたら、そっと取って、混ぜこまないようにします。

置き場所は冷暗所がよいといわれますが、温度の変化があったほうがおいしいので、普通に部屋に置いておいたという方もおられます。二月〜三月頃（年内でも可）に仕込んで、夏を越し、六カ月たつと食べ始められます（一年もの）が、二夏越したもの（二年もの）がいちばんおいしいと言われています。

コウジを使わない味噌づくり

その㈠

岡村恭子さん（新潟県新津市）のおばあさん（七十五歳）が三〇年前頃まで作っていたものです。

①割合は大豆一升に対し、塩五

合。

②大豆は一晩水につけてやわらかく煮て、熱いうちにすりつぶし、赤ん坊の頭くらいの大きさにしっかり握ってワラ縄で結び、軒の内側とか縁側など室内で一カ月くらい干す。（これが味噌玉）

③カチカチになってヒビが入り、カビでいっぱいになったら下ろして水洗いし、二〜三時間水にひたした後、包丁で刻み、塩と混ぜあわせ、冷たい所で保存しておいた煮汁をまぜて半日くらい寝かす。

④桶に仕込んで柔らかさによっては水を足す（しゃもじでピタピタたたける感じ）。ガーゼを上にピタッとのせて、塩をふりかけ、ゴミが入らないようにおおいをして、半年寝かす。

「なすの花が咲くと食べられる」（昔はお盆すぎくらいに咲いた）といっていたが、味は二年くらいたったのがいちばんおいしかった。色は栗の皮に赤味がさしたようなきれいな色でひしゃくですくえないくらい水気が多い味噌だった。味は今よりも辛い味。

今は同じ割合で糀を八合加えて作っています。同じように味噌玉を作り、塩を入れるときコウジを入れ、あとは同じやり方です。

その㈡

加藤松子さん（宮城県仙台市）がお母さんから聞いた味噌作りです。

①豆五升、塩二升。毎年春（三月）に仕込む。

②豆を柔らかく煮、臼で適当にすりつぶす。機械ではおいしくない。

③三角おむすびのようにガッチリ固めて、細い縄で結び、つるす。日の当らない室内がいい。二〇日くらいするとヒビ割れてくる。割ってみて中の方までまっ白くカビが生えたら仕込みにかかっていい。（少し黄色くなっても大丈夫）

④細かく砕いて塩と、湿る程度の水（とっておければ煮汁がいい）を加えて桶かカメに仕込む。（これが三月初めになるように）

⑤ふたは木の落しぶたで重石はしない。紙かビニールで密封する。

⑥月に一度くらい大きくかき混ぜると、よく発酵する。あまりひんぱんにかき混ぜると発酵しすぎるから気をつけて。上の方にカビがはえたら、上だけ捨てる。

夏を越せば食べられるが、一年後くらいがいちばんおいしい。コウジが入らないので今の味噌より辛いが、香りは格段にいい。それに今の味噌汁のようにどっさり入れるということはなく、香りが身上だったように思う。色は真黒にも白っぽくもならず、赤だしと白味噌の中間といったところ。柔らかく、水っぽく、さらさらしていて、今のような粘りのある味噌とはずいぶん違う。

「子どもが泣いても味噌つくれ」といわれたくらい、大事な仕事だった。辛いとか、面倒とかということは考えなかった。ただ季節がくれば、あたりまえのこととしてやってきた、とおっしゃっていたそうです。

地元の人に喜んでもらえるものを

星野正夫さん（三十八歳）が作っているのは越後味噌と味噌漬。二抱えほどの桶のおおい布をとると、それが特徴の、糀の粒がそのまま入った越後味噌は、ぷうんと発酵した匂いを放ちます。

原料の大豆は地元の無農薬の大豆と、それだけでは賄いきれないので、一部普通の国産の豆も使用。星野さんのところでは一月から六月にかけて、一回につき六〇〇キロの味噌を仕込みます。煮た豆をつぶす、大豆と糀を混ぜるなどの作業は機械の力を貸りますが、発酵を促すための「切り返し」などはスコップで。短時間のうちに別の桶に移しかえなければならず、力のいる作業です。糀づくりも、もちろん手作業。

加藤さんも、この味噌をもう一度作るとのことでした。

「機械化は、ある線を引いておかなければキリがありません。糀まで電気にまかせると、カンがなくなってしまうんですね」

無農薬だ無添加だといっても、地元ではなかなかさし迫った問題として受け入れてもらえず、東京から個人やグループでの注文が主になっているとのこと。しかし、今まで近所でも変人としか見られなかっただけなのに、最近は「お宅のを食べたらよそのは食べられない」と言ってくれる人もいてうれしいと星野さん。ともかく、地元の人においしいと認めてもらえる味噌づくりをしなければと思っています。

（新潟県長岡市摂田屋四—五—十味噌 星六）

一 TEL〇二五八—三三—六二〇六

土地《うち》のがなんたっておいしい

味噌を原料となるコウジ別に分けると、米味噌、麦味噌、豆味噌、いくつかのコウジを合わせた調合味噌の四つになります。

さて、九州といえば麦味噌。鹿児島県指宿生れの坂口さんの故郷では、今も麹から仕込んでいるとのこと。「麹の香りが強く、そして味噌汁にすると口に麦が残るんで

す」とおふくろの味をなつかしみます。

熊本市の澤さんも姑さんといっしょに麦味噌を作りますが、一回につき一〇キロずつ仕込み、二十日後には食べはじめ、残り少なくなるとまた仕込みます。夏場はべちゃべちゃになるのを防ぐため、大豆の煮汁を少なめにして調節し

ているとのことです。

米味噌の材料といえば、米糀と大豆と塩。香川県綾南町の竹下さんの家ではこれに餅米も加えます。大豆一升につき七合の餅米を蒸し、大豆といっしょに挽いて糀と合わせます。塩は煎って使うとのこと。冬休み中に仕込み、土用を越した頃には粘り気のある黄味をおびた中辛味噌に。この地方では、どの家でも餅米をいれているそうです。

豆味噌は愛知、三重、岐阜あたりで親しまれている味噌。なかでも三河の三州味噌は逸品だと言われ、昔ながらの作り方は、大豆に天然のカビをつけるところから始めます。愛知県知立市の磯部さんのお話では、伝統的製法はほとんどすたれているとのこと。小麦を使わず大豆だけのコウジで作るたまり醤油も同様です。「三州味噌はなんといっても味噌汁がうまいんです」磯部さんは伝統的三州味噌やたまりを守り育てるべく、地元のメーカーなどにはたらきかけています。

業界団体の全国味噌工業協同組合連合会によると、全国の味噌のうち五分の四は米味噌、なかでも信州味噌と称される淡色系の辛口味噌が現在の主流を占めているとのことです。しかし、これはあくまで工場の生産品。土地の暮しに深く結びついた味噌は各地で生きています。

微生物の世界からみた味噌

味噌はひとことで言うなら「大豆を発酵によって分解させたもの」ですが、それぞれの材料が個々に大切な働きをしています。

まず「塩」は、腐敗菌の繁殖を妨げ、コウジ菌の繁殖を助けます。次に「コウジ」。あらかじめコウジ菌でいっぱいになったコウジが加えられることで、大豆の中でコウジ菌が他の菌に負けることなく一気に働くことができます。米に繁殖させた「米コウジ（＝糀）」のほか、土地柄、嗜好に応じて「麦コウジ（＝麹）」「豆コウジ」などとありますが、みな同じコウジ菌です。

さて、大豆の中に放たれたコウジ菌により、大豆の豊富なデンプンは糖に分解されます。若い味噌が甘いのはこのためです。

コウジ菌は栄養分としてのデンプンが少なくなるにつれ活動がゆるやかになり、かわって徐々に侵入してきた雑菌類により次の発酵が始まります。これが土地ごと、家ごとに違うため、その土地、家特有の味をつくります。

コウジ菌によってつくられた糖は、①酵母菌によってアルコールに、②バクテリアによって酢酸や乳酸に変化し、他の揮発性の化合物もでき、香りや酸味がつけ加わります。さらにタンパク質はバクテリアなどによって分解され、アミノ酸になり「うま味」ができます。
この他に微生物とは関係のない化学変化も同時に起りますが、いちばん大切なのは「褐変」（色が茶色になること）と、その枝葉の反応である「ストレッカー分解反応」です。ストレッカー分解反応により香りのある物質が、褐変によって菌の繁殖を抑える物質が作られます。味噌に長期保存がきくのは、塩とこの茶色い色のおかげです。ところで野菜にしろ、小麦粉にしろ、熱を加えると茶色くなりますが、これは「メラノイジン」という物質のせいです。今までは何の栄養もないと見なされていましたが、最近の実験でコレステロールの吸収を防ぐとか、重金属を一緒に排泄するなど、顕著な効果が確かめられています。

このように味噌生成の歴史は、化学反応と、さらに微生物の繁殖、世代交替の歴史といえます。味噌の中には生きている微生物ばかりでなく、死んだ微生物の死体もいっぱいです。微生物とはいえ一匹の生物ですから、生命を保つあらゆる成分が含まれ、その成分は味噌のなかに拡散しています。味噌は微生物のかたまりとも言うことができます。

せいだのたまじ

山梨県桐原に古くから伝わる料理です。お酒のつまみにも。
❶できるだけ小さいジャガイモを皮つきのままよく洗って、水気をふいておく。
❷鍋に油を熱し、ジャガイモをよく炒める。
❸❷に水またはだし汁をたっぷり入れ、味噌で味つけし、とろ火で2～3時間、汁が煮つまるまでゆっくり煮る。鷹の爪を入れてもおいしい。

玉ネギの味噌煮

❶鍋に油を温めて玉ネギをよく炒める。
❷❶に水½カップを入れ、さらに水でゆるめた味噌を入れ、ふたをしてとろ火で約20～30分ぐらい煮込む。このとき、途中でかき混ぜると粘りがでておいしくないので、ごく弱火にしできあがってからさっと混ぜる。

青ジソ揚げ

庄内地方で青ジソのとれるころ、保存食として作ります。
❶味噌1：白玉粉1と砂糖、すりつぶしたクルミ、ゴマをよく練る。
❷❶を青ジソの葉で巻いて油で揚げる。

しぐれ味噌

〈材料〉玉ネギ300g、人参・ハス各50g、ごぼう100g、味噌200g
❶ゴボウはささがき、他はみじん切りにする。
❷ゴボウを油炊りしたら鍋に片よせ、さらに油を加えて玉ネギをすきとおるまで炒めてからハス、人参を入れる。
❸味噌を野菜の上におき、ひたひたより少なめの水で、かきまぜずに20分蒸らし煮。火をとめてからまぜ合わせる。
しぐれ味噌にワケギやニラのみじん切りを加え、ギョウザにしてもおいしい。

コウジ（麹・糀）

●そろそろコウジも自前で作ってみようか、と思うようになって数年。人が作るところさえ見たことのない自分に、やれるだろうかという危惧と、できれば種コウジを使わない方法で、という分を越えた希望を持って取り掛ったコウジづくり。醤油コウジづくりも合わせて紹介します。

材料

米 精米したもの **種こうじ** 米味噌・甘酒用。量は米の0.1〜0.2%くらい

道具

蒸し器 あれば蒸籠《せいろ》 **さら布** 大きな布巾など **厚手の木綿布袋** 49×84cmで四、五枚分 **モチ箱** またはバット **ザル** **保温器具** **温度計** あれば

一 精米をした米を洗い、冬は一昼夜、夏は一晩水につける。蒸す30分前にはザルにあげ充分に水を切る。

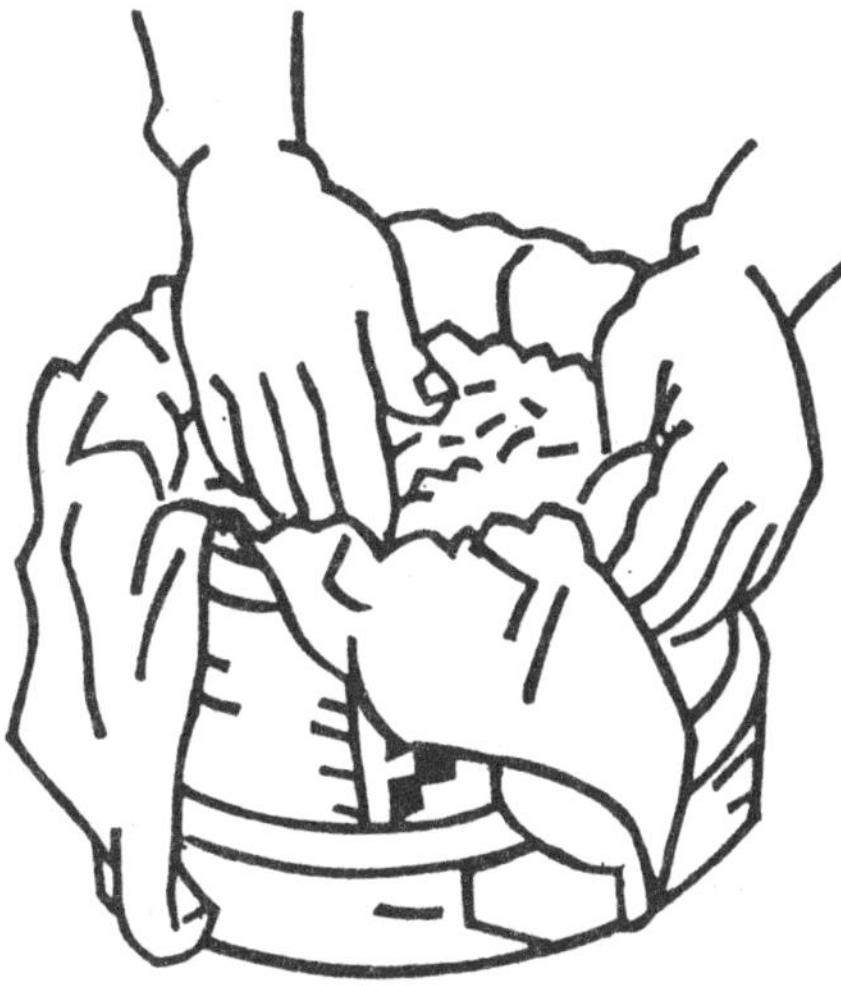

二 水切りした米をさらし布を敷いたせいろに入れ、米の真中が薄め、周囲が厚めになるようにする。こうすると蒸気の通りがよく均一に蒸せる。

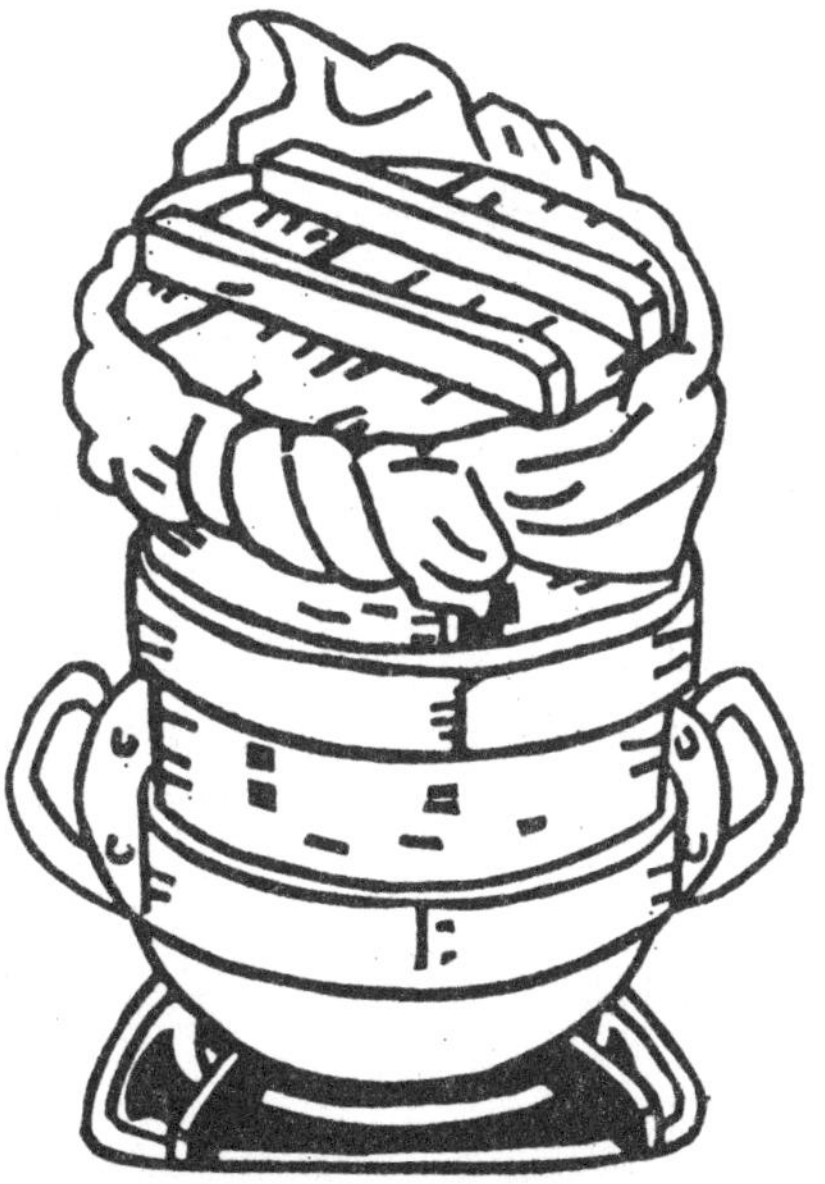

三 湯が沸騰したらせいろをのせて蒸すが、蒸気が上まで通ったあと、1時間から1時間半蒸して、米がすき透り、指でひねってつぶれるくらいが蒸しあがり。全体にパラパラした感じ。

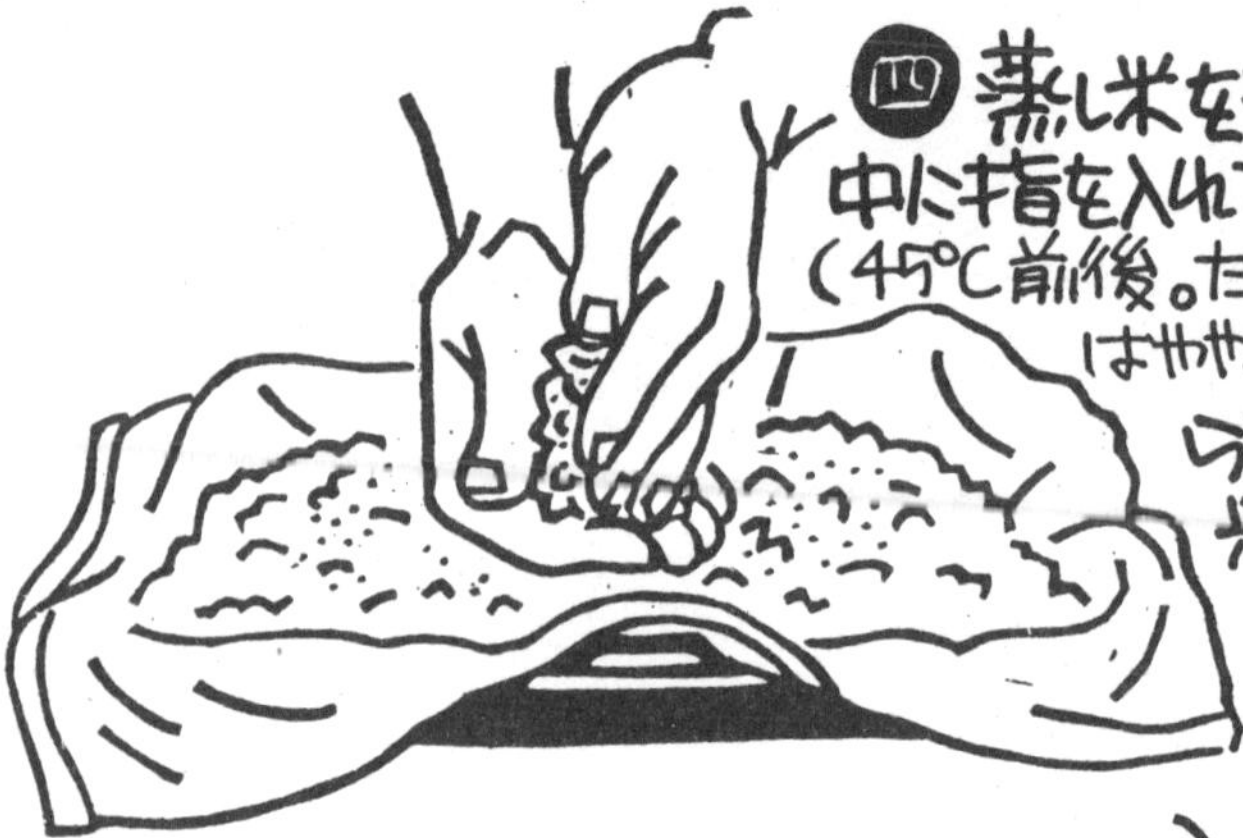

四 蒸し米をモ4箱などに移し、中に指を入れて少し熱いくらい（45°C前後。ただし冬場や少量の場合はやや高めに）までさましたら種コウジを振りかけ、米をつぶさないように注意して、手の平で全体によくもみこむ。

五 種コウジをつけた米を厚手の布袋に入れ（少しの場合は布巾で覆いモ4箱などに入れて）、水分と温度が逃げすぎないようビニール・毛布・新聞紙などをかけて、人肌程度（35°C前後）で10〜12時間保温する。

※4，5時間したら、温度と水分を一度確かめ，乾燥しているようだったら、温水を霧吹きでかけてやる。新聞紙を湿らせておくのも一つの手。

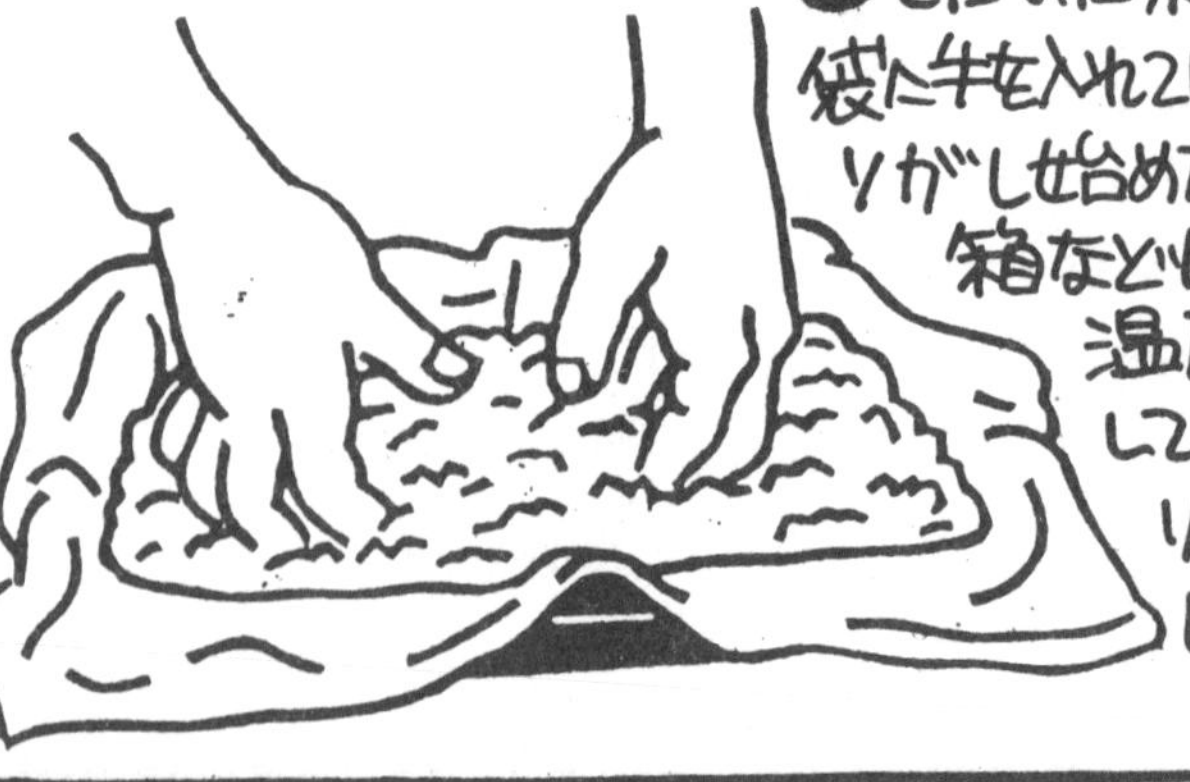

六 しだいに米自体が発熱を始める。袋に手を入れて暖かく感じ，コウジの香りがし始めたら、袋からだしてモ4箱などに盛り込む。このあとは温度の上がりすぎに注意して2，3，4時間ごとに切り返し，全体を軽くほぐして温度を人肌に保つ。水分は適宜に補う。

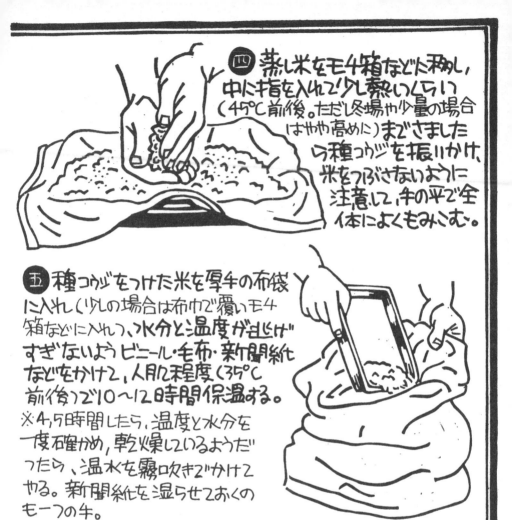

㋲ コウジの発熱が盛んなるのに従って、全体を平たく広げたり、畝をつけて熱の発散を助ける。3、4回切り返し、表面が白い菌で覆われ一つに固まってくればコウジとして使える。ただし、白味噌・

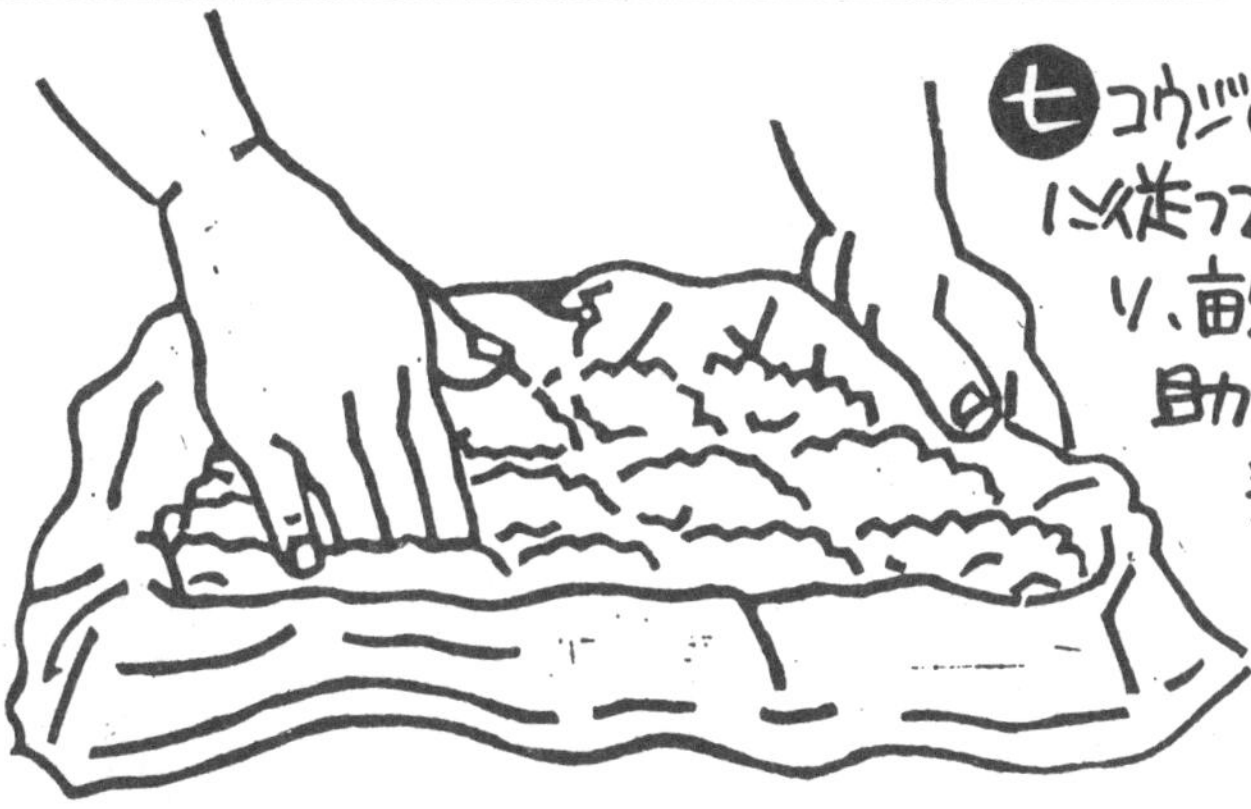

甘酒は初期の白い胞子のコウジ、辛味噌は胞子が黄色くなるぐらい成長したものが良いので、目的に合った状態のこうじを選ぶ。※すぐ使わないが繁殖を止めたい場合は、冷蔵庫に入れて温度を下げ、休眠させるか、味噌に使うなら、使用する塩の8割程度を混ぜて塩切りしておくとよい。

保温方法

㋑ 袋麹《コウジ》。袋に新聞紙、毛布、ビニールなどを掛けて保温する。温度が下がるときは湯タンポ、アンカなどで温める。ただし、熱が直接当たらないように毛布で厚くくるむなど工夫する。

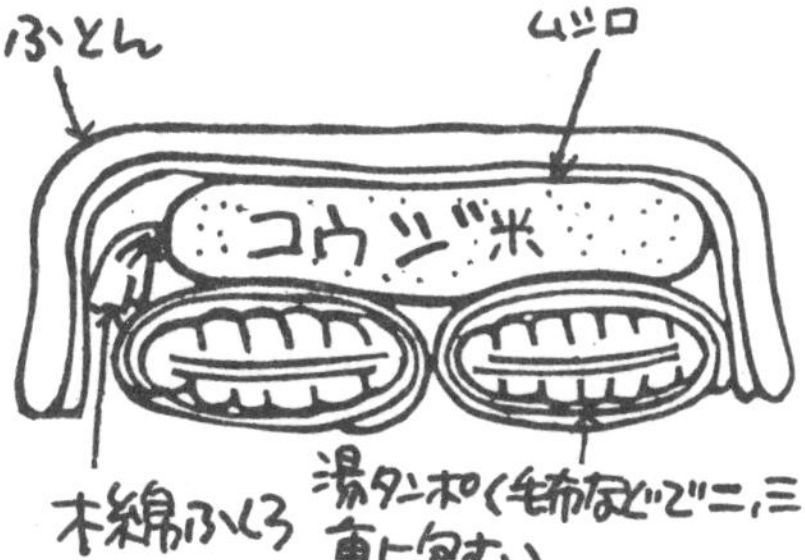

㋺ 風呂桶を利用する。中の温度が下がらないよう、さめたときは追い炊きするか熱い湯を加える。

㋩ 発泡スチロールの箱を利用する。少量を作る場合に手軽。温度調整は毛布などでする。

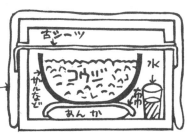

雑菌なし、現代の種コウジ

種コウジを使わないコウジづくりは、以前『自然食通信』五号の「手づくりのすすめ〈酒まんじゅう〉」で山梨県大月市の上条きいさんから伺ったことがありました。この青草とワラ、ムシロを使う麦コウジの使い方を思いだし、この方法を身近にある材料で代用できないかと考え、同じ山梨県甲府市の宮坂醸造さんに「何か方法はないでしょうか」と無理な相談を持ちかけたのが今回の取材の始まりでした。「種コウジを使わずにやるというと、大豆を煮て丸めて作る味噌玉くらいかな。うちなんかは室《むろ》(コウジを育てる部屋)に菌が当然自生してるから、ほうっておいてもコウジがつきますが、家庭ではどうでしょうか。そのやり方は、ムシロやワラについたり、空気中にいるコウジ菌を利用しているんでしょうね、できると思います。でも商品だと常に均質のものでないとだめですから、うちでは種コウジを使います」

「種コウジにもいろいろあって、味噌用、醤油用、酒用と分れるほか、味噌でも培地(コウジ菌をつける材料)が米か麦か大豆かによって変りますし、同じ米でも白味噌と赤味噌で違う菌を選びますから、初めは種コウジでやるほうがいいんじゃないですか。温度管理とか結構失敗しやすいですよ」

というアドバイスで、まずは、やりやすい「種コウジを使ったコウジづくり」から教えていただきました。

温度変化に敏感

「培地になる米は、炊くと吸水量が多すぎてバクテリアが繁殖するので、蒸します。蒸し方は赤飯を作る要領、ただし中間での振り水はしません。種コウジはよくもみこむこと。作る量が少ない時は多目に使います」

「いちばんのポイントは温度と湿度の管理、慣れるまでは温度計があるほうがいいでしょうね。人肌程度(三五度〜三八度)に保ちます。コウジ菌は三〇度以下だと活動がにぶくなったり休眠して、繁殖時間が長引いたり止まることがあり、反対に四〇度を越えると死んでしまいます。湿気と空気も大切な活動条件、切返しと水分の補充を忘れず、特に湿度の上がりすぎには注意してください」

今は純粋培養

ところでいま市販されている種コウジとは、実際どんなもので、どうやって作られるのでしょう。大阪市阿倍野区の種コウジ専門店、樋口松之助商店を訪ねました。

「うちがモヤシ(種コウジの通称)

専門になったのは江戸末期で、それまでは出コウジ（成育したコウジ）を売るコウジ屋だったんです。今はカビの菌を売ってるわけです。作り方ですか、拡大培養で増やします。原菌をフラスコの中で培養して菌の数を増やし、それをさらに繁殖させるという具合で、規模をだんだん大きくしていって最後に乾燥、その胞子を分離したのが種菌です」

「コウジカビいうても、さまざまな菌種があって、それぞれ生産する酵素（タンパク質でできた物質で、さまざまな化合物を分解・合成する仲介役を果すもの）が違います。主なものにアミラーゼ（デンプン質分解酵素）とプロテアーゼ（タンパク質分解酵素）があり、前者は原料中のデンプンを糖に変えるので酒や甘口タイプの味噌むき、後者はタンパク質からアミノ酸を作るので、麦や大豆などタンパク質含量の多い原料を使う醤油、麦味噌、豆味噌むきです。目的によって菌を選んだり、欠点を補うようブレンドして種コウジとして出すわけです」

さまざまなカビ菌の性質を細かく分析し、目的に合せて調合、雑菌数を最小限に抑える近代技術が生み出した純粋種コウジ。こうした装置の備っていない昔、出コウジ屋のころはどうやって種になるコウジを選んでいったのでしょう。

「それは経験と実績でしょうね。作ったコウジのうち、できのよかったのとか、評判のいいのを残したんでしょう。菌を充分繁殖させて胞子を出さしてから乾燥すると、菌が仮死状態になるから、この形で保存したり、友種（＝友コウジ、一部を残し次の種として使う）でしょうな」

前のコウジの一部を使う「友種」

そういえば、以前『自然食通信』のイベントで、山梨県桐原《ゆずりはら》村の民宿・梅鶯《ばいおう》荘の石井さんに、酒まんじゅうの作り方を教わりましたがそのときの種コウジが市販の菌でなく、前のコウジの一部を増やした友種でした。ここではずっとこうして酒種を作ってきたそうで、おいしい酒まんじゅうができ上がりました。この友種法と青草、ムシロ、ワラを使うコウジづくりについて再び意見を伺うと、

「できんことはないでしょう。けど雑菌はものすごく増えてると思いますよ。もちろん雑菌ゆうても害になるもんばかりやないし、全部悪いとはいえませんけど。その人独自の味ができるていうことはあるでしょう。けど、失敗する率も高うなると思いますよ」

と、前述の宮坂さん同様、失敗しやすいことを強調されました。

種コウジの入手方法と保存については、

「種コウジ専門店だけではなしに、売りコウジ屋さんでもモヤシを売る店は多いから分けてもらえます。保存は冷凍庫に入れておけ

ば一年でも二年でも保ちます」とのことでした。

稲穂カビを種コウジに

ではこのコウジカビを、いつごろから私たちの祖先は暮しに利用してきたのでしょう。種コウジや友種を利用し始める前、人々は偶然だけに任せてコウジを作っていたのでしょうか。何か方法があったのではと探すうち、自然界から種コウジを採取したという話が載った本に出会いました。『麹カビと麹の話』(小泉武夫著　光琳発行)です。

直接、著者の小泉さんから説明を聞きたいと思いましたが、「自家製のコウジづくりは酒づくりに結びつくので、酒税法上問題が起きやすいし、多くの雑菌が繁殖するコウジ菌の自家採取は、食品衛生上からも薦められないから」とのご意見でした。でも「本に書かれてある内容を使われるのはかまいません」といわれ、興味深い点がありましたので一部紹介します。

一つは稲の穂につく深緑色の丸い玉のようなカビ(≒稲コウジ、元は植物病原菌で稲の病気の一種)の話で、これが酒づくりの種コウジとして使われていたとのこと。さらにおもしろいのは、この稲コウジを採取後、木灰の中にしばらく入れてから使ったという点で、木灰使用は京都の種コウジ専門店(現在、愛知県在)で室町時代から代々種コウジの製造に使われ、殺菌剤も無菌室も微生物の知識もない時代の種コウジづくりに大きな役割を果していたそうです。

なにげなくとりかかったコウジづくりでしたが、調べていくと、その中には伝統的醸造学から近代的遺伝子工学までが、幅広く混在していました。しかも思いがけず酒税法問題まで顔を出し、ちょっと戸惑ったというのが本音です。また、専門的立場の方ほどコウジの衛生面を取り上げられ、純粋な種コウジの重要性を強調されました。

でも、家庭では、こんどはこうすれば失敗しないかも——などと、工夫を重ねながら、うまい味噌づくり、醤油づくりに挑戦するのも楽しみのひとつ。出来不出来に一喜一憂しながら、年々歳々移り変っていく自分自身を写し出してくれる、そんなコウジづくりができたらと思うのです。

コウジを作って醤油を仕込む

醤油が出来上がるまでには、コウジを作る→もろみを仕込む→醤油を絞る、の各段階があります。なかでもコウジ作りは難関中の難関、とても素人の手に負えるものではないと思い込んでいました。コウジ室をどうするか、これが最大の引っかかりです。

そういえば物置に発泡スチロールの箱があったはず、これを小規模の室に仕立てれば、やってできないことはないかもしれない。保温のためにはアンカを利用したらよい。そう思いたち、とにかくやってみることにしました。

用意した大豆と小麦はそれぞれ三〇〇グラムずつです。醤油作りを生業とする人から見れば、ままごとのようなわずかな量ですが、コウジ作りの開始です。まず、大豆を煮て、小麦を煎ります。大豆の煮えるいい香りは、わが家ではおなじみですが、小麦を煎る香りはめずらしく、一粒つまんではまた一粒、カリッと噛んでみます。口いっぱいにひろがるこうばしさ。そういえば、大麦から作る麦こがしに似た香りです。次に小麦を引き割りますが、布袋に入れてたたいたのではうまくいきませんでした。ミキサーかコーヒー挽きの力を借りなければ無理のようです。実際に一年分をまかなう量を作る場合には、やはり石臼が最適なのだろうと思いました。

種コウジは、日本醸造工業に問い合わせ、茨城県十王町の同社工場から直接送ってもらいました。七五グラムの袋入り（五〇〇円）で、醤油一石（一八〇リットル）ができる量です。小さじ一杯ほどの種コウジを、混ぜておいた大豆と小麦に合わせます。もえぎ色の胞子は大豆と小麦に混ざって見えなくなりますが、これが一面に繁殖するのか、まだ半信半疑でした。種コウジをまず小麦に混ぜておいてから、大豆と混ぜる方法もあります。

黄緑色のカビがついた

さて、いよいよ盛り込みです。コウジの「素」をザルに移し、アンカを置いた発泡スチロールの室に入れ、温度計を一本はザルにもぐらせ、もう一本をザルの外側に置きました。盛り込んだのは午前十一時、アンカは「強」にしました。午後四時にはザルの中が三〇度、夕方六時すぎにはザルの外側は二〇度なのに、中は四〇度になっています。コウジ菌が生きている証拠です。

翌朝、最初ボロボロだったのが全体にかたまっています。中は四〇度。しゃもじでほぐし、アンカを「弱」にし、箱を包んでいた毛布をはずしました。夕方、再度かたまりをほぐし、アンカはついに切りました。夜九時、室を置いている部屋は寒いのにザルの中は四〇度、発泡スチロールの箱の内側は汗をかいています。

三日目の朝、中は四〇度のまま、全体が黄色っぽくなりました。火の気はないのに箱の外側までがほのかに暖かく、気持ちがなごみます。この日はそのまま置きました。

四日目の朝が出コウジです。一面に黄緑色のカビがついたようになり、中は部屋の温度と同じ十度まで下がっていました。これでいいんだろうか、不安が頭をかすめますが、出来上がったコウジはカメに入れ塩水を注ぎます。かきまぜるともう、強い醬油の香りがプーンとただよったのにはおどろきました。

まぎれもない醬油の香り

　出コウジの際の温度が十度まで下がっていたことと、コウジの色が黄緑色だったことが気がかりでした。まず、温度のことですが、これは時期がきてコウジ菌の発育が止ったためと思われます。盛り込んだ当初に温度の保持に気をつければ、菌自らがどんどん温度を上げます。アンカの熱を弱め、箱のおおいをはずすごとに、旺盛な生命力に目を見はる思いでした。また、湿気は、フタをちゃんとしておけばそれほど抜けません。

　コウジの色について、書かれたものを読んだり話を聞いたりして「真白くコウジの花がかかる」のがよいと思っていました。黄緑色では失敗かとがっかりしながら、醬油づくりのことを書いたものを再びめくってみると、「緑褐色がよい」「黄緑色がよい」などなど、さまざまです。今回は比較的高い温度のせいで、熟成が進み色が着いたのでしょうか、次回、温度を低めに保ち白いコウジの花をつけてみて、その結果を見てみたいと思いました。

　もろみを仕込んでからは三日に一回ぐらいかくはんしています。十日目、なめてみると、塩っぽさのなかにまぎれもない醬油の味がしました。二夏を越させて絞るまで、このもろみがどんな変化を見せてくれるか楽しみです。

〈種コウジの問合せ先〉
東京都文京区小石川三―一八―九　日本醸造工業株式会社　TEL〇三―三八一六―二九五一

醬油モロミのできるまで

　長野県妻篭の伊藤博文さんにお聞きした醬油コウジの作り方をご紹介します。

　モロミを仕込む時季は春先。はじめ真白い、ザラザラした感じのモロミは、だんだん醱酵が進んでひと夏を越すと、茶色いドロリとした液体に変ってきます。

　①材料の割合は、大豆五升（約七キロ）に同量の小麦。〃五升塩に斗《と》水〃（一斗は一〇升）と言われるように、水の量は大豆と小麦を合わせたものと同量というのが目安になります。

　②豆を大釜で、親指と小指ではさみ、軽く押してつぶれるくらいに軟らかく煮る。小麦は何回かに分けてよく煎り、チョッパーのようなもので細かくひき割る。

　③煮えた豆を人肌まで冷ましたところに、酵母菌と混ぜあわせておいた小麦を加え、ポロポロにな

※〈コウジ〉の表記について
本書では「糀」は米でつくることがはっきりしているコウジ、「麹」は麦でつくるコウジ、どちらともいえないものは「コウジ」の字をあてました。

①大釜で大豆を煮る。
②小麦を炒って、引き割る。
③酵母菌と小麦をまぜあわせたものに、人肌まで冷ました大豆をまぜる。
④ムシロなどに広げて30度くらいに温まったムロに入れる

るように手でよく混ぜ、ムロに入れる。

④ムロにはあらかじめ火を入れて、室温三〇度、湿度九〇％くらいに整えておく。練炭や豆炭では熱があがりすぎるので、木炭を火鉢のようなものにいけ、灰をかぶせて、ゆっくり温度を上げていく。炭火にお湯を入れた鍋をかけておいて湿度を調整する。

⑤扉をあけて、しめっぽく、ムカーッとした感じになったら、板ろじ（蚕を飼っていたときの道具＝幅一メートル、長さ一・二メートルくらい）、またはムシロに紙を敷いて材料を広げ、温度、湿度が上がりすぎないよう、下がりすぎないよう注意しながら約一昼夜（外気の具合で多少異なる）おく。

⑥真白くなって麹の花がついたら、表の戸も空気窓も開け、冷ます。固まっているので、細かくもみほぐして広げてやる。

⑦五合の塩を一斗の水にとかし、麹とよく混ぜ合わせる。三月末から四月初めにかけてやるこれらの作業を「モロミを仕込む」といい、その年の十二月にこのモロミを絞ります。

麹作りでは、無事に花がつかないと全部ダメになってしまいます。一晩中ムロのそばにしゃがんで、温度や湿度が上がりすぎないよう、下がりすぎないよう見守るのが、女の人たちに受けつがれてきた大切な仕事だったそうです。「楽しみなもんだった」と、九十一歳になる、民宿「まるや」のおばあさん。素朴で愛らしいワラ細工の木曽駒を作りながら懐しそうにおっしゃっていました。

仕込んだモロミの桶は〝蔵の人口に置いとけ〟という言い伝えがあります。これは毎日米を出したり、道具を出し入れする蔵の出入口のところに桶を置いて、通るたびにもろみをかきまぜろ、ということなのです。

自家製酵母のパン

●イーストやスターターを使わないでパンを作れないものだろうか、何かがなければ作れないというわくを抜け出して、もともとからパンを作ってみたい。それこそ手作りといえるのではないだろうかと考えていた所、名古屋の郊外にお住いの磯部智子さんがおくわしいと伺い、さっそく教えていただきました。

材料 【酵母種】 **砂糖** 小さじ一杯 **塩** 小さじ½杯 **ジャガイモ** 大一個 **トウモロコシ** 生のものを粒で大さじ三杯

【パン種】 **小麦粉** 五〇〇g

道具 **保温器具** 酵母種をつくるため、三七～三八度に保てるものを工夫する

一 大きめのジャガイモの皮をむいてごく薄く切り、陶器かガラス製のナベに入れて、砂糖と塩を加える(鉄製のナベはさける。)

二 トウモロコシは500ccくらいの水でやわらかくなるまで煮て、沸騰した状態のものを㊀に加える。

三 このナベを32~36度くらいの温度に保って24~48時間おく。

発酵の状態

※アワがブクブク出てくる。発酵の目安としては、甘いにおいがついてくる。

しばらくすると細かいアワが上がってくる
ポテト色

酵母種

四 三を裏ごしにかけると酵母種になる。

五 パン種をこねる。割り合いは小麦粉500gに対して水分は250ccくらい（このうち酵母種は100ccくらい入れるが、酵母種の活力によるので一定ではない）。小麦粉は一度に全部まぜあわせてもよいし、二回にわけてもよい。塩と砂糖を少々加えて発酵させる。

※発酵は、26度くらいの適温だと3時間くらいでする。春先なら15~16度の室温でも12~15時間くらいで発酵が可能。

発酵の状態

六 巻きこむようにしてよく練る。耳たぶくらいの柔らかさになるように整える。

⑦ 生地がなめらかになり、表面がすべすべでグルテンが手につかなくなるまで練って、丸める。

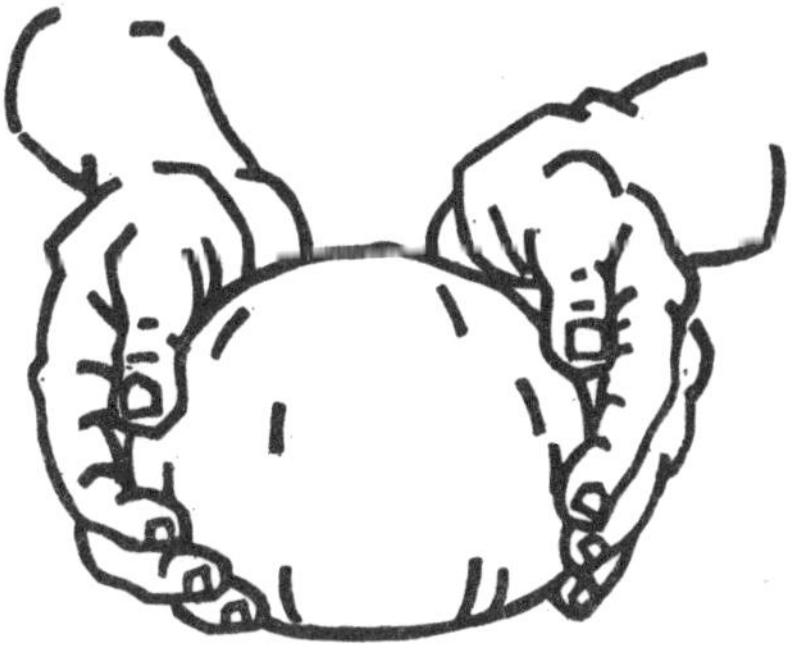

焼き上り

⑧ 型に入れ、ぬれぶきんをかけて、1時間くらい放置したのち、低温(100度)から徐々にあげて、200〜250度くらいで焼きあげる。30〜40分で焼ける。

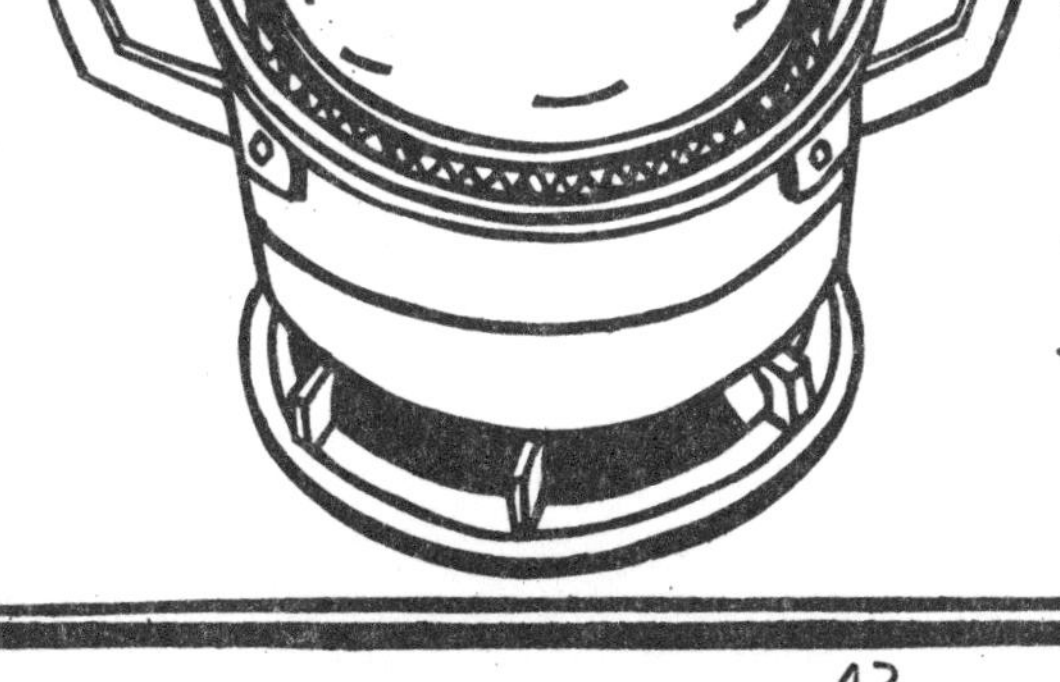

蒸しパン

● パン種をザルに入れ、蒸し器や深ナベで約20分間ふかす。日本の伝統的な「ふかす」方法でやれば、案外手軽においしい蒸しパンをつくれる。

自分の流儀で酵母を育てる

ジャガイモとトウモロコシで

磯部さんは一四、五年前、アイルランドの友人とパンや菓子の作り方を交換した際におぼえた方法で、暇をみては自家製酵母のパン作りを楽しんでおられるそうです。コウジで元種を作り、その発酵を利用するパンの作り方も教えていただきましたが、今回は身近な材料であるジャガイモとトウモロコシの酵母作りをご紹介します。

「失敗するかもしれないけれど、作り方を知って試していくことは手作りの大事なことで、酵母を作っていると市販のものの特徴もよくわかるし、どこを補ったらよいかもわかってくる」とおっしゃっています。

生きているからおいしい

生のトウモロコシが手に入らない場合は、トウモロコシの粉で代用できます。この場合も、スライスしたジャガイモにトウモロコシの粉大さじ三杯と塩、砂糖を生の場合と同量入れて、五〇〇ccほどの熱湯を加えて保温します。それ以降の作り方は同じです。

さて保温する際の温度ですが、三七～三八度くらいの、人間の体温より少し高めの温度が適温とのこと。ただしコタツなどを利用する場合、温度がどうしても高めにいきやすいので気をつけてください。高すぎるよりは低目の温度、三二度くらいのほうが無難です。それとコタツを使うときは、温度が変らないほどに空気を通わすことが必要です。

丸一日たつとアワ状のものが浮いてきますが、この状態で裏ごしをするとジャガイモが固いので、裏ごしがやりにくく、発酵も充分ではありません。やはり、二日ほどたってジャガイモの裏ごしがやりやすくなった頃が発酵のメドといえそうです。もちろん正確に何時間といえるようなものではないので、あくまでもアワが出て、甘く、すっぱいようなにおいを発酵のメドにしてください。液につかっていないジャガイモは黒くなっていますが問題ありません。気になるようだったら、裏ごしのとき捨ててください。

こうしてできた酵母種をビンに保存しておくと、下からアワが浮きあがってくるのが見えます。酵母が生きている証拠といえます。酵母があまりドロッとしていると、パンの出来上がりがネットリするので、酵母に活力がある場合は水を二～三倍入れてもいいでしょう。濃いのと薄いのとを作ってみて、割合をつかんでいくとよいと思います。酵母をビンに入れ、室温(三月下旬～四月上旬)のまま保存したところ、一週間目くらいに最も活力がありました。一回に使いきらないで、ジャガイモの培養を足していけば、いつでもパンを作ることができます。また、パン生地を使いきらずに残しておいたものでも作り続けることができます。酵母の力が弱くなったときは、もとから作ります。

酵母がプクーとアワだつのに、小麦粉を入れるとなかなかふくらまないというときは、酵母の発酵をもうすこし待ってみます。もしくは、ジャガイモかサツマイモをゆでてつぶしたものに同量の小麦粉を加え、酵母と水を入れてよくこね、何時間かして、発酵してきて軟らかくなったら、また小麦粉を加えて、よくこねてから焼きます。焼くときは、低目の温度（百度）からじっくりと焼いて、次第に温度を高めていったほうが釜のびがよいようです。酵母のパンには独特の酸味があります。これが酵母パンのおいしさともいえますが、もし気になるようでしたら、重曹を少量加えることによって酸味を消すこともできます。

果物から自家製酵母

千葉県で童心舎という自然食品の販売をしている青木さんという方がおられます。

イースト、星野天然酵母などを経て、パン焼き歴一〇年の青木さんは、自家製酵母パンも作るようになりました。

昔、お家の方が梨の皮を水につけてブクブク発酵したものに、小麦粉をとかしてパンを焼いていたことを想い出し、作り始めたということです。普通、生地作りをパン作りというけれど、本当は酵母がパンの味を決めているのだから、酵母作りがパン作りの五〇％ではないかと思う。実際に自家製の酵母を作るようになって、パン作りが本当におもしろくなったとおっしゃっていました。

青木さんの自家製酵母パンの作り方をご紹介します。

①リンゴ（無農薬なら皮のまま、まったく自然の状態なら洗わずに）すりおろし、ミカンは袋から出してつぶします。量は適宜。

②水を足しスープ状にして、蜂蜜、砂糖、塩を少々加えます。このまま常温だと一週間くらい、保温するときは二六度くらいで三日間ほど置くと、ブクブクあわ立ってきます。

③発酵したら布でこし、カスに水を加えてもう一度紋ります（二番紋り）。これをビンで保存します。

④小麦粉を水でとき、火にかけてダマのできないように注意しながらモロミを作ります。トロリとしたモロミができたら四〇度くらいまでさまし、これを③のビンに入れてよくかき混ぜます。

⑤毎日一回かき混ぜて（カビないように）、ビンの内側についているものも中に加えるようにします。

キチッとふたをせず、室温で保存し、あわの活性が落着いて、においが変ってきたら使えます（四～五日後）。

⑥小麦粉の量に対して水分は六〇％入れてこねます。この水分量のうち酵母種は三分の一くらいを入れています。粉は一度に入れてこねるストレート法ですが、二度にわける中種法よりおいしくできあがるように思います。

⑦かき混ぜた酵母種を使っていき、なくならないうちに、また小麦粉のモロミを作って加えると、酵母菌が活発になって、いつでも使えます。

　果物の酵母作りは、秋に実る野性の果物を洗わずに使い、次の年の夏まで使い続けるという季節のサイクルで作るのがよいと思うと、青木さんは言います。また、酵母が小麦粉のデンプン質やグルテンを食べて分解、発酵してうまみになるので、大きくふくらむよりも匂いが大切。小麦粉の匂いが消えて、酵母菌の匂いになることがパンにとっては大事なことで、ふくらまないから失敗だとはいえないとも。「事実、ふくらんできめ細かいパンは少し味が落ちるようです。パンのふくらみとパンの味は矛盾しています」

　自家製酵母でパンを焼くごとに、青木さんはこう思うそうです。

わが家ならではの味

　自家製酵母のパンづくりに、これと決まったやり方はありません。何度かくりかえして、自分なりのやり方をつかまれるとよいと思います。くりかえすうちに、酵母の発酵の様子や活力の具合、粉と水分の全体の割合、温度や時間のめやすが自分なりにつかめてきます。また、粉も全粒粉を使ったり、そば粉、むぎこがし、トウモロコシ粉などを三〇％くらい入れて作ると、酵母の味とともに、わが家ならではの味になってくるでしょう。

　パンを一度も焼いたことのない方は、イーストや天然酵母などで、あらかじめパンの生地作り、焼き方に慣れていた方がよいと思います。ここでは生地作りをくわしく説明しませんでしたが、『天然酵母パン』（矢野さき子著　グラフ社）などの本も参考になります。また、天然酵母は「星野天然酵母」がいいと思います。イーストのような純粋培養されたものでなく、天然に存在する様々な種類の酵母を含んでいます。

天火のいらない天然酵母のパンづくり

　東京都町田市の福島泰子さんから教えていただいた天然酵母のパンです。

〈材料〉小麦粉＝四〇〇g　天然酵母＝一五g　塩＝粉の一～二％以下

①天然酵母一五gを、一・五倍のぬるま湯で混ぜ、外気温が二五度以上なら、このまま四〇時間くらい放置、それ以下なら三〇～三五度の湯で湯煎するなどして保温する。はじめサクサクした感じだったのがやがてドロドロになり、生種のできあがり。

②直径一八cmの鍋で生種と粉二〇〇gを混ぜる。ぬるま湯（一六〇～一八〇g）はこのとき入れても、先に生種をといておいてもよい。練らないこと。

③鍋にふたをして三〇度くらいに湯煎して五～六時間置くと気泡ができ、二倍以上にふくれて粘りのあるドロドロした感じになり、いい香りがする。これで中種のできあがり。

④残りの粉二〇〇gと塩少々を混ぜ、約二〇分間、巻きこむようにしながら、表面がすべすべになり、グルテンが手につかなくなるまでよく錬る。

⑤再びナベに入れふたをして、二五度以上（湯煎で三〇度）に保温する。約一時間後、二倍以上にふくれたら、手のひらでおさえてガス抜きをして元の大きさに戻し、もう一度そのままにしておいて、再び二～三倍にふくれたところで焼く。

⑥このときまん中に、ジュースの缶にアルミ箔を巻き、鍋より一cm低くつくった煙突を立てると、ふんわりできる。ナベの内側には油をぬる。消えるか消えないかくらいの弱火で片側三〇分、パンをひっくり返して反対側をもう一〇分焼いてできあがり。

「この方法だと、ふんわりとした子どもも喜ぶパンができますよ」とおっしゃっていました。

丸ごと利用したい小麦

小麦粉を水でこねるとしだいに粘りと弾力が出てきます。これは小麦に含まれているタンパク質がグルテンになるためで、グルテンは網目状の構造をつくり粘りを出します。タンパク質の多い小麦粉ほどグルテンも多く、粘りが強いので「強力粉」と呼ばれます。少ないものが薄力粉、中間が中力粉で、内地小麦から作る〝地粉〟はほとんどが中力粉です。

小麦は、タンパク質を構成する栄養成分として重要とされるリジン、メチオニン、トリプトファンといったアミノ酸が不足していますが（欧米人は肉食によってこの不足分を補っている）、一方でビタミンB_1、B_2が多く、カルシウム、鉄などは玄米より多く含むといった特徴があります。

小麦粉は、見かけの白さにより一等、二等、三等といった区別をされています。フスマが最も少なく、色の白いのが一等粉、外皮の部分に近くフスマが混って黒っぽいのが三等粉、その中間が二等粉ですが、タンパク質やビタミン類、無機質など栄養的にみて重要な成分、等級とは反対に三等粉がいちばん多いという皮肉な関係になっています。特に外皮やフスマの多さは、食物繊維や灰分の多さを示していますから、精製が進めば進むほど栄養価はそこなわれていくといえるわけです。

特に小麦胚芽は各種のビタミンを豊富に含み、中でもB類やEに富んでいます。このビタミンEは、細胞を生き生き活動させるために大切な役割を果たし、老化を防ぐためにも必要なビタミンとして注目されていますが、体内では作ることができず、食事でしか得られない貴重な栄養素です。胚芽まで含めた丸ごとの小麦を利用したいものです。

イーストは人工の酵母

現在パン類に許可されている添加物は、小麦粉改良剤、酸化防止剤、膨張剤、乳化剤、保存料、着色料など二〇余種に上ります。この中で、小麦粉改良剤つまり、製パン時のイーストフードとして利用されてきた臭素酸カリウムが、発がん性などの問題によりパン以外は使用禁止になったのは昭和五七年でした。これをイーストに加えると、きめ細かく均一な柔らかいパンが単時間にたやすくでき上がるというので、工場生産のパンには欠かせないものでした。

この臭素酸カリを加えることで大量生産に活躍したイーストは、ドライイースト、生イーストとして市販されていますが、パン食の国々で昔から使われていた酵母とは異なったものです。古来からのパン文化を持つ国（フランス、ソ連、北欧の国々など）では、その国特有の、果実や植物に自生する酵母を利用した元種を使ってのパン作りが行われていました。現在のイースト（人工酵母）は第一次世界大戦の末期に食糧難のドイツで、楓《かえで》から代用糖を取った液に着目し、この廃液と化学肥料を主な培養基（酵母の餌）として利用し、作り出したものが始まりです。

酵母菌そのものの違いは天然酵母とそれほどありませんが、元種をつくる培養基が違うわけです。天然酵母が、自生の酵母菌をジャガイモ、果実などの天然原料を元種として作られるのに対し、イーストは、酵母菌の中から力の強い菌だけを選び出し、甘味培養でその菌株を増殖し、さらに甘味飼料と化学物質、アンモニア水、尿素、過燐酸石灰を培養基として作られます。天然酵母と比べると味の点で不満はありましたが、発酵力が強く、機械製パンに適し、経済性に富んでいたため、天然酵母をしのいで利用が広まりました。

〈元種・天然酵母パン種の入手先〉
真言宗明峰山楽健寺＝東大阪市御厨二ー四ー三二　℡〇六ー六七八八ー六四七八
㈲ホシノ天然酵母パン種＝東京都町田市小野路三三七ー八三　℡〇四二ー七三四ー一三九九

〈参考資料〉
『天然酵母パン』矢野さき子著　グラフ社
『食品添加物』西岡一著　ぎょうせい
『現代農業』農文協

さつま入り蒸しパン

山ぞいの畑作地帯で小麦粉、サツマイモを主原料として作られ、いつのまにか人参、卵、牛乳が使われるようになりましたが、現在も多く作り継がれています。

〈材料〉小麦粉500g、サツマイモ中1.5～2本、人参10cm、牛乳½カップ、砂糖大さじ5、塩小さじ1、ふくらし粉小さじ2、卵1個

❶サツマイモは洗って、皮をむき、1cm角くらいに切り、水にさらしておく。
❷人参をすりおろしておく。
❸粉にふくらし粉を合わせ、砂糖、塩を入れ、人参、卵と牛乳でダンゴのかたさに練り、水切りしたサツマイモを混ぜる。
❹手頃な大きさに丸め、片栗粉の中にころがして、蒸し器にかけて20～30分蒸す。
サツマイモは水さらしをしないと粉が緑色に変色して染まり、きたなくできるので注意。

豆味噌パン

小麦粉で生地をつくるとき、加える塩分と同じ割合の豆味噌をとかして混ぜあわせ焼くと、ライ麦パンそっくりの香りにできあがる。ソバ粉を使ってもできる。

ヨーグルト応用のパン

ヨーグルトと重曹水を混ぜて生地をこねあげる。暖かいところへしばらく置くか、あるいはその生地を成型してすぐ焼き釜へ入れる。釜の熱で乳酸と重曹が合わさり、炭酸ガスが生地をふくらますと同時に焼きあがる。

おたらし

小麦粉をすいとん程度のかたさにとき、ほうろくに油をひき、平たくのばした粉を焼く。木のフタをし、ときどき裏がえし、砂糖醤油で食べる。

お茶

●疲れたとき、濃い目のお茶を一杯。フーッと息をはきだすと、一瞬体中がほぐれていきます。いつからか、お茶は、暮しの中に自然と溶けこんでいました。お茶の木はどのように育ち、どのような過程を経て飲むお茶に変わっていくのだろうか。素朴な疑問と共に、茨城の生産者、益子さんを訪ねました。

必要な道具

せいろ 蒸し器でもいい

平らなザル、**うちわ** **竹箸**

フライパン あれば大きいもの。厚手のなべでもいい

和紙 障子紙でよい。これにうどん粉を煮た糊をぬり、乾かしておく

木しゃもじ **まないた** 平らな板でもいい。いずれにしても広めがよい

① お茶の葉を摘む

四月末から五月始めにかけて新芽が伸び、若葉が三、四枚になった頃摘む。一番茶は新芽の先の芯の部分と、あと若葉二葉（一芯二葉という）を使う。四葉くらいまでは全部使えるので、量が少ないときは摘む。

ただし摘んだ生葉はほぼその日のうちに製茶しなければならないので、後の手順を考えて量を決める。

② 製茶

一 生葉を蒸す。お湯を充分沸騰させたセイロ（蒸し器でもいい）に生葉を薄く全体に広げて（せいぜい二、三枚が重なる程度。量が多すぎると均一に蒸せない）、20〜30秒程（目安）蒸す。蒸しがたりず青々とした葉は、揉むときにくだけにくく、色も良く見えても、青臭くて飲めない。反対に蒸しすぎたものは揉んでいる間にパラパラと粉のようにくだけてしまうが、こちらは深蒸しのお茶があるくらいで、味は悪くない。蒸し加減は長年のカンがものをいう重要なところ。

二 葉をさます。青臭さがとれ、箸でサッとかきまわしたときに葉が箸にからまるようになったら、すばやく平らなザルに広げてウチワであおぐ。

三 葉を炒る。フライパンは茶がらや古くなったお茶、ほうじ茶などを炒って、その上にうどん粉をぬった和紙(つくり方は左ページ下を参照)を敷き、ごく弱火にかけ、さましたお茶の葉を入れてしゃもじで軽くかきまわす。

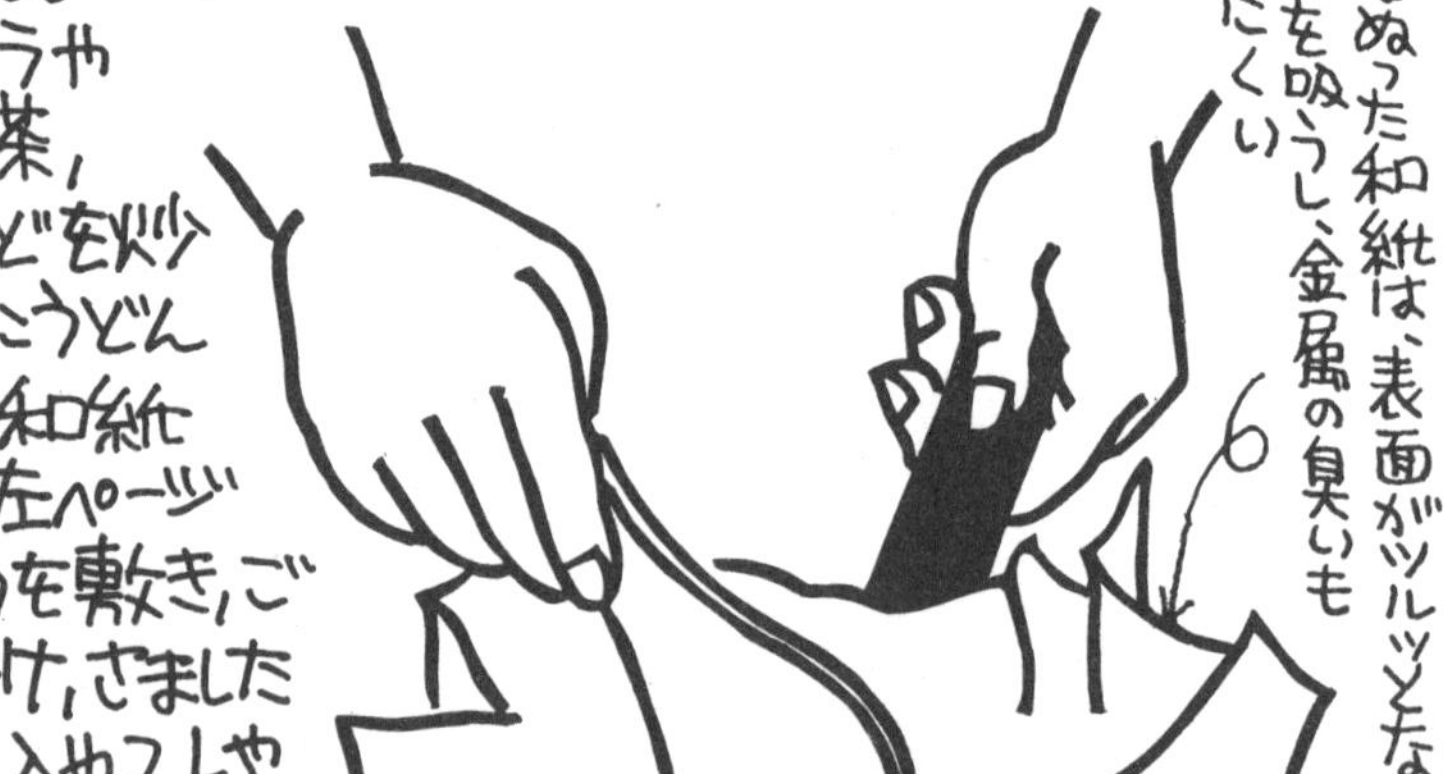
糊をぬった和紙は、表面がツルッとなって炒りやすく、水分を吸うし、金属の臭いもつきにくい
ごく弱火

㊃葉を手で揉む。葉の表面が乾いてきたら、まないたの上にとり出し、葉の上で手の平や指を前後に滑らせたり、葉を両手ではさみおがむようにして手の平ですりあわせたり、指先を使ってねじったり丸めたりしてよく揉む。葉から水分がでてきたら、またフライパンに戻して同様に炒り、表面が乾いてきたら再び揉む。これを五、六回繰り返して(30分程)水分がほとんどなくなり棒状に細く丸まった葉がポキッと折れるぐらいまで乾燥すれればできあがり。

後になるほど水分が少なくなるので強く揉むようにする。

炒るときに温度が高すぎるお茶の葉は乾燥を通りこしてほうじられてしまうが、この場合は、ほうじ茶茶として飲める。

●おがむようにすりあわせる

●指先でねじる

※和紙にうどん粉の糊をぬる

うどん粉をよく溶いてかきまぜながら煮る

ポタポタとたれるくらいの固さに

和紙(障子紙でよい)にハケでぬり乾かす

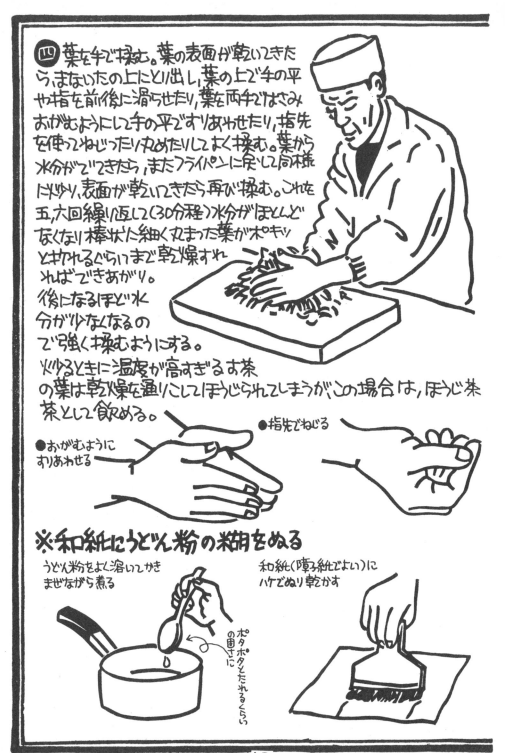

揉めば手のひらがほわっと熱く

手をかけるしかねえ

常磐線水戸駅から水郡線に乗り換えて常陸大子《ひたちだいご》駅まで一時間半。そこからめざす中郷《なかごう》まではさらに車で約三〇分。すぐ傍に見える山の向うは福島県というところに、益子耕治・とみえさんご夫妻の茶畑があります。お茶の生産地としては北限に近いそうですが、「いつ頃からかちょっとわかんないね」と言われるほど代々お茶作りを続けてこられ、栽培方法もことさらに切り換えられたわけではなく、ずっと堆肥（和牛を飼っているので自給）栽培、無農薬です。

「昔からやってることを守っているだけ」と言われますが、昨年冬の大寒波のときも、周りの茶畑がたくさん寒枯《かんが》れしたにもかかわらず、益子さんの茶畑は「ほかの家が気の毒なくらい青かった」そうで、「出稼ぎがふえて化学肥料専門にやってるところはだめだったな。根の張りが浅いから。やっぱり土が大事だから」と話されました。このあたりは、一五～六年前までは虫の発生が少なく、農薬を使う人も少なかったのが、近頃は虫がふえ、せっかく有機農法で堆肥栽培している人が、虫がつくと収量が落ちるからと農薬を使ってしまうのが残念だといわれます。

農薬も基準どおり使っていれば残留農薬の検査で出ることはないけれども、新芽の出る前では効果がうすいからと、芽の出たあと、まだ葉が開かず葉の裏に薄い毛のはえてきた状態の頃にかける人もいるとのことで、「この頃にかけると薬がよく効いて収量もふえるけど、やっぱり飲むのには気持悪いから。農薬かけたのは、自分で飲むのだってやだものねえ」ととみえさん。耕治さんも「うちでは農薬使うかわりに木を刈ってしまうんだね。三月末から四月初めに木をそろえるためにまず刈って、次は一番摘みの後、二番摘みの後、と芽を摘むたびに剪定。農薬無しで虫や病気を防いでいい芽をとるためには手をかけるしかないね」と。消費者の人たちと長く付き合っていくためにも自分たちの納得できるものを作りたいということでした。

こうして育てられたお茶の木は手摘みされ（益子さんの茶畑は四反ぐらいありますが、慣れると一人一日三〇キロほど摘めるので、三人くらいで充分間に合います）、生葉はその日のうちに地域の製茶工場へ運ばれます。一一〇軒ほどの茶農家に対して一〇軒ある製茶工場では、各農家の持ち込んだお茶は混らないように名札をつけ、別々に製茶します。

生葉は、置いておくとポッポッとほてって（発酵して）しまい、香りが無くなりだめになりますから、摘んだ葉は全部その日のうちに製茶しなくてはなりません。まさに時間との追いかけっこが始まるのです。そのうえ、お茶の木は成長を止めて待っていてはくれません。摘み遅れると育ちすぎてこわく（固く）なり、良いお茶になりませんから、毎日が戦場の日が続くわけです。

三〇年くらい前までは耕治さん自身も手揉みで製茶をしておられ、朝の一時二時頃から湯を沸かして生葉をせいろで蒸し、手伝いの人をたのみ、五つのホイロを使って製茶していましたが、手揉みではどう頑張っても一日一人四～五キロがやっとで、製茶工場ができて、その点はとても楽になったといわれました。

機械にゃわからぬこの加減

この手揉み製茶と機械製茶の違いについて、財団法人静岡手揉茶保存会館の高桑実さんに併せておたずねしてみました。以下は高桑さんのお話から。

『手揉み』は、一人前になるのに永年の経験が要求されるうえに、お茶の味もよくわかっていなくてはならず、しかも製茶できる量も少ないことから、最近では実際にやる人はほんのわずかになってしまいました。しかし、手揉みの経験のあるなしは機械製茶にも大きく影響してきます。というのは、機械製茶といっても、蒸機、冷却機、粗揉機、揉捻機……乾燥機と製茶していく工程は手揉みと変らず、それぞれの過程で機械を操作する人が、茶の葉の具合を目でみたり手で触ったりして進めていくので、手揉みの経験や下地が機械操作に生きてくるというわけです。

近頃ではすべてをコンピューターで処理する機械もできていますが、同じ機械製茶でも、熟練者のカンによる部分を持つものと比べると、天候や季節によって微妙に異なるお茶の葉の変化に、充分対応でき

年一七回も農薬散布

お茶の葉につく害虫は、〝カンザワハダニ〟〝チャノサンカクハマキ〟〝コカクモンハマキ〟〝ミドリヒメヨコバイ〟〝チャハマキ〟などで、その他〝炭そ病〟〝もち病〟といった病気も出ます。これらに使用される農薬には〝アクリシッド水和剤〟〝パダン水溶液〟〝ランネート水和剤〟〝スミチオン乳剤〟〝銅水和剤〟などがあり、使用対象により使用時期（摘採までの日数）や散布濃度は異なりますが「農薬散布基準指導表」（県が指導）を基に、通常で年一七回程度散布されます。これは最低必要基準といわれ、地域、気候、地力などにより差が生じるうえ、中には多収量をめざすため年三〇回も散布したり、使用方法（主に使用時期）を無視するケースも見られます。

るとはいえません」

こうしていろいろとお茶に関する話をうかがってみると、自給用のお茶をすべて手作りでというのは、なかなかのことではなさそうです。でもお茶の木のある人は一度製茶してみる、ない人はお茶について、お茶の木について知ろうとする、そんなことからもお茶を身近に引き寄せることはできるのではないでしょうか。そしてそれはお茶の向うの生産者の方々とつながっていく道にも通じているように思えます。

先に書いた手揉茶保存会館では、新茶の茶摘みの始まる四月末（二十五日頃）～五月初め（十日頃）に、手揉みの実演と、手揉みを習いたい人のための無料の講習を行っています。また十月頃にはお茶の実が落ちるので、会館まで取りに行けば無料で分けてもらえます。

益子さんのお茶が欲しい方は、左記に注文すれば送ってもらえます。

益子耕治＝茨城県大子町中郷一四八五　電話○二九五七－七－○三八九

財団法人・静岡手もみ茶保存会館
電話○五四三－三四－一三九一

ビタミンCいっぱいの柿の葉茶

愛農会（三重県名賀郡）の会員、日高ヒサ子さんに柿の葉茶の作り方を紹介していただきました。柿の葉茶はビタミンCが豊富に含まれていて血圧を安定させ、ニキビや吹き出物など美容にも効果がありますので、健康を保つためにもぜひお試しください。

①柿の葉（甘柿でも渋柿でもよい）を六月から十月に採って、洗わずに陰干しする。夏なら一日でよい。

②葉を一cmくらいの厚さに重ねて二～三mm幅に包丁で切る。

③蒸し器の湯がよく沸騰したら荒目の布を敷いて、葉を三cmくらいの厚さに手早く入れ、フタをし、時計を見て、一分三〇秒蒸したら蒸し器をおろす。

④うちわで葉に水滴が溜まらないように、三〇秒あおぐ。

⑤再び蒸し器を火にかけて一分三〇秒蒸す。（一分三〇秒を二回蒸すことを厳守）蒸しすぎると葉が茶色になり、ビタミンCもそこなわれ効果がなくなるので、青々としているうちに火からおろす。

⑥ザルか、きれいな新聞紙の上に蒸した葉を広げ、風通しのよいところで陰干しにする。

⑦乾燥した柿の葉茶は紙袋に詰め、缶に入れて保存する。

〔柿の葉茶の入れ方〕

一摘みの葉を急須に入れて熱湯を注ぐ。四～五分待つのがころあい。二度目、三度目もよく出る。

昔から中風は柿の渋を飲むと回復するといわれるほどですし、干柿はおやつや料理にも重宝です。

日高さんからお聞きした作り方

の補足をしますと、柿の葉は六月～十月の間なら葉が青く、ビタミンC摂取が可能です。柿の葉を刻んで蒸らさずそのまま乾燥したのでは、ビタミンCがなくなります。また陰干しも晴天で二日、曇天や雨天では三日を越すとこれもビタミンがなくなるので注意。蒸した葉を乾燥させるのはなるべく早く、充分に乾燥させます。

　宵越しの番茶は毒といわれますが、柿の葉茶はさしつかえないそうです。一度出したものに、更に湯をそそいで翌朝までおけば濃厚に出ています。

　薬草は多くの種類を一緒にして飲むといいともいわれていますが、柿の葉と他のものとのブレンドは、相乗作用のある例えばハトムギ、ドクダミ、連銭草（カキドオシ）はよいのですが、逆に相殺作用のあるもの（ビタミンCを消すもの）はいけないので、単味で服用したほうが無難だということです。

番茶

大きな無水鍋で番茶が簡単に作れます。

　お鍋に天板を置いて蒸せるようにして、沸騰したところへ荒目の布を敷き、茶の葉を八分目くらい入れます。一五～二〇分蒸し、葉が茶色になったら包装紙などの上に広げて陰干しします。無水鍋のフタで弱火で煎り上げてから煮出しますが、煎り上げたものは長期の保存は避け、早目に飲むようにします（一カ月が目安）。長期保存の場合は、煎らずに保存し、飲む前に煎り上げます。

　三年番茶というのがありますが、これは茶の木の軸ばかりですので、木の細いところは葉といっしょに蒸します。

よもぎ茶

ヨモギを摘んできて水洗いし、急須かどんぶりに入れて熱湯を注ぎフタをします。五分くらいできれいな黄緑のお茶になりますので、塩を少し入れて飲みます。これは昔から虫下しに効くといわれていますが、長期間の運用はさけて、月に五日～一週間くらい続けるとよいといわれています。ヨモギを熱湯に通し、陰干しで乾燥させて保存すると、冬でも使えます。

桑のお茶

　桑の葉の若芽を千切りにして急須に入れ、ヨモギ茶と同様に熱湯を注ぎ、五分くらい置いて飲みます。ソフトな風味がなんともいえません。不老長寿の効果ありと古老から聞きました。春さきの若芽の頃のものが苦味がなくおいしいので、保存はしないで季節に楽しむのがよいでしょう。また桑の木の箸はおめでたいときに使うといわれています。

防除暦は農薬散布のカレンダー

　防除暦は、適切な農薬散布時期がひと目でわかるように、カレンダー方式にまとめたスケジュール表です。農薬は現在、有効成分(原体)約三八〇種、商品数にして約五〇〇〇件が販売されています。この中から何を、いつ、どのくらい使うのかを農民自身が決めるのは難しく、防除暦に従って散布される場合が大半です。

　防除暦は、都道府県単位に作成される防除基準をもとに、市町村や農協、生産者の団体などで作成され、〝その地域とその作物に適した防除の指導を行う〟というものです。しかし防除暦や防除基準の権威を保つためにも、指導どおりの防除をしたのに被害が出た、ということのないよう、どうしても多めの防除を組み立てがち(『よくわかる農薬問題一問一答』合同出版刊)です。

　防除回数がとくに多いのは果樹と茶です。ちなみに新潟県白根市農協の『昭和六十年度梨防除暦』によると一八回以上、静岡茶技術員会の『昭和五十七年度茶園防除基準』によると一六回以上もあります。わけても茶は、摘んでから茶碗に注がれるまで洗う過程のないことを考えると、この回数に不安にならざるをえません。

　農薬使用の害をこうむるのは、まず農民ですが、防除暦や防除基準は農薬の効果を示すのみ。その農薬にどのような毒性があり、どういう中毒症状があらわれるのか、さらに作物や人体にどう残留するのかといったデータは、農家にはなかなか手に入らないのが実情です。

　とはいえ、農家にとって病害虫の対策は死活問題です。より等級の高い商品として市場に出荷するためにも、上意下達式に与えられた便利な防除暦に頼りがちになり、その結果、永年の経験や知恵による防除技術はしだいに影が薄くなります。しかも農薬を共同仕入し、農家に販売するのは、多くの場合、農家のセンターであり、防除暦作成者でもある農協などです。また農薬会社からは、自社の製品が防除暦に記載されるよう、盛んな売込みのあることも耳にしました。

昭和57年度　茶園防除基準

!!農薬安全使用基準を守り　きれいな良質茶生産を!!

静岡茶技術員会

防除時期	対象病害虫	使用薬剤名	散布濃度	使用期間（摘採までの日数）	摘要
3月上旬～中旬（萌芽前）	カンザワハダニ	アクリシッド水和剤(50%)	1,000倍	21日	アクリシッド水和剤、オマイト水和剤は新芽に対して、薬害があるので注意する。ダニに対する散布量は、500ℓ以上とする。萌芽直前の散布は、オマイト水和剤(800倍)とする。
1番茶生育期	チャノサンカクハマキ (ウスミドリメクラガメ)	パダン水溶剤(50%) (スプラサイド乳剤(40%))	1,000倍 (1,500)	7日 (14)	ウスミドリメクラガメ発生地域は、スプラサイド乳剤を使用する。
1番茶摘採直後	カンザワハダニ	プリクトラン水和剤(50%)	3,000倍	21日	ランネート水和剤は毒性が強いので取扱いには十分注意し、粉末、薬の霧を吸いこまないこと。覆下栽培ではランネートは使用しないこと。
	コカクモンハマキ チャハマキ	ランネート水和剤(45%)	2,000倍	20日	
	クワシロカイガラムシ	スプラサイド乳剤(40%)	1,500倍	14日	10アール当たり1,000ℓ以上散布。
2番茶萌芽期～開葉期	ウスミドリメクラガメ	スミチオン乳剤(50%)	800倍	20日	
	チャノサンカクハマキ ミドリヒメヨコバイ 炭そ病 もち病	パダン水溶剤(50%) ダコニール水和剤(75%)	1,000倍 800倍	7日 14日	
2番茶摘採後	コカクモンハマキ チャハマキ	スプラサイド乳剤(40%)	1,500倍	14日	輪斑病の防除は、摘採後3日以内にトップジンM(2,000倍)又はベンレート(水)(3,000倍)を散布する。
3番茶開葉期	ミドリヒメヨコバイ・チャノサンカクハマキ 炭そ病・もち病	パダン水溶剤(50%) ダコニール水和剤(75%)	1,000倍 800倍	7日 14日	3番茶を摘採しない園では、特に炭そ病、もち病の発生が多いので1葉開葉期と2葉開葉期の2回散布する。
8月上旬～下旬（3番茶摘採後）	ミドリヒメヨコバイ コカクモンハマキ チャハマキ	ランネート水和剤(45%)	2,000倍	20日	ランネート水和剤は毒性が強いので取扱いには十分注意し、粉末、薬の霧を吸いこまないこと。
	クワシロカイガラムシ	ペスタン乳剤(25%)	1,000倍	30日	10アール当たり1,000ℓ以上散布。
秋芽開葉期	炭そ病 網もち病 もち病	銅水和剤 ダコニール水和剤(75%)	500倍 800倍	21日 14日	病害の多発が予想される場合は、1葉開葉期と2葉開葉期に2回以上散布する。
秋芽生育期	ミドリヒメヨコバイ チャノサンカクハマキ	メオバール水和剤(75%) スプラサイド乳剤(40%)	1,000倍 1,500倍	14日 14日	
越冬期	カンザワハダニ	オマイト乳剤(57%) 〃 水和剤(30%)	1,500倍 800倍	14日	

◎クワシロカイガラムシの年3回発生地区は5月中下旬、7月中下旬、9月下旬で幼虫フ化期を確め防除する。

- 散布する時は防除マスクをしましょう。
- 農薬は保管庫へ必ず入れましょう。
- 薬品容器や散布残液の処理には十分注意し、河川等には絶対流さないこと。

（静岡県茶業会議所編　S58改訂版）

山菜の保存

●山に生まれ山に育った荒川エスさん(五五歳)は、幼い頃、おばあさんのあとにくっついて、山の食べものを採る楽しさを知って以来、盛岡市に暮すいまも、毎年、故郷・袰部(ほろべ)の山へ、山菜摘みに帰ります。これからの季節、台所はワラビやゼンマイの山、という荒川さんに、山菜の保存の方法をお聞きしました。

フキ

五月から七月頃まで

※ゆでて皮をむいて塩漬けにするが、ゆで加減がむずかしい。ゆで時間が足りないと空気にふれたときに黒くなってしまうし、ゆですぎると柔らかくなってしまう。これは経験をつむしかない。

塩を少し入れた熱湯でゆでる。
1本1本皮とスジをむく。
2、3日水が流れる状態にしてよくさらしてアクぬきをする。
10本くらいずつ、フキの葉を裂いたもので束ねて塩をふりながら重ねて塩漬けにする。塩の量は、材料の重さの20%〜25%くらい。
※樽を次の漬物のために空けたいときは、容器の底に少し残った塩漬けを樽からあげたまま吊して乾燥させると塩気がぬける。
これを熱湯で湯がいて戻して料理する。

ワラビ
五月頃から山の方では七月くらいまで採れる
切り口に灰をつける。
採ってきたらすぐに頭の方をそろえて適当な束にし、下の方は柔らかく折れるところで切りそろえる。
※先端の胞子のうの部分をよくもんで落したほうがアクが出ない。
1束ずつ全体に塩をふる。
塩水に1晩漬けておく。
※採ってすぐに食べる場合は、一晩灰にくるんでおくと苦みもとれるし、青々となる。それを水でよく洗い、酢醤油で食べると、パリパリと歯切れよく、おいしい。湯がいておひたしにしても。
すき間ができないようにしっかり重ね、いちばん上に古くなったウルイ（ギボウシ）の漬物などでフタをし、木蓋をのせて重石をし、上から丈夫な紙かビニールで覆いをし、口をしばる。

熱湯をくぐらせて一晩おくやり方でもいい。ただし、塩漬にするときには生のままで。

ゼンマイ
塩蔵にはむかない

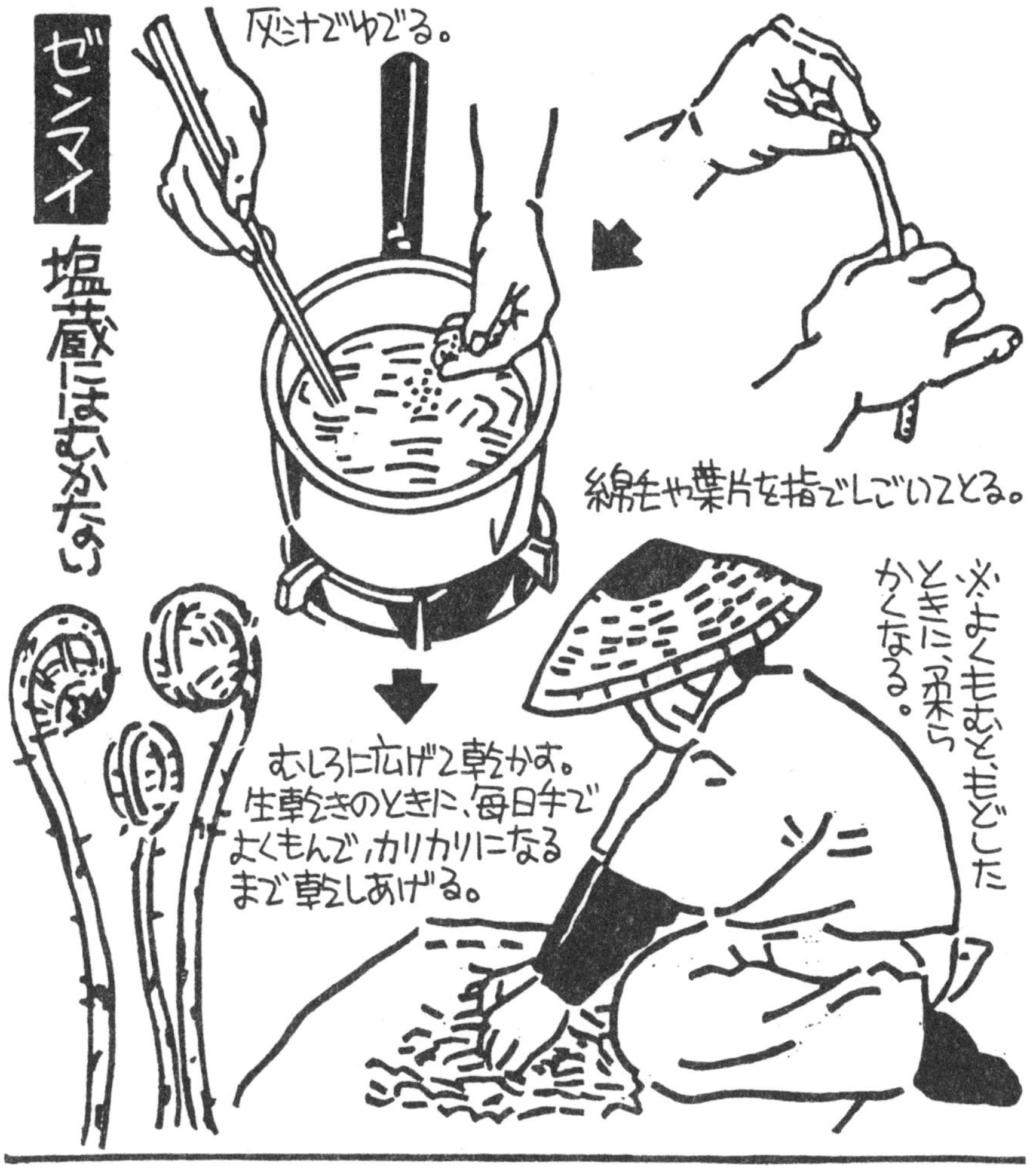
灰汁でゆでる。
綿毛や葉片を指でしごいてとる。
※よくもむと、もどしたときに、柔らかくなる。
むしろに広げて乾かす。生乾きのときに、毎日手でよくもんで、カリカリになるまで乾しあげる。

山を歩く楽しさ 採る楽しさ

強烈な個性こそもち味

山菜は、旺盛な生命活動のためか非常にアクが強いのが特徴。しかも採ってからもどんどんアクが強まりますから、何をおいてもまずアク抜きに取りかかります。ただしアクはもち味すなわちうま味にも通じますから、とことん取り除くのでなく、その強烈なもち味を楽しみ、生かすように扱うことが大切です。

漬けるときの重石は材料の五割くらいが目安。容器は陶製かホーローが手に入りやすいものですが、ホーローは通気性に欠けるのが難点（冷蔵庫に入れるならかまいません）。

料理の仕方も、あまり細工をせずに、しかも脇役でなく主役として存分に使う、というのが向くよ

ミズ　ウワバミソウ

うです。

〈フキ〉水につけて、よく塩気をぬいてから料理します。おひたし、油揚げや厚揚げとの含め煮、少し塩気を残したのを細く割き、温かいご飯とまぜてフキ飯にも。

〈ワラビ〉塩ぬきをして、そのままおひたしや白和えに。豆腐と一緒に味噌汁もおいしい。

〈ゼンマイ〉熱湯につけて、そのまま蓋をし、ふっくら柔らかくなるまでもどして使います。味噌汁、炒め煮に。

　その他、岩手の人たちに親しまれている山菜としては――、

〈みず〉（ウワバミ草）＝沢の近くに生えていて、六月から秋頃まで採れます。細いのを選んで皮をむき、湯がいておひたしや辛子あえにしたり、小魚と炒め煮にしても。保存するときは、湯がいて塩漬に。

〈アイコ〉（ミヤマイラクサ）＝二〇センチくらいの丈のものをゆでてサラダにすると、アスパラガスのような味がして、しかもアスパラガスよりうまいと珍重されます。

〈山タケノコ〉親指や人さし指くらいのタケノコです。皮のまま湯がいて、水に一日さらしてアクぬきしてから塩漬けやオカラに漬けて保存します。さっぱりした味。

　他にも、コゴミ、タラボ（タラの芽）、シドケ、山ウド、アザミ、ウルイ（ギボウシ）などなど、どれも置いておくとどんどんしねく（こわく）なりますから、気が気ではありません。この季節、荒川さんは山菜の処理に追われる毎日となります。

山も山菜も土地の人のもの

畑のもん欲しくなかつた

　エスさんは、ご主人の荒川直吉さん（五十六歳）と結婚する二十歳の年まで、岩手県の北部にある袰部《ほろべ》という山の開拓村で育ちました。春の遅い北国では、山の植物が一斉に伸びはじめる五月、六月は、農作業の最も忙しい時期でもあります。働き手の大人たちが畑づくりに追われる間を縫うようにして、山菜が好きだったおばあさんに連れられ、毎日のように山に入っていました。

「山のもんは、畑のもんより栄養があると、おばあさんたちから教わりましたけど、ほんとうに、山菜が出始めると、畑のもんなんか食べたくなくなりましたよねぇ。自らがだしを持っているんですね。結婚してから、自分でも色んなふうにやってみましたけど、最初はいっぱい失敗しました。やっと、どうにか食べられるように、こしらえられるようになりました」

「凶作で、食べるものがなくなったときには何でも食べました」とエスさんが語る山の暮し。ワラビの地上の方は言うまでもなく、根っこを水にさらして、丸くくりぬ

いた舟でトントンつき、また水にさらして、干して粉にしたものを餅にして食べたりしたこと。米を作りたくて、縄をなってモッコを作り、土を運び石を運んだりして傾斜地を平らにし、大変な労働をして水田を作ったこと。

しかし発電所を作ってもらって電気も通り、開拓生活もようやく落着きを見せる頃、役所のほうから強く推められて、結局、村ごと下山することになります。同時にエスさんは直吉さんと結婚。

「都会人」という名の野蛮人

直吉さんは、安代《あじろ》町の生れ。エスさんと体力の限りを尽して働きましたが、途中で農業を断念。現在は、盛岡市で鍼灸院を開業しています。

「昔とちがって、どんな山の中でも車が入れるようになったから、都会の人間が日曜、祭日になると押しかけて、車で踏みちらしていくでしょう。地元の人たちが行っても、さんざん荒したあとなんですね。それに取り方を知らないから、いっぺんにワッと持っていってしまう。だから、細いものばっかりになって」

「野性のブドウなんかだって、五〇年もかかって太くなったつるをノコギリで切っていってしまうんです。排気ガスの被害もひどいし。地元の人はそんなこと絶対にやりませんよ。根こそぎ取るなんて」

「実際にそこに住んでいる人でなければ、その土地の自然というのは、わからないんですよ。それなのに…」

「それと、農業自体が変ってしまったこともあります。昔は、どこの家でも牛や馬が二頭はいましたから、何十町歩~何百町歩もの山を牧草地として共同で管理していたんです。少しずつ替るがわる野火焼というのをやって、土地を休めていると、山菜も鉛筆くらいの太さのものでも柔らかくて楽に折れたもんです。それが今では農業が機械化されて、家畜も飼わなくなったから、野火焼の必要がなくなって、山もやせてしまいました。鉛筆の芯くらいの太さのでも折れにくくなっています」

山を降りて街の生活も二十年を越えた直吉さんですが、自然と人の織りなすダイナミックな山の営みへ寄せる思いの深さがにじむ言葉です。

山ひとつ無惨な丸はだか

エスさんは、毎年、春になると山菜を採りに、故郷の山へ帰ります。去年、山の景色は一変しました。タケノコを採っていた山の木が大型機械で残らず伐り倒されていたからです。牧草地にして、肉牛を放牧する計画だと聞きました。

北の地の農業は、今日においても絶えず凶作に見舞われています。過去何千年にわたって、山はここに生きる人々を救ってきました。

しかし、こうやって自然をやせさせていくと、生態系が大きく崩れたときには、もはや山は人々を救うことはできないかも知れません。

「とって、とって、おかえしのない人々」——アメリカ・インディアンのイレーヌ・アイアン・クラウドさんの言葉が再び甦ります。

ゼンマイの乾燥保存と上手な戻し方

山菜採りで訪れた新潟県大白川の山村で、ゼンマイ採みをしていた地元のおばあさんから、ゼンマイの乾燥保存と上手な戻し方のコツを教わりました。

ゼンマイは採ったその日のうちにゆでます。湯をたっぷり沸かした中にゼンマイを入れ、ゆだってゼンマイが浮いてきたら一度全体をひっくり返し、そのままおいて沸騰する前にザルに上げます。後は天日で干しますが、そのときよく揉むほうが柔らかく味もよくなるので、干しては揉み、揉んでは干しを一日中繰り返します。手のひらでギュッギュッと押しながら回し、丸めるようにして揉むと、中の水分がにじみ出すので、それを広げて干し、乾いたらまた揉みます。晴天の日で干し上げるまでに二日くらいかかるそうで、充分乾燥したら、ビンや缶などで保存します。

戻すときは、やはり沸騰した湯を用意し、その中に干しゼンマイを入れ、一度上下をひっくり返した後で湯を捨て、水に漬けて半日置きます。これを三回繰り返すと、元のような柔らかいゼンマイに戻るとのことでした。

ワラビのアク抜きには重曹や灰汁を使いますが、大白川でこの灰汁に使う灰は木灰のほか、前年のワラビの葉を燃したものをよく利用するそうです。

ますます進む山の荒廃

昭和二十年代までの農山村では、野や山とのつき合いは、山菜、木の実、野草、キノコといった食糧面だけではありませんでした。野の草を刈り、山の落ち葉を集めて田畑の肥料とし、小枝や間伐材を薪や炭に使うなど、自然にあるものを暮しの中に生かしてきたのです。そしてこれら四季に渡る様々な野山の利用が、おのずから野山を守り育てることにつながっていました。しかし農業の機械化が始まり、化学肥料への依存が高まると、草や落ち葉を田畑に入れる人は減り、燃料がガスや石油へ移行する中、薪や炭の需要は奪われ、さらに輸入自由化で安い外材が大量輸入されると(現在、木材供給量の三分の二が海外依存。日本の輸入量は世界の木材貿易量の約二割に達している)、国内間伐材の価格は低下し、山は手がかかるだけのものとなって人と山とのかかわりは薄れていきました。ではこうした山の荒廃や人々の山離れへの国の対応はというと、小手先に終始しています。たとえば人工栽培できない松茸は、一九六〇年には三五〇〇トン採れたものが、八四年には一八〇トンと減少しましたが、この不作は山の腐殖土が多すぎる（＝落ち葉などの利用減による手入れ不足）のが原因とされ、この手入れ不足を打開するためにと国から「マツタケ発生環境整備事業」という補助金が出ているのです。ところがこんな補助事業がある反面、森林では、戦後に植林された人工林が間伐期に入っているにもかかわらず、除伐、間伐が行われている所はきわめて少ないうえ、親子三代に渡ってはじめて成り立つといわれる林業は、それだけではなかなか地元の人々の生計を維持できないため、造林、保育などの手入れをする林業家も激減していっています。

〈参考資料〉

『アグリ・レポート　国民にとっての農業とは』全国農業協同組合中央会編　家の光協会
『日本農業の動き74　森の再生を考える』農政ジャーナリストの会編　農林統計協会
『現代農業』農文協

コゴミ煮びたしの竹紙昆布巻き

コゴミは、先の方の軟かいところを取りはずし、だし汁、酒、醬油を煮立てた中に入れて一煮立ちさせる。煮立ったら火からおろし、味をしみこませ、竹紙昆布で巻く。

タラの芽のゴマ味噌和え

❶タラの芽は塩少々入れた熱湯で２～３分ゆでる。アクが出るのでしばらく水にさらし、水を切っておく。
❷黒ゴマはよく煎ってすり、味噌、砂糖、酒でのばす。
❸タラの芽を食べよい長さに切り、ゴマ味噌で和える。

ワラビの一夜漬

ワラビは木灰に塩を加えて、熱湯をかけ、軽く重石をしておく。食べるときによく水洗いをして醬油をたらしていただく。

フキを使って

フキはさっとゆでて皮をむき、水にさらす。味噌、コウジ、三温糖少々の中に１～２時間漬け、味噌漬に。コウジ、おかゆ（コウジと同量）、カレー粉、味噌（好みで）に漬ければカレー漬。

（『美唄消費者だより』より）

フキの葉の味噌煮

フキの葉は１枚ずつきれいに洗い、重曹をふり熱湯でゆでて水にさらす。苦みが強ければ、さらに水にさらして、よく水洗いをする。よくさらしたものを、茎の切り口の方から筋を取り、水気をよく切り細かく刻みほぐす。これを油がなじむまでよく炒め、だし汁、味噌などの調味料を加えて、強火で汁がほぼなくなるまで炒る。

あくまき

●鹿児島のあくまき、新潟のちまき、どちらも子供たちの目の前で、お母さんやお祖母さんが一つ一つ作ってくれている、そのぬくもりが伝わってくる素朴で暖みのあるお菓子です。モチ米を包んで茹でるだけでこんなに独自の風味を持つものができるなんて、ときっと驚かれることと思います。

材料 **モチ米** 二カップで八個ぐらいができる **木** 木灰をつくる。直径一センチ、長さ二十センチぐらいの小枝五〜六本。鹿児島では堅木（椎、樫）を使う。

道具 **さらし** 十五センチ四角のものを、作る個数分だけ（あれば竹の皮が最適） **たこ糸** 適宜

一 まずはじめに、木灰をつくる。枯木(オガクズ、小枝もいい)を燃やし、消炭になったら適当にくだく。

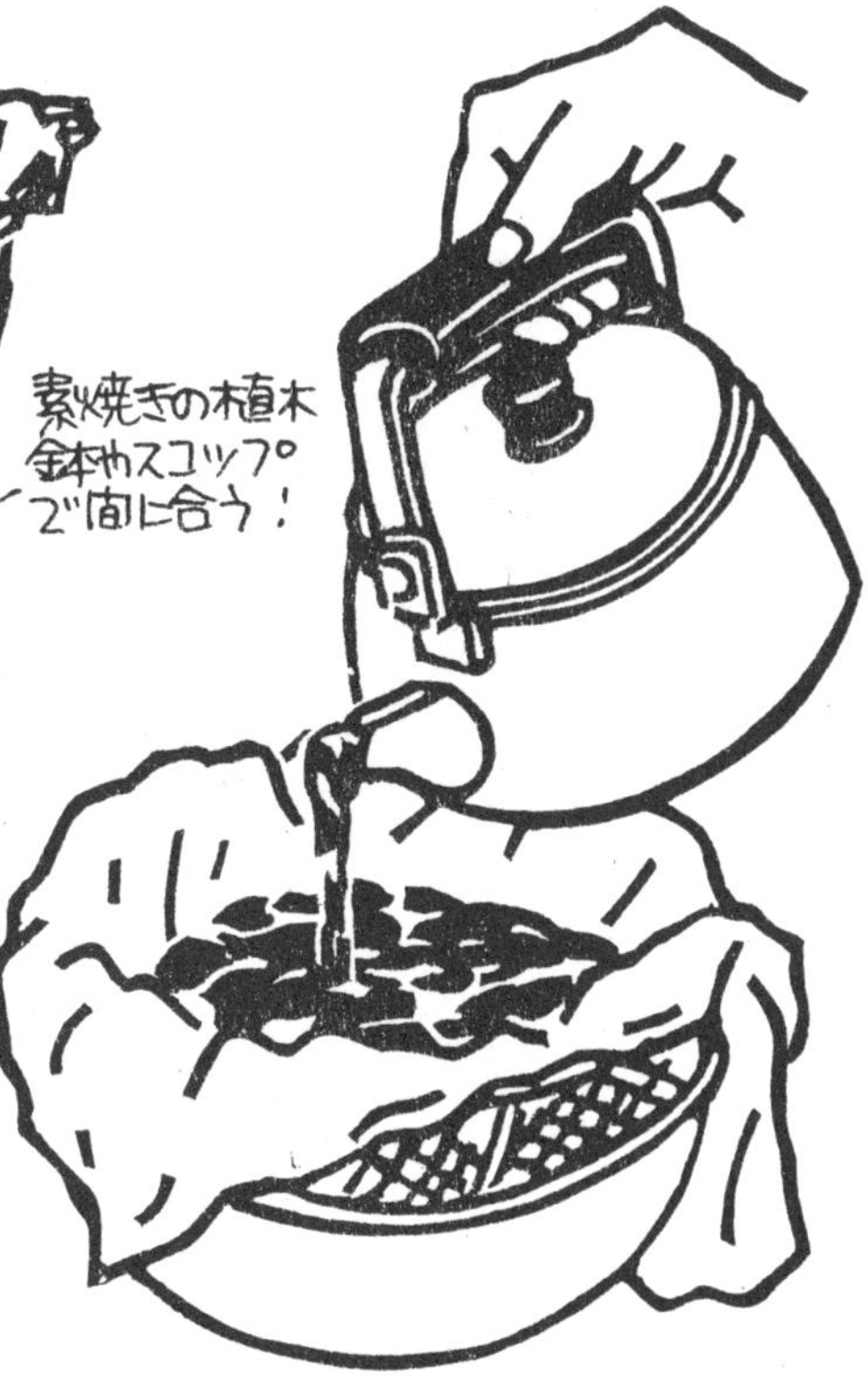

二 ザルにさらしを敷いて木灰をのせ、その上から水をそそぐ。この灰汁をしばらくおくと、ゴミや黒い粉が下に沈むから、その上澄液をとる。

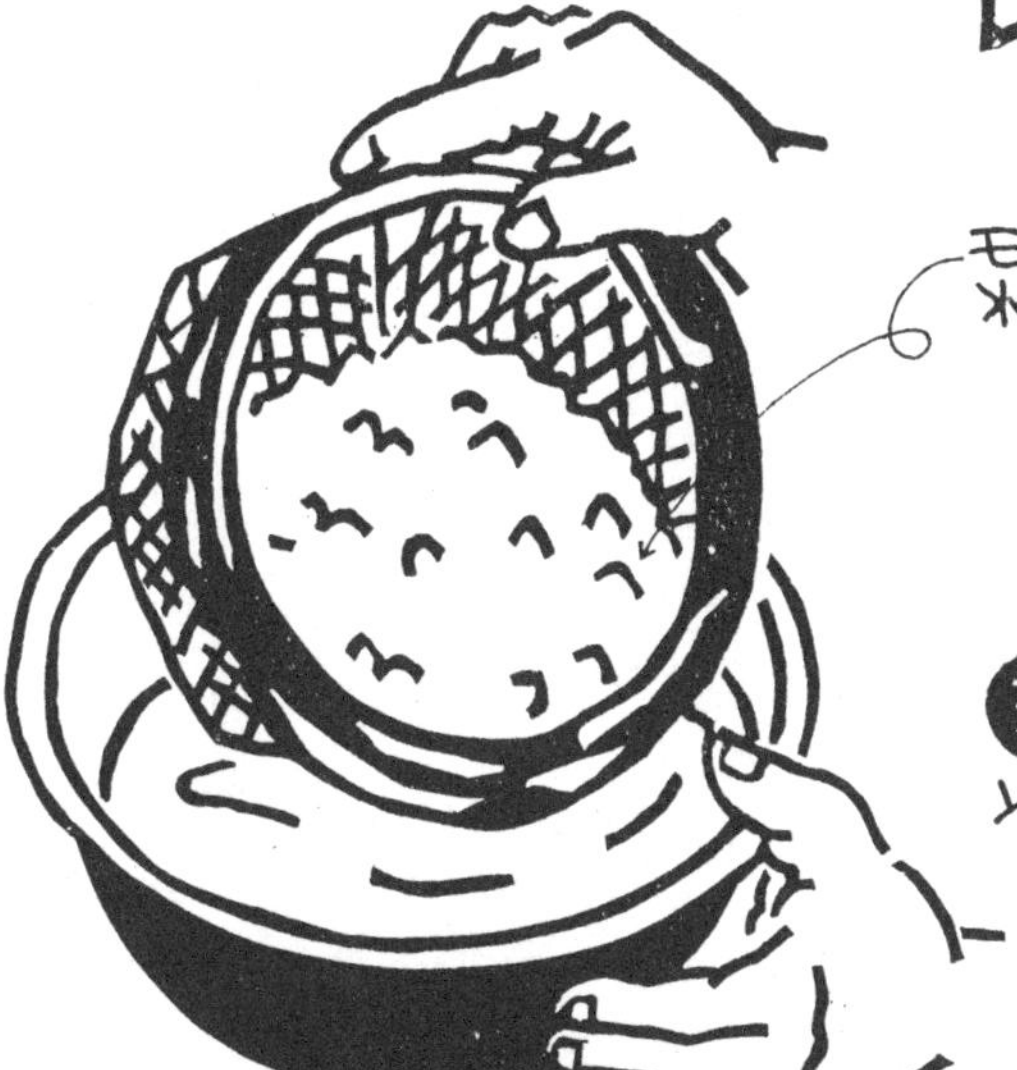
モチ米は、洗ってザルに上げ、水切りをしておく

三 上澄み液にモチ米を入れ一晩くらいおいておく。

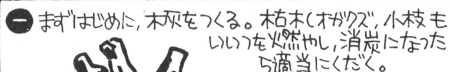

㊃ モチ米を上澄み液から上げ、水を切る。

㊄ さらしの真ン中に、モチ米をスプーンでのせ、四隅をひとまとめにして、タコ糸でしばる。

※竹の皮があれば、竹の皮で棒状に包み、竹の皮をさいたヒモで四、五ケ所しばる。

ナベはホウロウがいい

㊅ 全体が充分につかるくらいの上澄み液で、コトコト4〜6時間、弱火で煮る。液が減ってきたら足す。さらしをほどいてみて、米の粒々が目立たなくなり、あめ色（べっこう色）に煮上がればできあがり。きな粉や黒砂糖をかけて食べる。

※煮るときはフタをする！

新潟のちまき

笹を折る

一 内側に折る

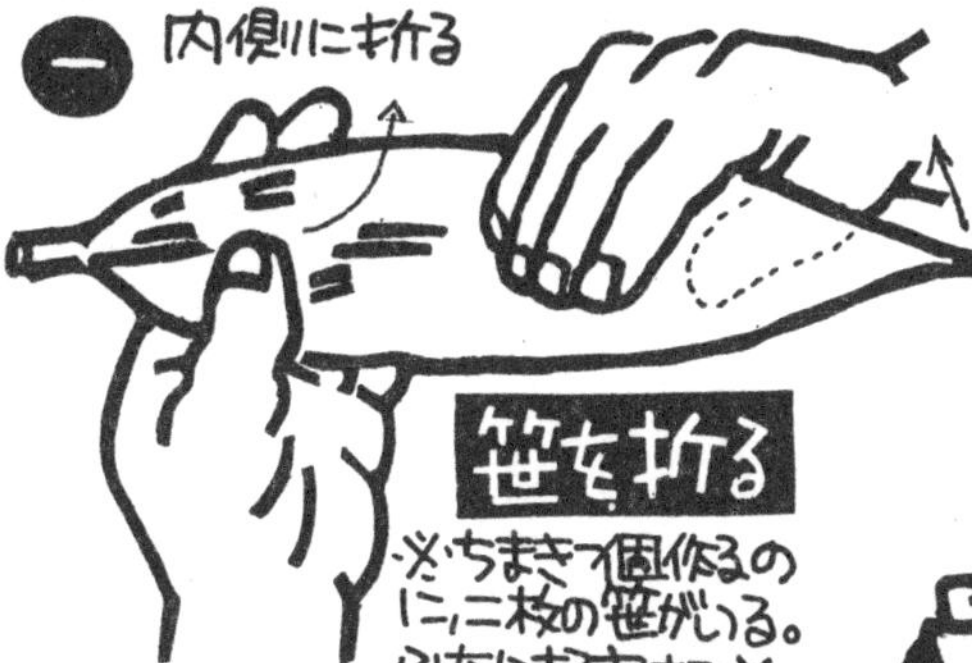

※ちまき1個作るのに、二枚の笹がいる。ふたにする方はひと回り小さいものがいい。

二 毛ばだった方を外側に

切る

三 前後を逆に持ちかえ、袋になったところに、もち米をつめ、上に出ている葉を前に折り曲げる。もち米は、洗って2～3時間水につけたのち、水切りしたもの。

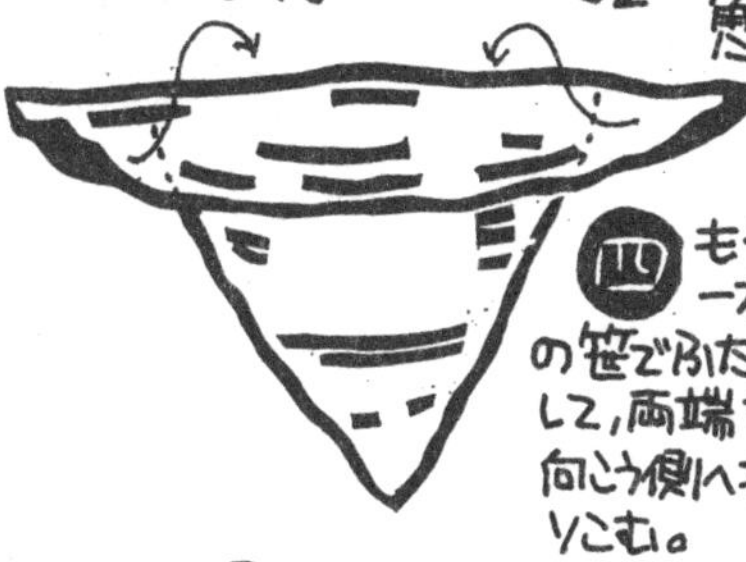

四 もう一枚の笹でふたをして、両端を向こう側へ折りこむ。

でき上り

五

ヒモをかける

①ヒモがずれないように指で押えておく

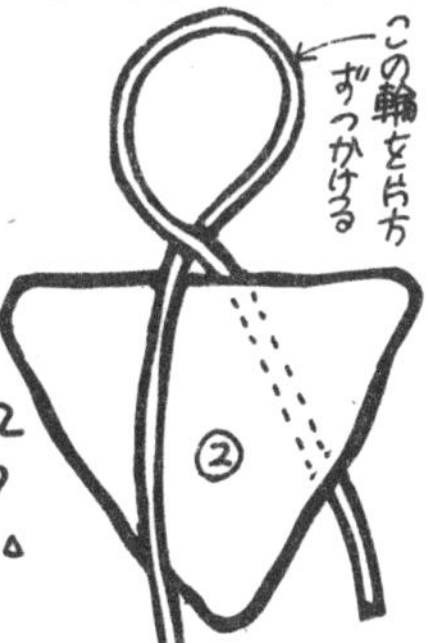

②ヒモをひとひねりしてできた輪を、片方ずつちまきの両肩にかける。

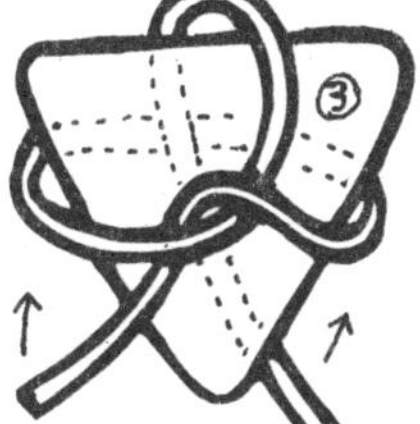

③上で結ぶ

④五個ずつ結んだものを二束に結んで、水に一日つけたのち、2時間ほどゆでて、つるして水切りする。

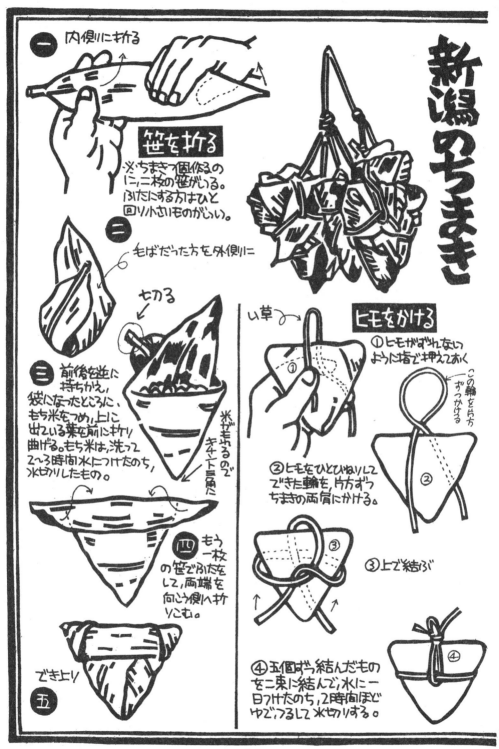

灰づくりから始まるちまき作り

コトコト四時間、灰汁の中

灰汁《あくじる》で煮る変ったちまきを初めて作ってみました。用意したのは、モチ米二カップ、竹の皮のかわりにさらし木綿を一五センチ角に切ったもの八枚、たこ糸適宜（縛るため）、木灰は堅木の灰とのことですが、ソバがらを燃した灰があったのでそれを使いました。

モチ米は洗って水を切っておきます。次にザルに布巾を敷いて灰を入れ、上から静かに水をそそぎ灰汁をとり、しばらくして底に黒い粉が沈んだら上澄み液をとって、洗ったモチ米を入れ一昼夜おきます。翌日、モチ米の水気を切って八等分し、さらし木綿で包み、たこ糸で縛ります。

これをモチ米をつけておいた灰汁と一緒に鍋に入れて弱火にかけ、煮つまれば灰汁をたして常に全体がつかる状態で煮ます。今回は時間を二時間ごとに区切って、八時間まで煮てみました。それを半分に切ってみると、二時間のは外側が薄いベッ甲色でモチ米は粒の形が少し残り、内側はまだ白っぽく粒の形もはっきりして、食べるとおはぎのような口あたりです。四時間と六時間のは多少の違いはありますが、どちらも外側のべっ甲色はずっと濃くて、モチ米は透明な感じになり、内側は薄いべっ甲色で粒の形が少し残り、食べるとやわらかな中に弾力のある歯ごたえでした。八時間のはべっ甲色の「ういろう」のようでやわらかく、食べるとベタつく感じです。煮る時間は四〜六時間があくまきらしい仕上がりでした。

抜かずに味わう「あく」の風味

最後に肝腎の味についてですが、ここでちょっと問題がおきたのです。確かにあくの持つ一種独特な風味があり、話に聞いたあくまきの味なのですが、その中に舌を刺激する酸味が出たのです。この酸味は気になりました。

考えられる原因は、材料の灰がソバがらだったこと、竹の皮をさらし木綿にしたこと、灰汁をたすとき、黒い粉がよく沈まないうちに入れたことなどです。とりあえず灰汁は上澄みだけを使い、あとは最初と同じ材料でやることにして、灰汁が少ない分水をたして四時間ほど煮ました。

結果は灰汁が薄いため、べっ甲色もあくの風味も薄くなりましたが、気になる酸味はほぼなくなりました。ただ坂口さんの話では、灰汁の上澄みを取るのにそれほど神経は使わないということなので、やはり灰は木灰（堅木でなくてもせめて木を燃した灰）の方がいいと思います。近くの山や林、家の庭、都会なら公園などから、枯れ枝をひろってくるのも一つの方法です。

あくまきの味は灰汁の濃さで決まるようです。坂口さんの家では、モチ米四~五合を煮るのにスコップ一杯くらいの灰（さし水用も含めて）を使いますが、灰汁の濃さは各家庭で異なり、その違いが家庭の味になっているのでしょう。何度かためして好みの味を見つけて下さい。

最初にあくまきの作り方を聞いた感想を正直に言えば、「灰汁で煮たモチが本当に食べられるかしら」でした。作る間も半信半疑、それだけに包みを開けて初めて見たあくまきのべっ甲色とゆで玉子の味を思い起させる独特の風味は新鮮な驚きでした。とり除くものと考えがちなあくが立派に生かされ、色でも味でも主役となっているのです。

待ちわびて後の芳醇な味

「ちまきつくってあげるね。」
「わー、うれしいな。」
「うん、おいしい。」

この三つの会話が、ぴったり重なって頭の中に入っている。時間の隙間が、ないのだ。実際にはこんなことあるわけない。

ちまきをつくるため、まず、おばあさんは灰づくりから始める。それまでかまどにあったすべての灰を取除く。それからかた木(樫)を取りに山まで出掛ける。ちまき四、五本のために、直径一cm、長さ二〇cmほどの、取ってきた切れ端を五、六本燃して、その灰を小さなシャベルごと井戸端へ持ってゆく。

私の子供の頃の記憶はここでぷっつり切れる。それ以降の工程は何も憶えていない。むろんこのあと、ざるの上にふきんを置いてそこに灰を入れ、水をそそぎあく汁を作る。これに一昼夜もち米を浸し、孟宗竹の皮に約一合分包み、分量によって違うが、あく汁の中で二時間半から四時間煮る。だから「つくってあげる」といってから最低2日はかかっている。

甘味はほぼない。あくの香りが口にひろがる。棒状のものを四cmほどに切り、つぶつぶのもち米の歯ごたえの残るゼリー状のもので、砂糖、きな粉をつけて食べる。

芳醇なちまきの味は「つくってあげる」から「おいしい」までの二日間も苦にならない嬉しさだったので、記憶に初めと終りだけが鮮明に焼き付けられているのかもしれない。

（坂口正昭）

新潟もんとちまきの仲

新潟では、六月五日の節句（月おくれ―お盆の行事も八月にやります）には、どこの家でもちまきと笹団子を作りました。近頃では餅屋（新潟市あたりでは多いのです）とか菓子屋に注文して作ってもらう。もっと略式には、店で売られているものを買う人もふえています。

とはいいながらも、新潟もん（者）とちまき・笹団子はいまもって切っても切れない食べ物であることに変りはありません。

新潟市の本町市場には、この時季になると、乾燥した笹とい草のヒモが売り出されます（昔は、青々した生の笹が八百屋さんの店先に山となっていました）。これを熱湯に二〜三分つけて戻してから（ヒモの方はもう少しかかる）使います。

〝買うのがふつう〟の京都

京都のちまきもやはり五月の節句には欠かせない食べものですが、町中のおうちでは八十すぎの方にたずねても、「家で作らはった記憶はあらしまへんな。〇〇はん(店)のを買《こ》うたはりましたな」と言われ、手づくりの習慣はないようです。買うのが普通、ちまきはここという店があるくらいです。もっとも郡部では作る方もあり、土地によって笹の葉を使う所と葦《よし》の葉を使う所があり、形も細長い円錐形と円い筒の両端を縛った形があります。中は米の粉を水でこねた物で、鹿児島や新潟のちまきとは変っています。茹でずに蒸して作り、市販のは砂糖を入れますが、家庭ではきな粉などをつけて食べるというのは共通です。

孟宗竹の皮で包むあくまき、笹で包むチマキ、笹団子。餅や団子を包んだり巻いたりする各地のお菓子には、こんなものもあります。

ゆべし

❶モチ米粉とウルチ米粉をよく混ぜ合わせておく。
❷黒砂糖と味噌に水を加え、よくとけたところに米粉を入れて混ぜ、火にかけて煮たてる。
❸火からおろし、熱のあるうちによく練り、耳たぶくらいのかたさになったら好みの形にまるめる。
❹これを蒸し、ミョウガの若葉で包む。

ほうば巻

❶米粉と小麦粉を混ぜ、熱湯を加えてよくこね、あんを包んで俵型を押しつぶしたような形につくる。
❷房のままのホウの葉1枚1枚に❶の団子をのせ、葉で包みイグサで巻いてしばる。
❸包んだものを房のまま蒸す。
ソバ粉と米粉でつくってもおいしい。

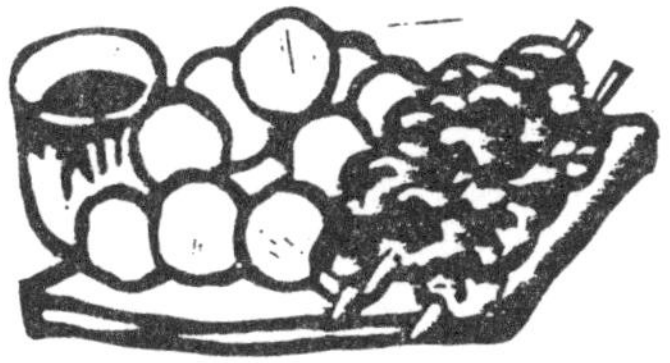

ミシ（お米のジュース）

〈材料〉余りごはん2合分くらい、生米½合（生米が多いほどおいしい）、砂糖
❶生米と余りごはんを別々の水に2時間つけておく。
❷生米は同量の水を加えてミキサーで砕く。
❸❷に、水につけておいた余りごはんを入れて、もう一度ミキサーでよく砕く。
❹好みで砂糖を加えて、一晩置いておく。翌日、冷蔵庫に入れてよく冷やして飲む。

（山城春子さんより）

沖縄・八重山地方では、夏の暑いとき、お米を利用して、こんな冷たい飲物を作って飲むそうです。夏バテで食欲がないときも、このミシをコップ2杯ほど飲むと、おなかがいっぱいになります。お米の他に、粟でも作るそうです。

桜　餅（その1）

❶少量の紅をとかし、道明寺粉を混ぜる。
❷湯気のたった蒸し器に❶をぬれ布巾に包んで入れ、強火で20～30分蒸す。
❸すばやくボールに移し、砂糖を混ぜ合わせ再び15分蒸す。
❹小さくちぎり、あん玉を包み、塩漬の桜の葉で包む。

桜　餅（その2）

モチ米を洗って薄く食紅で色をつけ、ふつうに炊く。炊きあがったら平らな器に広げ、あら熱をとる。
あんを丸めてご飯で包み、塩漬けした桜の葉で巻く。

椿　餅

❶上新粉に水を加え、耳たぶより少しかためにこねる。
❷ぬれ布巾を敷いた蒸し器にちぎって入れ、15～20分蒸す。
❸こね鉢にあけ、砂糖を入れながらよくつく。
❹平らにのばし、あんを包み、椿の葉をつやのある方を出して上下2枚つける。

かしわ餅

❶米粉を熱湯でしめし、よくこね丸める。これを円形にひらたくのばし、あんをのせてふたつにたたむ。
❷カシワの葉で❶を包み、蒸し器で蒸す。

かからん団子

❶ヨモギの葉は、重曹を入れた中でゆがき、水にさらし、水気を切ってみじん切りにする。
❷ぬるま湯に砂糖と塩を入れ、ヨモギを入れて混ぜる。
❸モチ米粉とウルチ米粉を1：1に混ぜたものに❷を加えながらよく混ぜ、適当な大きさに丸める。
❹かからん葉（サルトリイバラの葉）に包み、蒸し器で20分蒸す。

夏

豆腐

●湯気の立っている豆乳にパッとにがりを打つ。またたく間にふわーっと固まって、寄せるともう豆腐です。つくろうと思いたってからの憶却さが吹きとぶ一瞬。さっそく口へ、うん、旨い。これから手づくりを始めようという方にまずおすすめしたいのが、この豆腐づくりです。

材料 大豆一・五カップ　にがり適宜（粉末の場合はカップ一の水に一〇gくらいを溶かしておく）＝大きい豆腐一丁分

道具 すり鉢（ミキサーでもいい　鍋4〜5ℓも入る深めのもの　麻の袋と布荒目のものがいい　木枠ザルでも可

一　大豆は、夏なら前の晩、冬なら前日の昼から三倍量の水につけておき、すり鉢でする。ミキサーでひく場合は、つけ汁ごと。水の量は豆がおどらない程度。ミキサーは長くひくと熱をもちやすく、出来上った豆腐の味を損なうので、指ではさんでみて少しザラつくかな、という程度だ。

二　沸かしたお湯（1.5ℓくらい）の中にすった豆をつけ汁ごと入れ木杓子でまぜる。火は中火よりやや強め。ふきこぼれる直前まで煮て、火をとめる。（これが呉汁）

三　熱い呉汁をすぐさらしの袋（目の荒い方が目づまりしなくてよい）に入れて絞る。やけどしないように注意。袋の中に菜箸などを通してねじるように絞るとやりやすい。最後に木杓子などで押してやるとよい。外に絞り出されたのが豆乳で、袋の中にはおからが残る。

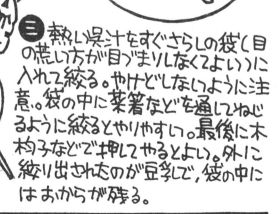

四 豆乳を鍋にもどし、再び中火より強めの火にかける。沸騰してきたら中火よりやや弱めにおとし5〜6分煮る。こげやすいので、この間はずっと木杓子でゆっくりかきまぜてやる。

五 火をとめ、豆乳の温度が75〜80度になるまで冷ます。この温度を保たせながら、何回かに分けて、にがりを少しずつ入れていく。

六 にがりを入れては、木杓子でゆっくりと豆乳を端に寄せるようにする。これを何回か繰り返すうちに、水と白くふんわりした豆腐にズッと分離してくる。1、2分様子をみて、完全に分離しないようなら、もう一度にがりを打つ。

七 黄色っぽく澄んだ水とふわふわした豆腐に完全に分離したら上からそっとザルを落とし上澄み液をすくって出す。この水で豆腐作りに使った鍋などを洗うとよい。

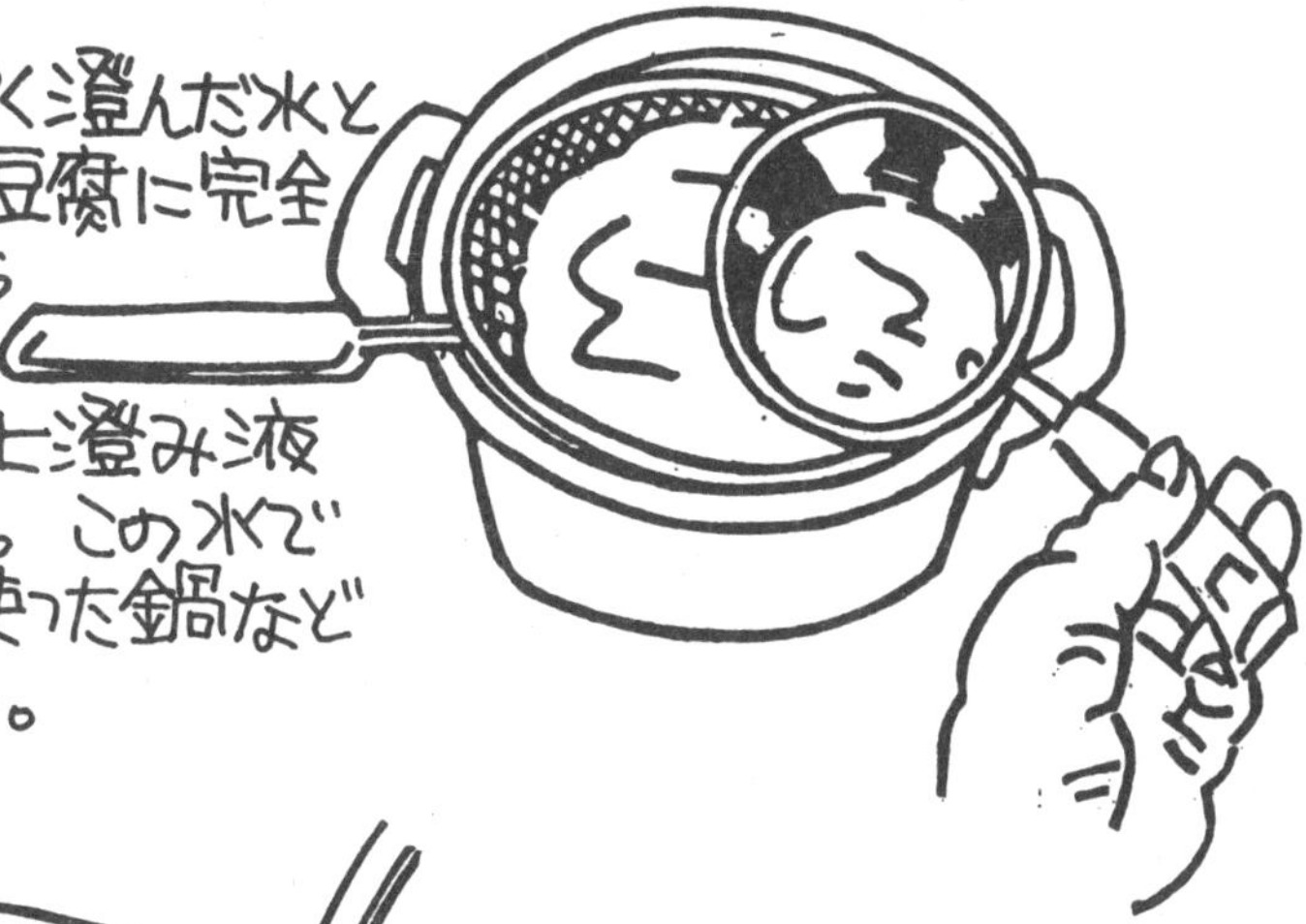

八 豆腐をおたまですくって、さらし布を敷いた木枠(ザルのような容器でもよい)に入れる。

九 重しをして10分ほど置く。重さによって固めの豆腐ができたり、柔らかくなったりするので、慣れたら好みで調節する。枠から出すときは、大きなボールなどに水をたっぷりはり、水の中でそっと箱を返して豆腐をぬく。

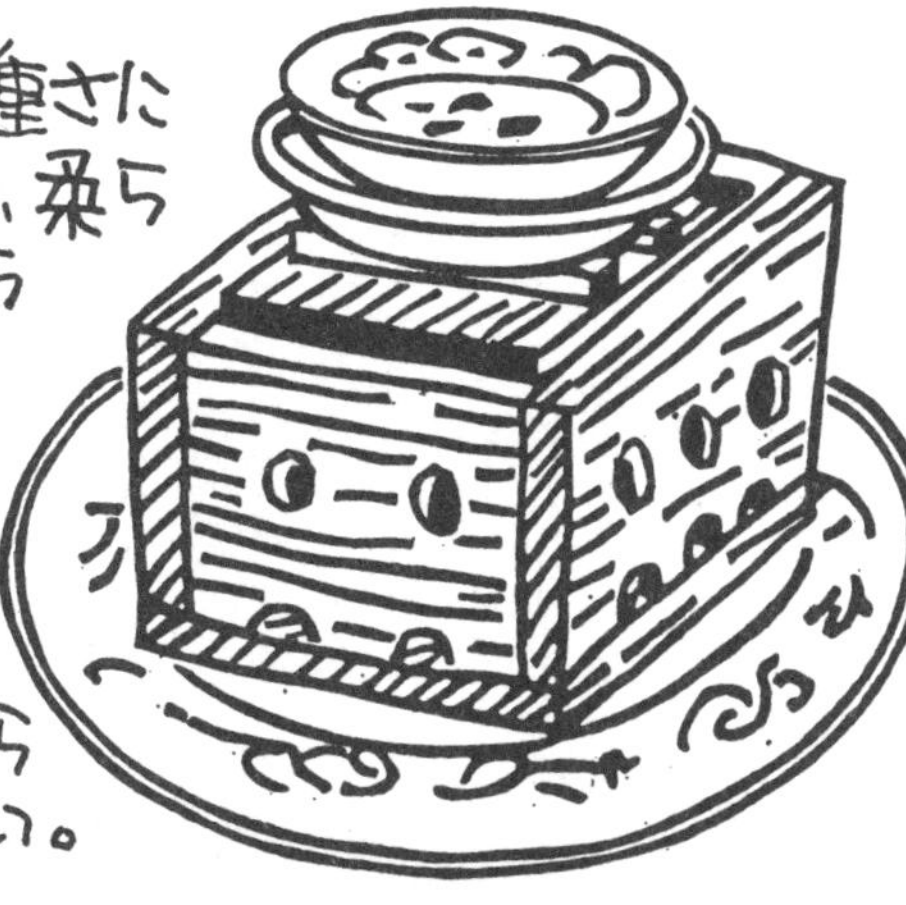

※温かいのもおいしいし、30分くらい流水で冷やして食べるのもよい。

おいしい豆腐をとりもどしたい

固い豆腐、やわらかい豆腐

はじめて豆腐を作ったときの感動は何ともいえないものでした。丸く硬かった大豆からプーンといい香りの豆乳ができ、にがりを打つと白いふわふわしたものが浮きはじめる。その時は木枠の用意がなかったので、ザルを使って固めました。しばらくしてぷるんとひっくり返すと、形こそおわん型ですが、まぎれもない豆腐がまな板の上で湯気をたてています。手品か魔法を見ているようでした。

大豆とにがりから作るシンプルな食べもの豆腐は、諸説ありますが、今から八〇〇年ほど前、中国から日本に伝わりました。その後、室町時代、石のひき臼の浸透によって大豆が細かく砕きやすくなり、しだいに庶民の食べものとなっていきます。以来、今日まで、各地の暮しに根をおろし育まれ、日常の食卓に欠かせない食品になりました。『自然食通信』二十三号で『豆腐』の特集を組んだ折、土地土地と豆腐のつながりを物語るお便りが寄せられました。

岩手では、戦前、盛岡などの都会でも豆腐は干したホオ(朴)ノキの葉でタテ、ヨコに包み、ミゴ(稲の穂)縄で結わえて持ち運ばれるほどしっかりしたものでした(古沢典夫さん)。

富山県の五箇山という地方には「五箇山豆腐」といわれる固い豆腐があり(八嶋清美さん)、縄で縛れるほどの固い豆腐は各地にあります。

また、岡山県南部地方の「玉豆腐」は、ミカンを半分に切り、平らな部分を伏せたような形です。手玉にとって二〇センチ放り上げても崩れず、しかも固くなくすべらかな口あたりが特徴です(滝澤宝亀さん)。

沖縄には「ゆし豆腐」があります。豆腐が完全に凝固する前の白くフワフワした状態の豆腐と煮汁とを汲みとったもので、塩、醤油で味をつけ、刻みネギを浮かべていただきます(具志堅邦子さん)。沖縄ではにがりのかわりに海水をそのまま使ってゆし豆腐を作るという、おおらかな話も聞きました。

市販の豆腐を買ってみたら

ところで、岩手県北の軽米町では、今でも各農家が自家産の大豆を豆腐屋に持って行き、キップ(豆腐の引換券)と引き換え、いつでも好きな時に豆腐や油揚げと交換します(古沢典夫さん)。

物々交換ではなくとも、豆腐は近所の店で求めるもの、新しいのをその日のうちに使いきるものでした。しかし、いつの間にか工場で量産され、巨大な流通ルートにのる商品であり、かつ冷蔵庫で何日も保存できる食品となっています。そして豆腐といえば木綿ごしか絹ごし、形は四角くやわらかいものと決まりきった感があります。

現在、スーパーにパック入りで卸す業者から、店先で一丁一丁切り分けして売る豆腐屋さんまで、全国の豆腐業者は二万〜三万軒。年間四万八五〇〇トン（一九八三年度、大豆消費量からの推定）の豆腐および豆腐製品が作られています。店頭の豆腐には一体どんなものがあるのか、試みに近所のスーパー二店を回って合計一一丁の豆腐を買ってみました。

パッケージに印刷してあるキャッチフレーズはさまざまです。「天然にがり使用」「伝統の本造り」などなど。〝伝統〟とか〝にがり〟の文字が目立ちます。パックには原材料名、保存期間の表示。原材料は丸大豆、凝固剤、消泡剤とありますが、具体的に何を使っているのか明記してないものも多くあります。

値段は一丁四〇〇グラムに換算して八〇円から一四〇円と差があり、充塡豆腐は比較的安価でした。

それぞれを口に含んでみると、水っぽいもの、薬臭いもの、とても豆腐とは思えない人工的な甘味さえ感じるものもあります。大豆の風味がただよい、口の中に苦味がほんのり残るものも少しありました。しかし「凝固剤＝塩化マグネシウム、硫酸カルシウム。消泡剤＝グリセリン脂肪酸エステル」の表示を目にすると、この白い物体はいったい何なのだろうと思いあぐねてしまいます。

「天然にがり」の正体は

豆腐は豆乳にカルシウムやマグネシウムなど多量の金属イオンを加えることにより、大豆の中のタンパク質を凝固させたものです。現在、厚生省により認められている凝固剤には、硫酸カルシウム（硫カル）、グルコノデルタラクトン（グルコン）、塩化マグネシウム、塩化カルシウムの四つがあります。

グルコンは加熱により凝固力が増すので、豆乳をパック詰めにしてから加熱して凝固させる充塡豆腐には欠かせない凝固剤。薄い豆乳でも凝固力抜群です。

石膏の主成分である硫カル（通称すまし粉）も安価で歩留りがよく、市販の豆腐には最も多く使われています。塩化カルシウムはほとんどの場合、他の凝固剤と併用されます。

伝統的な凝固剤は苦汁（にがり）です。海水を濃縮、結晶させて塩をつくりますが、結晶塩から落ちた残液がにがり。塩田式製塩の副産物として作られていました。にがりは塩化マグネシウムを主成分とし、硫酸マグネシウム、塩化ナトリウム、塩化カリウムなど海水中のミネラルを含んでいます。しかし、一九七一年に製塩法がイオン交換膜式に切り換えられてより塩田式製塩は国内ではまったく行なわれていません。従って、現在一般に「にがり」と称されているものはイオン式製塩工場で、工業的に製造される純度の高い塩化マグネシウムがほとんどです。

厚生省の見解によれば、「豆腐メーカーが天然の『塩化マグネシウム』（化学的合成品でないもの）を使用する場合は『天然にがり』と表示してよい」（『JPT協会だより』日本包装豆腐協会 一九八三年）とのこと。天然にがり（にがりとは本来、天然のはずなのにあえてこう呼ばなければ混同のおそれがあります）と工業製品の塩化マグネシウムが同一視され、にがりとはそもそも何なのかの定義を、実は厚生省も明確にしていないという問題があります。

市販されている粉末のにがりは、輸入原塩を再製自然塩にするため、中国から輸入しているものです。一方、市販はされていませんが、日本食用塩研究会（『梅干』の項参照）が会員頒布している液体の生にがりは、同会の大島試験場の塩田から製塩の過程でつくられています。

添加物がいっぱい

市販の豆腐には、凝固剤以外にも数多くの食品添加物が使われています。品質改良剤、品質向上剤、品質保持剤、乳化剤、結着剤、それに消泡剤。その筋の専門家でない限り、名前を聞いただけではさっぱりわからない難しい薬品名がずらっと並びます。日もちをよくするため保存剤、防腐剤として広く使われ、強力な発ガン性が指摘されたため使用禁止となった合成殺菌剤AF^{2}のことは、未だ生々しく、食品添加物の複合使用による毒性も心配です。また、豆腐のパッケージには添加物を具体的に表示することが義務づけられていないことも不安をかきたてられます。豆腐屋さんのほうでも、これら多種の添加物が本当は何なのか、わからないまま使っているのが現実です。

しかし、おいしい豆腐を職人としての誇りにかけて作り続けたい、地元の人とつながっていたいと願う豆腐屋さんが、作る側と食べる側を隔てがちな、こうしたわかりにくい薬品の向うに必ず居るに違いない。そんな豆腐屋さんと出会うためにも、また豆腐を作ってみたいと思います。

日本の大豆のほとんどはアメリカ産

国内で一年間に供給される大豆は四九六万トン（一九八五年 農水省食品油脂課による。以下同）です。うち国内産はわずか三％の一五万トンで、大部分は輸入大豆。輸入先はアメリカ、中国、カナダなどですが、全輸入量の八九%にあたる四三五万トンがアメリカ産です。

大豆は三三〜三五%のタンパク質と、一九〜二一%の脂質を含んでいます。食品や醸造用の大豆としては、タンパク質含有量の多いことが大切な条件ですが、アメリカの大豆はもともと製油用に栽培されており、タンパク質含有量の少ないのが一般的です。しかし、IOM種(産地のインディアナ州、オハイオ州、ミシガン州の頭文字)や、豆腐に向くといわれるホーカイ・ビンソン種などタンパク価の高い品種もあります。これらは日本から持ち込んだ品種を、アメリカの農家が契約栽培したのが始まりです。

日本における大豆の需要量は四八四万トン。そのうち豆腐、納豆などの食品用が六六万トン、味噌、醤油の醸造用が一八万トンで、合わせると一七%になります。製油用はもっとも多く、全消費量の八一%。残り七万トンは飼料用となっています。

日本の植物油の四割は大豆油ですが、ほとんどがアメリカ産を利用します。製油後の脱脂大豆は九〇%が飼料用となり、一〇%にあたる三四万トンは味噌、醤油の醸造用や植物タンパクへと回されています。

いっぽう、国内産の大豆ですが、一九五五年前後から安い輸入ものに押されて収穫量が減少しはじめます。六〇年にはそれでも二八%(農水省『食料需給表』による)の自給率がありましたが、六一年の大豆輸入自由化を契機に加速度的に減少し、七〇年には早くも四%に落ち込んでいます。大豆は政府により価格対策が講じられている農産物ですが、国内産は一九八五年の卸売価格でもアメリカ産の一・七倍(農水省『農村物価賃金統計』)も値がつきました。

輸入大豆が受ける検疫くん蒸

外国からの病害虫の侵入を防ぐため、輸入農作物は日本の港で必ず植物検疫を受けます。その結果、病害虫が発見されれば廃棄か検疫くん蒸を受けることになりますが、米や小麦といった穀物や大豆などの場合は、臭化メチルくん蒸が多く行われています。

臭化メチルは発ガン性が疑われ、微量でも長期にわたって摂取し続ければ、神経障害を引き起こすこともある劇物です。一九八四年、臭化メチルの穀物くん蒸が貯蔵庫の超古米に何回も行われ、臭素汚染米として大きな問題になったのは記憶に新しいところ。今も、その時の〝臭素米〟の処分は保留となっています。

しかし残留については、気化しやすいため農作物中には残らないとされ、毒性実験はおざなりで、臭化メチルそのものの残留や、臭化メチルくん蒸によって生成される反応物の残留については、きちんとした研究結果が出ていません。

この不安要因の多い臭化メチルについて、くん蒸後の残留基準がもうけられているのは小麦と米のみ。大豆には全くありません。

日本の大豆は別項でも述べたように九七%は輸入品で、このうち臭化メチルの検疫くん蒸を受けるのは七〇%(一九八一年度『植物検査統計』より)にのぼります。東京都衛生研究所の調べによると、国産の大豆には残留臭素が認められないのに対し、アメリカ産や中国産などには高濃度の残留が認められ、その毒性の検討は不可決なものとなっています。

〈参考資料〉
反農薬シリーズ①『あぶないくん蒸剤』 反農薬東京グループ

呉汁

〈材料〉(5人分)大豆(1晩水につけたもの)2カップ、ネギ1本、油揚半分、煮干、昆布、味噌、水4カップ

❶大豆は水にもどし、ミキサーにかけておく。
❷ネギはブツ切り、油揚げは太めの千切りに。
❸煮干と昆布でだしをとり、❶の呉汁とネギ、油揚げ、を入れ、味噌をといたら、火を弱め、ふわりと呉が浮いてきたら火を止める。

豆腐チーズ

❶豆腐は熱湯でゆがき、布巾に包んでよく水切りをする。
❷バットに赤味噌を敷き、ガーゼでくるんだ豆腐を置いて、上からも味噌をぬって漬け込む。
❸冷蔵庫に入れ、12時間くらいで食べられるようになる。
残った味噌は、ネギ味噌(油でネギを炒め、味噌で和える)などに利用する。

おからコーヒー

おからを厚手の鍋で始めは弱火、水分がなくなってパサパサしてきたら(約20分)、火を強めてコーヒー豆のような色になるまで(約30〜40分)気長に煎る。
いれ方は普通のコーヒーと同じ。砂糖はひかえめに。子どもからお年寄りまで、安心して飲めます。夏は冷やして麦茶のかわりにも。
(茨城県牛久町の潮田恵子さんより)

豆腐の味噌漬

〈材料〉豆腐、味噌、ミリン、醤油

❶ふきんで包んだ豆腐をまな板2枚ではさみ、おもしをして水切りする。
❷別に味噌、ミリン(少々)、醤油を合わせ、軟らかにする。
❸器の中に合わせ味噌、ガーゼ、豆腐、ガーゼ、味噌の順に漬け込む。
❹冷蔵庫の中に2〜3日漬け込み、食べやすい大きさに切る。

豆腐の梅和え

❶梅干をあたり鉢ですって、濃い目のだし汁でのばし、ほんの少し醤油をさす。
❷豆腐に❶をかけ、おろした山椒、青ジソ、あるいはアサツキの刻んだもの、切りゴマなどをのせて。
堅めにつくった豆腐をさいの目に切り❶をからめてもよいでしょう。

おからクッキー

〈材料〉三温糖または黒砂糖¾カップ、マーガリン½カップ、植物油½カップ、卵1個、おから1カップ(あまり絞らないもの)、塩ひとつまみ、小麦粉1カップ、ブランデー、豆乳または牛乳

❶砂糖、マーガリン、植物油をよく混ぜる。
❷❶に卵を混ぜ、さらにおからと塩を入れて混ぜる。
❸小麦粉を切るように入れる。
❹豆乳とブランデーで❸の固さを加減する。てんぷらの衣ぐらいが軟らかくてよい。
❺天板にスプーンで小さく小さく落し、スプーンの背でつぶす。
❻ふちが少し色づくくらいまで、180℃の天火で14〜15分焼く。
刻んだクルミ、レーズンなどを入れてもおいしい。　　　　(「高岡くらしの会」より)

おからコロッケ

❶おから、ゆでてつぶしたジャガイモと、玉ネギ、人参をみじん切りにして炒めたものを混ぜ合せる。
❷俵型に形をつくり、水ときした小麦粉をつけ、パン粉をまぶす。
❸揚げるときは、ふつうのコロッケと同じ要領で。
ジャガイモだけのコロッケに比べて、おからを入れるとフワッと軽くなります。また大豆の甘味も出てなかなかおいしい。

豆腐と大根の炒めもの

❶千切りにした大根を、少量の油でしんなりするまで炒め、塩を少し入れる。
❷水気を絞った豆腐をくずしながら入れて炒め、火が通ったら大根葉をゆがいて刻んだものを入れて炒める。
❸醤油少々を鍋肌から入れ、味をなじませるように混ぜ合わせる。

おから揚げ

❶同量のおからと地粉に、たっぷりのゴマと塩少々を混ぜ、よくこねて塩をなじませる。
❷ちぎって平たく形をととのえ、中温よりやや低めの油で、キツネ色になるまでゆっくり揚げる。
あまりよく絞らないおからの方が、こくがあっておいしい。おとなにも子どもにも喜ばれます。

ゆ　ば

豆乳を煮ると、表面に膜がはってきます。これを引きあげたのがゆばで、〈湯葉〉と書きます。
❶豆乳を薄手の鍋か卵焼器に入れ、熱くなりすぎないよう鍋は魚焼き網などの上に置く。
❷遠火の弱火で、かきまぜずに30分くらい火にかける。
❸表面に膜がはり、浮くようになったら鍋のフチにぐるりとナイフを入れる。
❹菜箸か長い竹串をそっと入れて膜をすくい上げる。
何回かすくい上げてゆばのできあがり。生ゆばは、軟らかいうちに細かくするか、そのまま干して保存する。大豆のタンパク質と脂肪のすべてを含み、栄養価の高い食べ物。とくに京都では、煮もの、蒸しもの、揚げもの、和えものと、ゆば料理が多彩です。

梅干

●青い梅の実を梅酒に仕込みしばらくしたら梅干しの時季。梅の熟れ具合を見はからって漬けこむところから、梅雨明けを待っての土用干しまで、天候の気になることそのあいだは梅干しづくりを算段してこちらの予定を整えておかねばなりません。そんな暮らしのリズムもいいものです。

材料

梅 二kg（一四〇粒くらい）だったら干し場所もなんとかなる **塩** 四〇〇g、梅の二割が一般的、多少塩っぱい

赤ジソ 二〇〇g、梅の目方の一割くらい

道具

かめ 酢と塩がきついのでポリ容器は不適 **スダレ** またはザル、梅を干すため

一 果肉が厚く、種の小さそうな中粒のものを選び、よく洗ったあと、青い梅なら一晩、黄ばんだ梅なら半日ほど水につける。

二 塩は梅の二割が一応の基準。カメをきれいに洗い、塩をひと握りふる。梅の水気をよくふいてから、梅に塩をすりこんで漬けこむ。

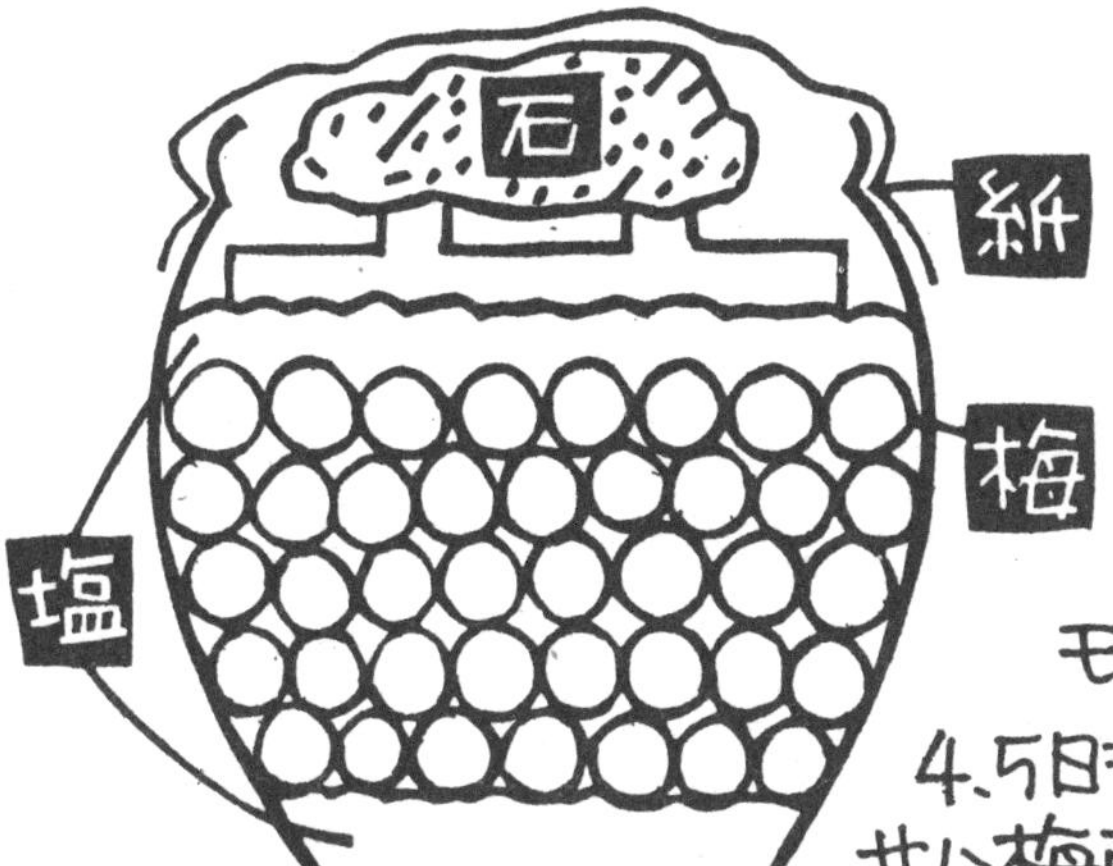

三 残った塩を全部ふり入れ、押しぶたをして梅と同じくらいの重さの重石をのせる。カメの口を紙でおおい、ヒモでしばり、冷暗所におく。4、5日もするとすっぱいにおいと共に梅酢(白酢)があがってくる。

四 赤ジソの出回るころ（6月下旬〜7月中旬）、チリメンジソ※を求め、枝ごとよく洗い、水気をきってから葉をつむ。梅の目方の1割を用意し、シソの1割の塩でよくもむ。しぼってアク汁を捨て、梅酢を少しふってもむと赤い汁が出る。

※チリメンジソは、赤ジソの一種

五 シソの葉を梅に載せて並べ、梅酢が葉の上までくるように重石をしてフタをし、土用までおいておく。

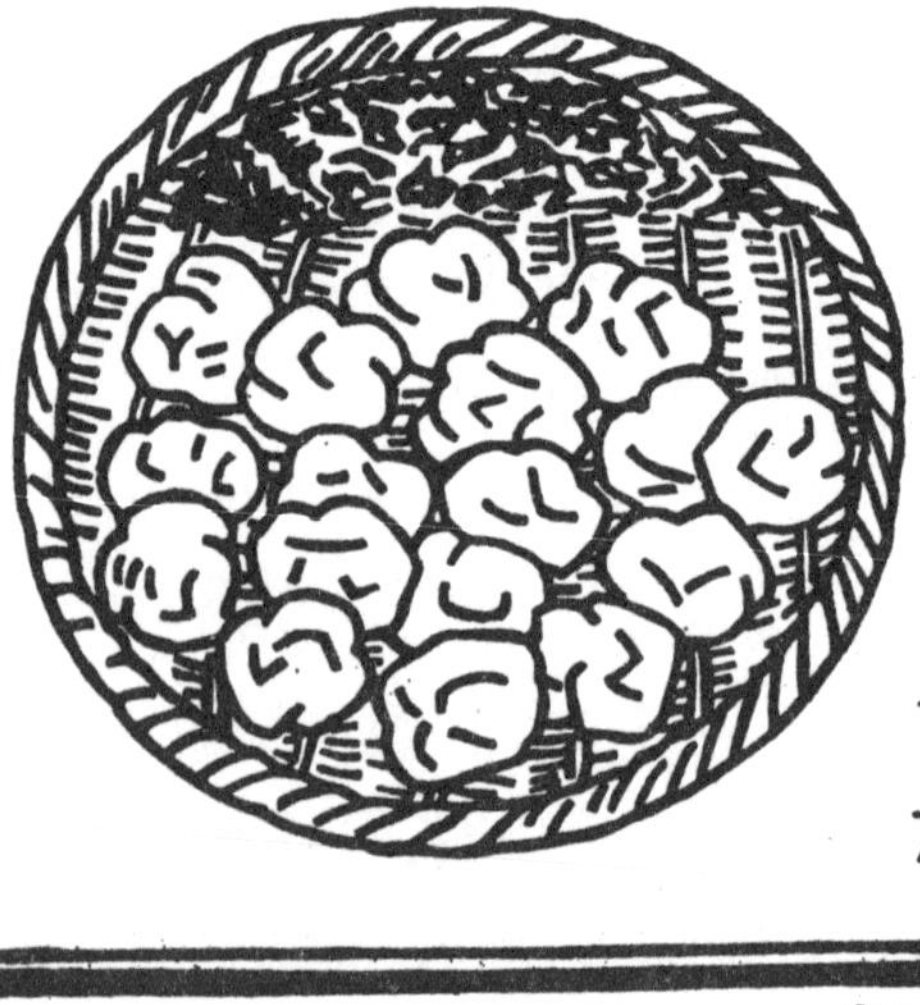

六 暑い日の続くころ、きれいなスダレかザルに、梅とシソが重ならないように並べて陽に当てる。これを三日くり返し、最後の夜は夜干しする。干した梅はこのまま梅酢にもどして保存する。

今年の梅干、でき具合はいかが？

漬け方は十人十色

以上、ご紹介した梅干の漬け方は、これが最高の漬け方というわけではありません。梅干は地方により、人により千差万別で、それぞれに特徴があります。たとえば大きな違いでは〝シソを入れる入れない〟〝日光に当てる当てない〟〝重しをするしない〟、干したあと〝梅酢にもどすもどさない〟などがありますが、ここでは一般的に知られている漬け方をご紹介しました。また塩加減も二割が一般的でしたが、減塩が強調されるせいもあってか多少変化がみられます。事実二割の塩は少し塩がきつく仕上がりますので塩分が気になる方は多少ひかえるか、または一五％にして二％の焼酎を加えてもよいと思います。

ご紹介した漬け方と違う漬け方で、参考になると思われる例をいくつかご紹介します。

三日三晩の土用干しといいますが、夜干しをしないで熱いうちにカメに入れると梅が汗をかきますが、そのせいかどうか種ばなれがよいようだと聞きました。また二割の塩で重しをして、一年から二年ねかせてから天日干しをしたら、塩味がねれてすっぱさがやわらぎ、皮もうすくなったそうです。

シソの葉は殺菌作用があって、梅のクエン酸にあうと天然の色素を出します。シソの葉と梅はいい相性なのですが、シソを使わない天日干しだけの白漬けも天然の色で、また捨てがたい味があります。

毎日、日光に当てる漬け方をしているが、数年前（一九八〇年）のように日照りの悪い夏は結局、日光に当てないで漬けることになったというお話を聞きました。

漬け物も自然の条件に左右される生き物、その時々で漬け方を変えてもいいかもしれません。毎年漬けていても、一度として同じ仕上がりになることはないように思います。気象条件による梅の出来不出来、漬けこむころの天候もまた梅干の姿を少しずつ変えます。そこがおもしろいといえなくもありません。都会で土と関係なく暮していても、毎年漬けて梅干の変化をみていると、自然と離れて生きてはいけないのだなと気づかされます。

さて今年のでき具合はどうでしようか。

まず、いい梅を

何を作る場合も同じですが、おいしさは作り方の違いにあるのではなく、決定的に梅自体の出来不出来にあるようです。梅干の場合のよい梅とは、中粒くらいで果肉が厚く、手もぎで取ったキズのないもの、それと何といっても自然に成長したものです。

梅の出荷時期には差があります。一般的に梅は五月下旬から六月初旬にかけて、まず梅酒用のピンポン玉くらいの大粒が出荷され六月中旬には打ちきられます。梅酒用は青梅の固い頃に漬ける必要があるので出荷が早く、熟れた梅を使う梅干用は中旬から下旬にかけて出荷されます。両者には約半月ほどの差があります。梅酒用は梅干用にも使えますが、店頭で黄色くなったものを買わされる可能性があるので、出荷のずれはきちんとおさえておく必要があるでしょう。

生産地では

毎年八百屋さんの店先でみる梅は、キズもあばたもないきれいな梅が多いように思いますが、実際神奈川県小田原市で梅を生産しておられる柏木さんにお話をうかがったところ、昔は農協が一括して梅干にしていたので、日持ちの心配がなく梅をたたいて落していたが、現在は青梅のまま出荷しているので、手もぎで集めているとのことでした。

しかし和歌山県田辺市で、自然農法による自給自足生活を実行しておられる丸山さんからうかがったお話では、近在の梅の生産地では、梅にあばたのような斑点がつくと、出荷値段がジュース用のランクにさがるので、花の頃から何回も殺菌剤をまいて消毒するとのことでした。このため梅林に入るとかぶれるほどだということです。

梅の木を植えよう

現在、店頭に出される梅はほとんどが農薬のかかったものですがら、自然農法の手もぎの梅を求めることは至難のワザです。

昔、といってもつい二十年くらい前までは近在の農家の方が梅を売りにきたり、また業者も一軒一軒集めてまわったりしていました。木があって梅が余るお宅と、毎年わけてもらう約束ができていたりして、お店で買うことは少なかったように思います。

いい梅はほしいけれど、お店でしか求める方法がないと思っていらっしゃる方も、その熱意をもうちょっとのばして、親類や知り合いの庭先に一本、二本となっている梅を、頼んで分けてもらってはいかがでしょう。多少あばたや虫がくっていても、ジャムや梅びしおなどにえり分けて使うこともできます。

薬剤の霧の中で無理やり大きくさせられた梅が、私たちのからだに入ってほんとうにいい働きをするものかどうか。食べものへの深い愛情をもってこその手づくりではないでしょうか。のびのびと青空に向って育つ梅の木から梅をもらいたいものです。

土がほとんどコンクリートでおおわれてしまった都会では、残念

ながら誰にも可能なことはいえませんが、庭や畑があるお宅でしたら、梅の木を植えることをお勧めしたいと思います。

子供の誕生祝いとか、卒業記念に植えて一緒に成長が楽しめたら、一層楽しいと思いますが、いかがでしょうか。梅は柿の木ほどの大きさになるので、何本も植えるにはかなりの広さを必要としますが、三〜四年で収穫できるようになるということです。

塩は自然塩を

一般の精製塩は塩化ナトリウム純度九九・八％以上の化学塩なのでミネラル成分を含みません。このため漬け物をつけるとにがりを含んでいないので浸透力がなく、塩は底の方にたまったままで少しも上にあがってきません。

いっぽう現在市販されている自然塩は、現行の専売法の範囲内でできるだけミネラル分を含んだ塩ということで、準自然塩と呼ぶのが妥当ですが、それでも精製塩よりはましということで、梅干にはまろやかな味をもつ自然塩を使っていただきたいと思います。

梅干の容器はタルとか陶製器をお使い下さい。梅酢は強い酸ですから、ポリ容器はさけたいものです。

酸っぱさが身上

梅は中国から中世、日本に伝来しましたが、庶民の間で広く梅干が漬けられるようになったのは江戸中期以後のことです。それ以来、すたることなく生活に深くとけこんで現在に至っています。

現在、食生活は多様化の一途をたどり、ご飯、味噌汁、お新香といったパターンは変化しつつありますが、バランスを崩して寝こんだ時には、やわらかく炊きこんだおかゆに梅干が供されることは多いようです。梅干の酸味は食欲のわかない口元を刺激して、消化のよいおかゆが腸に負担をかけずに回復させます。

自然食ブームにのって、梅干も市販のものが大分出回っていますが、合成調味料で作られたしょっぱくない梅干が多いということです。やはりここはひとつ、手作りのホントの味を伝えていきたいものだと思います。

〈お話を伺わせていただいた方々〉
近藤栄子さん（ホンモノ手造りをすすめる会）、小川みちさん（食養料理家）、吉田企世子さん（女子栄養大助教授）、柏木美枝子さん（神奈川県小田原市）、丸山和泉さん（和歌山県・紀和園）、坂本つるさん（栃木県宇都宮市）

〈参考資料〉
『日本の食べもの』奥村彪生　人文書院
『たべもの戦国史』永山久夫　新人物往来社
『手作り食品』東城百合子　あな

たと健康社
『自然食品』コンパ21編集部　新泉社
『季節を楽しむ手作り食品』吉田企世子・横山伸子　家の光協会

専売塩は自然にほど遠い化学塩

塩の主成分は塩化ナトリウム(NaCl)ですが、これ以外にも塩には微量のミネラルや有機質が含まれています。豆腐作りに欠かせないにがりはかつては製塩の副産物でした。

塩田式製塩は天候に左右され、広大な土地と多くの労働力を要するとして、一九七一年にすべて廃止。代わってイオン交換膜式製塩装置によって工場生産される塩だけになりました。これは、海水に電気を通し、イオン交換合成樹膜を使ってナトリウムイオンと塩素イオンとを集め、塩にします。その結果、低コストで純度の高い塩ができ、現在一キログラム七五円で販売されています。

塩の国内供給量は、年間輸入塩七〇〇万トン、国産塩一三〇万トン(一九八五年度)。消費量は八〇〇万トンです。うち最も大量に使用されるソーダ工業用塩(輸入塩)を除く一般用塩の消費量は一七九万トンでした。内訳は家庭用塩四二万トン、食品工業用塩九九万トン、他が一般工業用や家畜用で、食品工業用を含む食用塩の大半はイオン式製塩による国産塩が使われています。

イオン式塩はNaClの純度が高く、大部分は工業用に使われています。しかし製造工程に塩酸や苛性ソーダを使ったりするため、食用には危険性がつきまといます。また天然組成のバランスが人工的にこわされてしまい、まろやかな味に欠けるなど調味料としても問題があります。

ところで、日本専売公社は一九八五年に民間企業に移行し、日本たばこ産業㈱となりました。しかし、塩の専売に関してはたばこ産業だけが国から委されており、他の企業や団体が塩の輸入、製造、販売にかかわることはできません。国内で一般に流通している塩は、旧公社指定の七社で生産されたイオン式化学塩と、たばこ産業が輸入した塩とになります。

海とつきあって塩づくり

水に溶かしたら食塩水になる塩でなく、海水にかえってゆく塩こそほんもの。大量生産し、不特定多数の人に売るのではなく、作る人や海が見えたりすることから塩作りを始めたい。ほんものの塩とは海をまるごと食べること――。日本食用塩研究会の姿勢です。

同会は一九七二年にスタートし、七六年には伊豆大島に塩田を作り、自然の塩を残そう、塩田を保存しようと地道な運動を進めています。塩専売法により海水から独自に塩を製造し販売することは禁止されている現状ですから、できた塩や生にがりは試験的に作ったというかたちで会員頒布しています。こうしてできた塩や生にがりは微々たる量ですし、コストも塩は五〇〇グラムが一〇〇〇円になりますが、ほんとうの塩のおいしさを思いおこさせてくれる味です。

専売塩以外の塩は他にも「赤穂の天塩」「伯方の塩」「沖縄の塩」「あらしお」（静岡）などが一キロあたり二二〇円から三〇〇円で市販されています。このうち「赤穂の天塩」はオーストラリア産の天日塩田塩と中国から輸入したにがりを、いったん瀬戸内海の海水に戻して再結晶させて作るというもの。「伯方の塩」はメキシコ、オーストラリア産の原塩を再生させたというものです。これらの塩はいずれも、日本たばこ産業㈱が輸入した塩を独自に買い上げ、手を加えて製品化されたものです。

〈問合せ先〉東京都新宿区西新宿七―二二―九　℡〇三―三三二七―三一九七　NPO法人・日本食用塩研究会

青梅粕漬

❶肉質の厚い梅を早目にもぎ、一晩うすい塩水につけアクを抜く。
❷梅1kgに酒粕1kg、焼酎½カップ、砂糖200gを用意し、酒粕に焼酎、砂糖をよくまぜ、その中にアク抜きした梅を漬ける。三カ月後から食べられる。

梅干のはし休め

梅干の果肉をすり鉢であたり、だし昆布をごく細く切ってたくさん加え、鰹節の粉も少々加える。おにぎりの中に入れても合います。
（食養料理・小川みち先生より）

ハスの梅干和え

❶梅干の果肉をあたり鉢であたり、煮きりミリン（火にさっとかけてアルコール分を蒸発させる）で味つけする。
❷ハスを輪切りにして串がスーと通るくらい茹でたものを❶で和える。

生梅の切干

❶きず梅、くず梅（肉質は青梅の肉厚のものがよい）をよく洗い、種を除いて千切りにし、1～2日干して水分をとる。
❷❶に砂糖をまぶしながらカメなどに入れて貯蔵する。茶菓子として。

シソの葉のはし休め

❶梅干につけ込んだシソの葉を、さっと水洗いしてかたく絞ったのを細くきざむ。
❷シソと同量の削りガツオと混ぜ合わせ、醤油をちょっとたらしてどうぞ。

ドレッシング

材料 好みの酢を1〜数種、植物油、塩、こしょう。酢と油の分量はあえて書きません。あなたの好みに合った割り合いを見つけてください。

●酢と油と塩、この三つがあればドレッシングは手軽に作ることができます。そこで、酢にこって、油にこって、組み合わせや、分量もいろいろ工夫して、思いつくままに作ってみました。はじめは自己主張していた材料が、やがて、個性を残しながら一つに溶けあう。そんなところがおもしろく、台所の指揮者になった気分でした。

卵黄を使って
マヨネーズ

一 油以外の材料をボールに入れ，泡立て器で混ぜ，よく溶かす。

二 一に油を少しずつ加え，泡立て器で全体が白っぽくなるりとするまでよく混ぜ，好みで味をととのえる。できるだけ食べる直前に作り，時間がたって分離したらもう一度よく混ぜ合わせる。

材料 卵黄1個，植物油半カップ〜3/4カップ，酢（米酢，リンゴ酢など）大さじ1杯，塩小さじ半分。洋がらし，こしょう適宜。

㊟ 卵と酢は，冷たいままだとマヨネーズが分離しやすいので，室温に戻しておく。

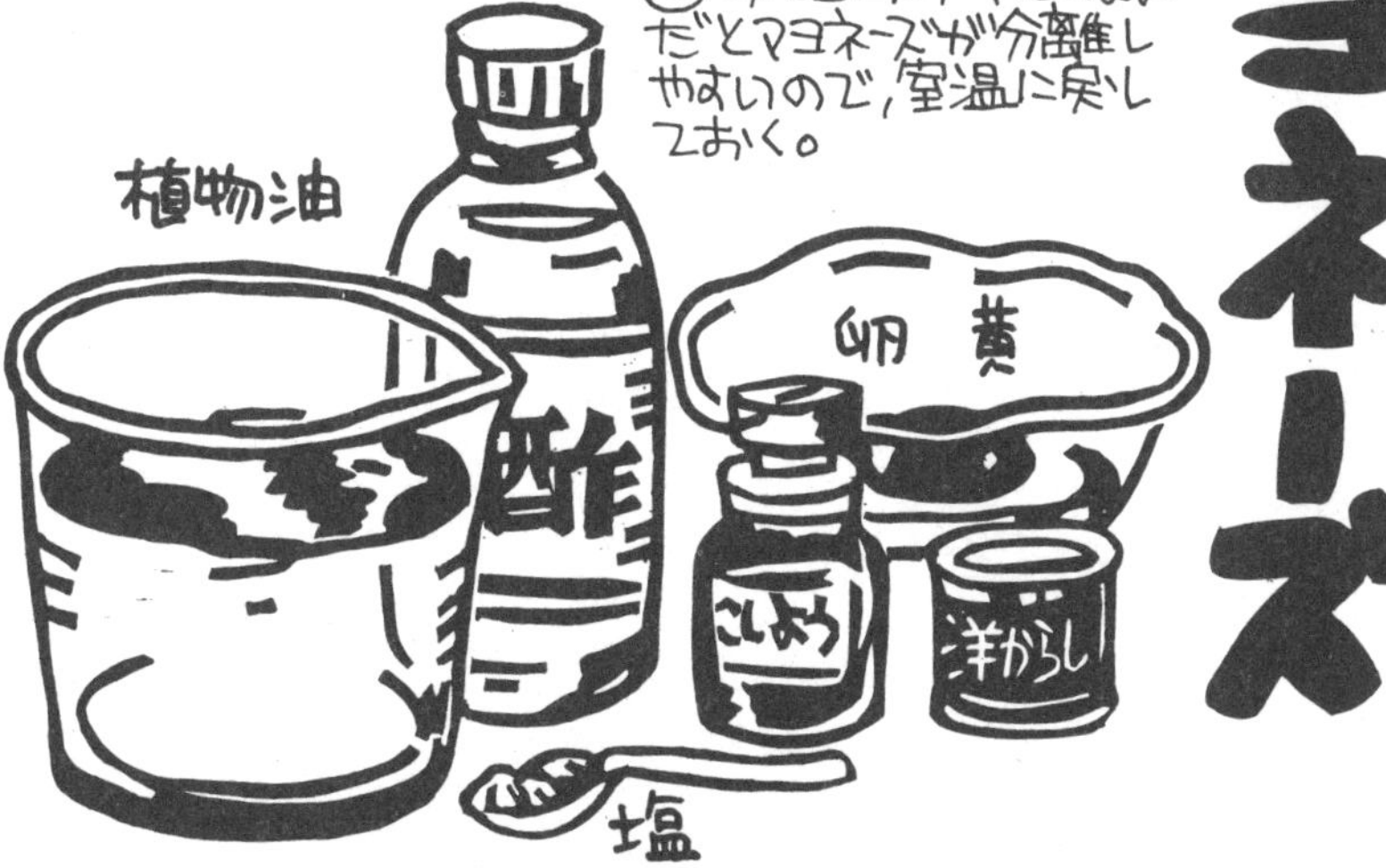

㊀ ボールの水気をよくふき取り、卵黄を入れて泡立て器で溶きほぐす。つぎに、油を除いた材料をすべて入れ、泡立て器でよく混ぜ合わせる。

卵黄
ボールは金属でないものがいい

油はポタポタと落としながら加える

㊀の中に油をポタポタと落とすように加え、休まずに全体をかきまぜる。均一に混ざるように、かきまぜる方向は一定にする。油を一度にたくさん入れると分離しやすいので注意してください。

全体がトロッとなったら、入れる油の量をふやしても大丈夫。手は休めず、力を入れて混ぜる。好みの硬さになったら油を入れるのをやめて、味をみる。※途中で分離した時は、別のボールに熱した酢を少し入れ、その中に分離したマヨネーズを徐々に加えて泡立て器でよく混ぜる。混ざり合って固まってきたら、残りの油を少しずつ加えて仕上げ、硬さ、味は好みで加減する。酢を多くすれば軟らかく、油を多くすれば硬くなる。

トーフ・マヨネーズ

材料 木綿ドーフ半丁，植物油大さじ2杯，酢大さじ1杯半～2杯，白ミソ（普通のミソを使うときはハチミツを少し加える）大さじ1杯。塩，こしょう，練辛子適宜

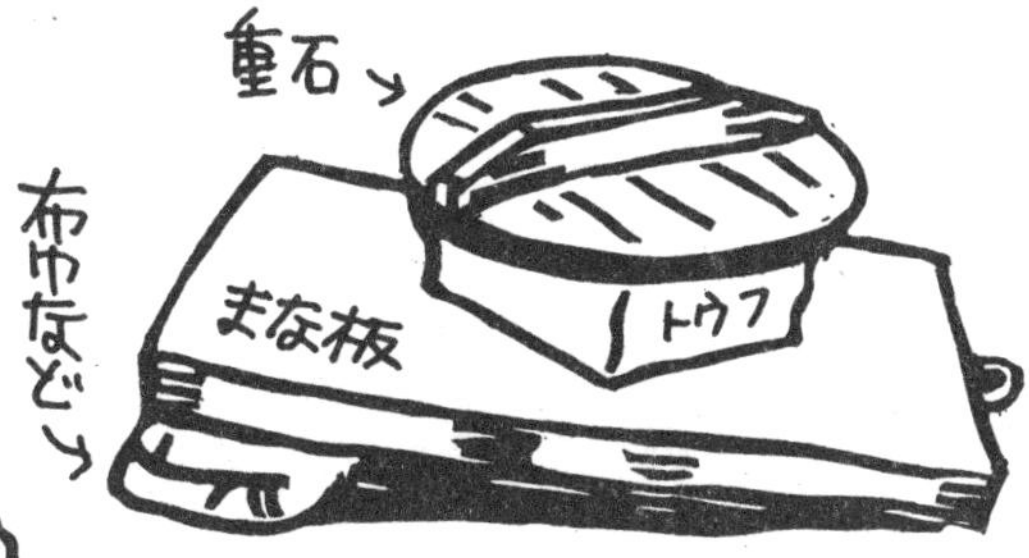

【水切りの仕方】

●充分水切りをしたトウフとそのほかの材料を全部すり鉢に入れてよくする。トウフが生のままで気になるなら，さっと湯通しをする。ゆですぎると口あたりが悪くなるので注意。

おいしさは酢の持ち味かな

酢は安心して利用できるものを

おいしいドレッシングを作るために、何がいちばん大切だろう?と考えました。

基本の材料はご存知のとおり、酢、油、塩。この中でポイントになるものを一つあげるとすれば、やはり酢ではないかと思います。そこでまず、酢を選ぶことから始めました。

酢というと、一般的には醸造酢と合成酢に分けられます。ここではもちろん、材料をじっくり時間をかけて発酵熟成させて作る醸造酢を選びます。

醸造酢は、米、麦、その他の穀物類、酒粕、果実などをじっくりと熟成させて作るもので、合成酢は、醸造酢に氷酢酸や酢酸を混ぜて作ります。ところが「食酢の表示に関する公正規約」というものがあり、穀物酢では、製品一ℓ中に穀類四〇g以上が使われていれば、米酢、麦芽酢、酒粕酢というように原料名で呼ぶことができ、果実酢でも同様に、一ℓ中に果汁液が三〇〇g以上使用されていれば、リンゴ酢、ブドウ酢と呼ぶことができるのです。こうした名ばかりの醸造酢と、二〜三年熟成させて作られる本物の天然醸造酢では、そのおいしさは比較になりません。

さらにこの醸造酢は、米酢、玄米酢、酒粕酢、穀物酢（数種類の原料が混じっている）、麦芽酢（モルトビネガー）、はと麦酢、リンゴ酢、ブドウ酢（ワインビネガー）、ゆず酢などなど、さまざまな原料、製法のものがあります。

このうちの、どれをどんなふうに使えばおいしいドレッシングができるか、またそれぞれのドレッシングはどのような料理で生きてくるか、ということを知りたいと思い、できるだけ沢山集めてみました。手に入ったのは、米酢、リンゴ酢、ブドウ酢、玄米酢、はと麦酢、穀物酢、ゆず酢です。

この七種類の酢に、油と塩を同じ割合で加え、七通りのドレッシングを作ってみました。また一方では、酢と油の量を色々と変えて比べてみました。

まず酢と油の割合が二対一では、しっかり混ぜて乳化させても、すぐに分離してしまいました（その間一〜二分）。一対一ですと四分前後、一対二では六〜七分。一対三、一対四になると、分離するまでに一〇分近くかかりました。油の割合の多い方が、ドレッシングの乳化している時間は長いというわけですが、必ずしも味はそれに比例するものでもないようです。ひとつには酸味に対する好みで結論は分れるように思われます。

油にも胡麻油、菜種油、菜種サ

ラダ油、カラシ菜油、紅花油、オリーブ油、綿実油など、いろいろな種類があります。一般に生のままで食べるドレッシングやマヨネーズに使われるのは、菜種サラダ油、紅花油、オリーブ油、綿実油などサラッとした舌ざわりと味を持つ油で、菜種油やカラシ菜油などこしの強い油は主に揚げ油として使われ、胡麻油はその風味を生かして天ぷらや、サラダにも利用されます。いずれにせよ、油はそんなに沢山食べるものでもありませんから、大工場でいろいろな薬品を使って作られ、酸化防止剤を添加されているような油は避け、昔ながらの圧搾法で作られた安心して利用できるものを選びたいものです。

千変万化の味わいは作る人しだい

次に、酢を変えた七種類については、当然のことながら、使った酢の性質で、味に独自の風味が出ました。玄米酢、米酢、穀物酢、はと麦酢は比較的どんな材料とも合い、また口あたりのやわらかさは、穀物酢、米酢、はと麦酢の順で、玄米酢は少し酸味が勝つ感じをうけました。酢と油の割合をどれも同じにしたため、持ち味の濃い酢は口あたりがきつく感じられたのでしょう。

リンゴ酢やブドウ酢は、どちらも果実酢のもつまろやかな酸味が野菜や果物とよく合いました。ゆず酢は、その独特の風味が生かされる、魚貝類や海草類を使った材料がいちばんピッタリきました。

また、酢と油の割合は○対○、と料理書などに書かれたりしていますが、味覚というのは、そのときの食卓に盛られた他の料理とのコンビネーションに影響を受けますし、その人その人の体質、その時々のからだの調子、気候などでも左右され、本来、「これ！」と基準を定められるものではないのではないでしょうか。

酢と油が二対一であろうと、一対四であろうと、それが他の材料とよく調和し、食卓を一緒に囲む人たちがおいしいと感じ合えれば、それがその時の最高の割合というものでしょう。

マヨネーズ・ドレッシング

先に、ドレッシングの分離について書きましたが、時間がたつと分離するドレッシングを、卵黄を加えることで安定させ、乳化状態にしたのが、マヨネーズです。

ひと味違ったドレッシングやマヨネーズに味噌（赤味噌、白味噌、練り味噌他）と、酢、コショウ少少を加えると、サラダにも和風の和え物にも合いますし、その上に胡麻、チーズ、ニンニク、辛子、ショウガ、蜂蜜などを好みで加えたりしても風味が増します。また、ドレッシングの中に、醤油や小魚（白す干し、チリメンジャコ）を入れたものもごはんとよく合い、洋風は苦手という方でもいけます。

卵黄を使って乳化、安定させるには油がたくさんいります。そこで卵黄を使わない方法を捜してみました。一つはやわらかく煮た大豆を、少量の煮汁と一緒によくすって使うやり方で、酢、油、塩、コショウ、辛子、蜂蜜などと一緒にすり鉢でよくすればできあがりです。これは大豆の風味のあるしゃれたマヨネーズになります。もう一つは、豆腐（木綿）の水分をよく切ってから使う方法で、他の材料と一緒にすり鉢でよくすればできあがりです。豆腐が生のままなのが気になる方は、さっと湯通ししてください。くれぐれもゆですぎないように、ゆですぎると口あたりが悪くなります。このマヨネーズは味噌を加えると風味が一段とよくなります。この二つは、どちらも卵黄を使う場合に比べて油の量はずっと少なくてすみます。（大豆で三分の一弱、豆腐では五分の一くらいです）

酢―自分の姿勢だけは正しておきたい

無農薬の農業を営んでいた長谷川邦夫さん（五十八歳）は、本当の酢をつくりたいとの思いから、田畑を抵当に二〇〇〇万円の融資をうけ、設備を整え、自分のところでとれた米を使って米だけの酢を仕込み始めました。

「一生に一度のかけでしたけれど、誰が止めたってやめる人でなし」と、奥さんの清子さん。

本人は「米が余っている。余った米でなんかできないかちゅうことで」の酢づくりでした。

なにしろ「ミツカン酢」が全シェアの七五％を占めている特異な世界。酒粕、アルコールを使っても、とにかく酢はできます。しかし、これらの酢は「ピリッと刺激的ですっぱい」イメージどおりの酢。いっぽう長谷川さんの酢はまるでお酒のよう。そのまま飲んでもさわやかな香りとうまみがあります。農林規格では「水一ℓに対して米四〇g以上」つかっていれば「米酢」と表示でき、後は酒粕、アルコールで補えますが、長谷川さんの作る酢は米を一五〇グラム使います。

奥さんが「百姓よりやりがいがある」という「仕込み」。コウジ作りからドブロク（すモロミ）へ、さらに種酢つけを経て二カ月。酸度が充分あがったものだけを残して（酸度四・五％が目安）、さらに少なくとも半年ないし一年、菌を生かしたままねかせておくと、味がとけあってまるみのある酢ができるのです。

油――分析データにはまかせられない

「油の良し悪しは分析データではわからない。口に含んだ時のまろやかな味を作りたい」と、熊坂金吾さん（七十一歳）は色も香りも味もあるゴマ油と菜種油づくりに情熱を注いでいます。

　熊坂さんのゴマ油は、ゴマを煎って機械でしぼり、ろ過しただけ。菜種油はろ過したままではくせが強すぎるので、お湯で六回ほど洗います。このように化学的な処理工程がまったくない作り方をしているので、熱にも強く、もちがよいのです。

　油のなかには本来、酸化を防止する成分があって、そのままおけば、一年、二年は充分にもつほどの生命力があるのに、精製油は、化学的な処理工程でそうした成分までも飛散させ、そのために毒性の高い酸化防止剤を加えざるを得なくなっています。

「私の油は揚げものに使えば使うほど調子がでる」と熊坂さんが自慢するとおり、自宅でも揚げものに使った油を捨てたことがないということです。

不純物はとことん取り除け

　市販のサラダ油、天ぷら油は原料からｎ－ヘキサンなどの溶剤で抽出されます。機械で絞ると数十％の歩留まりであるのに対し、溶剤抽出なら九〇％以上を溶かし出すことができます。反面、不純物も同時に入るので、種々の化学的処理が必要になりますが、これはまた、化学処理をすればどんな原料でも食用油にしてしまえることを示しています。実際、絞っただけではとうてい食用にならなかったヤシ油などがサラダ油の原料として使われていますし、骨油（豚や牛の骨から油をとる）、コプラの油なども使われているのだそうです。

　サラダ油、天ぷら油のように化学的な精製処理をされた油は、日もちが悪く熱にも弱いことはよく知られています。特にサラダ油は熱をかけないで食べるものとして作られていますが、最近は天ぷらなどにも利用されるため、薬品を加えて熱に強くしています。

干物

●いやしあじ、かますやいか、さんまなどが、安くたくさん手に入った時、手作りの干物を作ってみませんか。市販品のように添加物の心配をすることもなく、塩分も控え目の干物が簡単にできます。太陽をたっぷりあびたおいしい干物を、あなたの自慢料理の一つに加えてください。

材料 **アジ** 新鮮なもの。また、キス、サンマ、カマス、イワシ、など旬の安い魚が沢山手に入ったら **塩**

道具 **包丁**（できれば出刃包丁を一丁備えたり） **洗濯用小物干** または大きめの金網

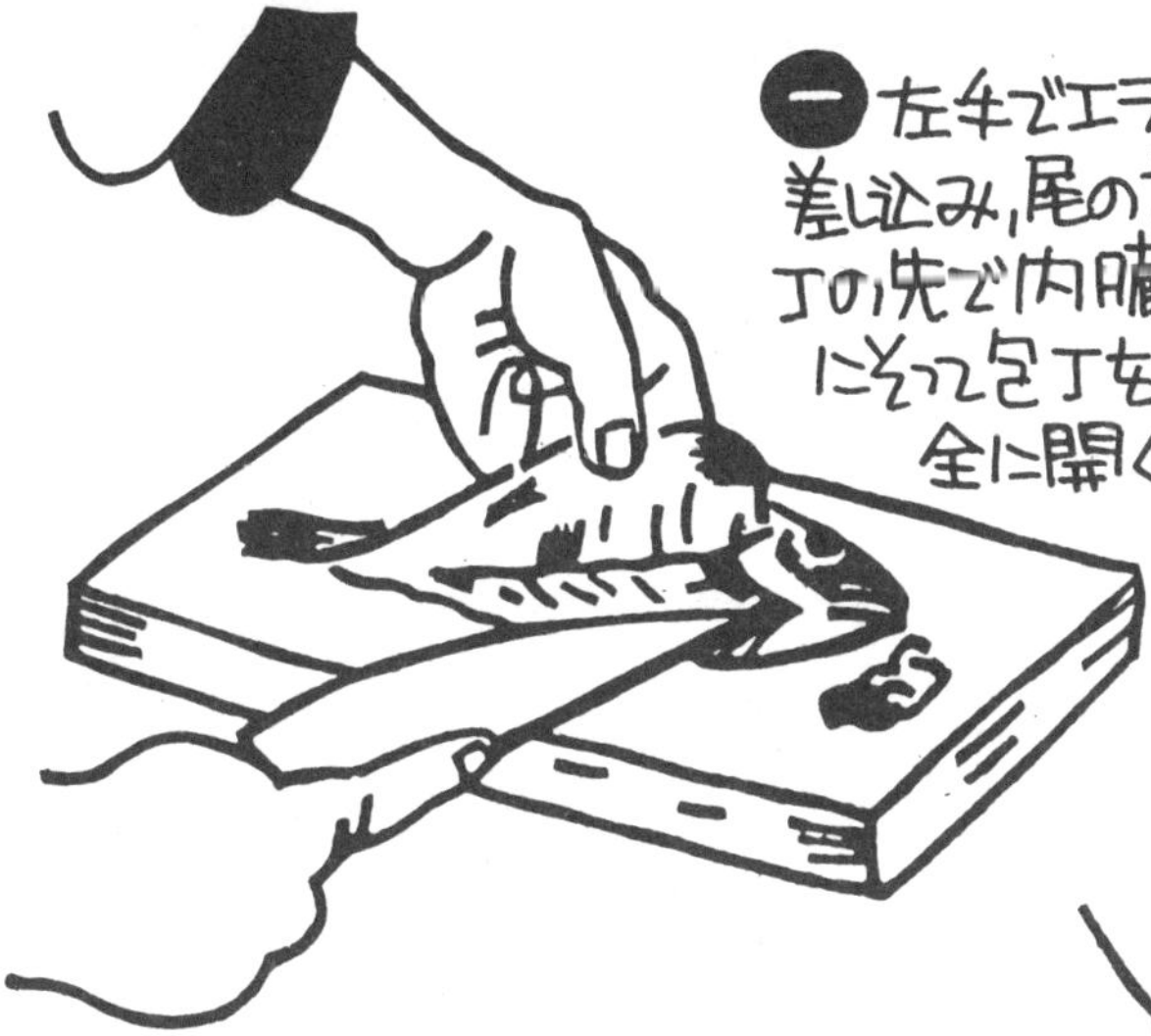

一　左手でエラブタを開き，包丁の刃を差し込み，尾の方へ向けて腹をさき，包丁の先で内臓をかき出す。次に中骨にそって包丁を引き，尾のつけ根まで完全に開く。最後に頭を手前にしてタテに割る。

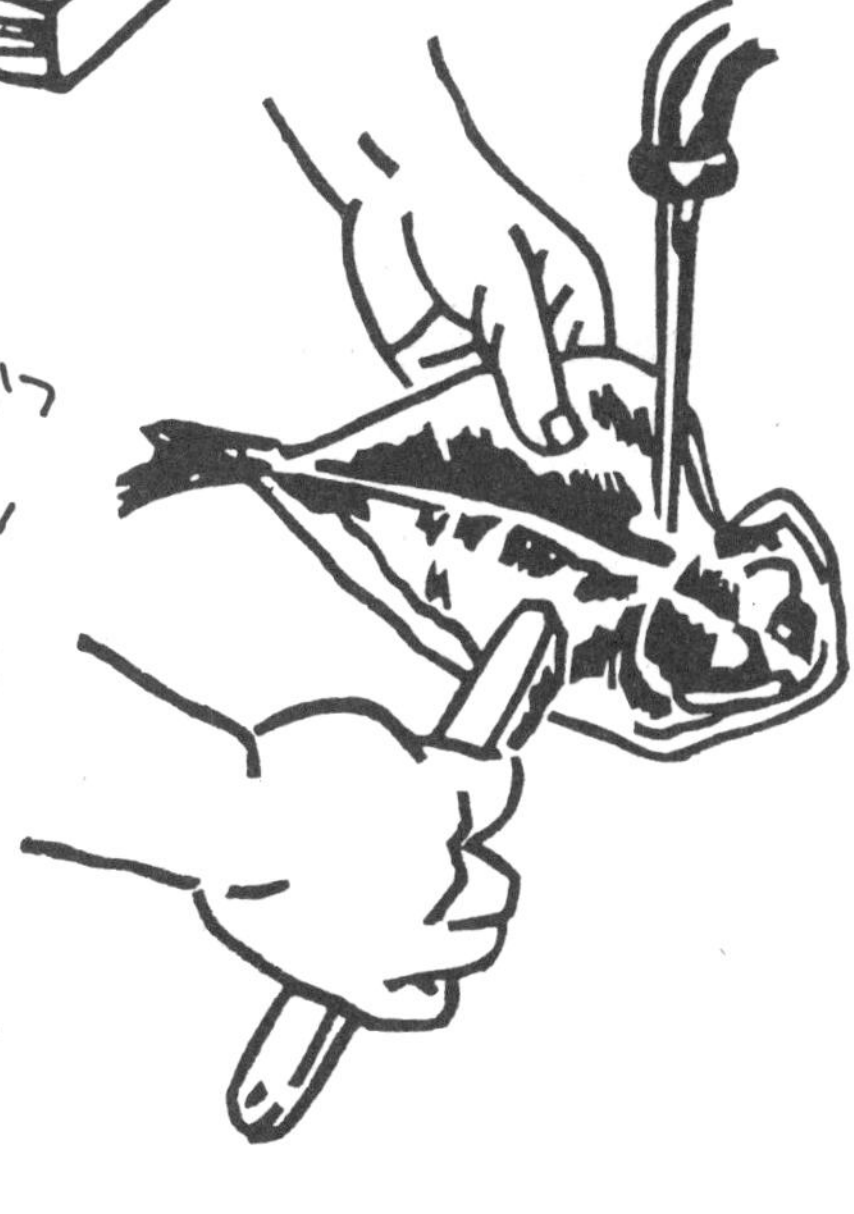

二　水洗いして血あいや残った内臓をおとす。そのとき，歯ブラシを使うのもいい。（必ず水洗いしないと臭みが残る）

三　海水濃度（3%）の塩水に30分つける。油気が多いときは少し長めにつける。量の少ないときは魚の両側にまんべんなく振り塩をする。

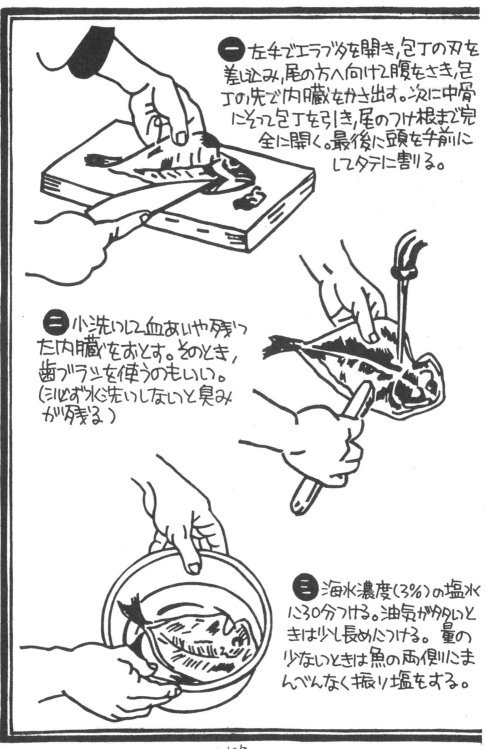

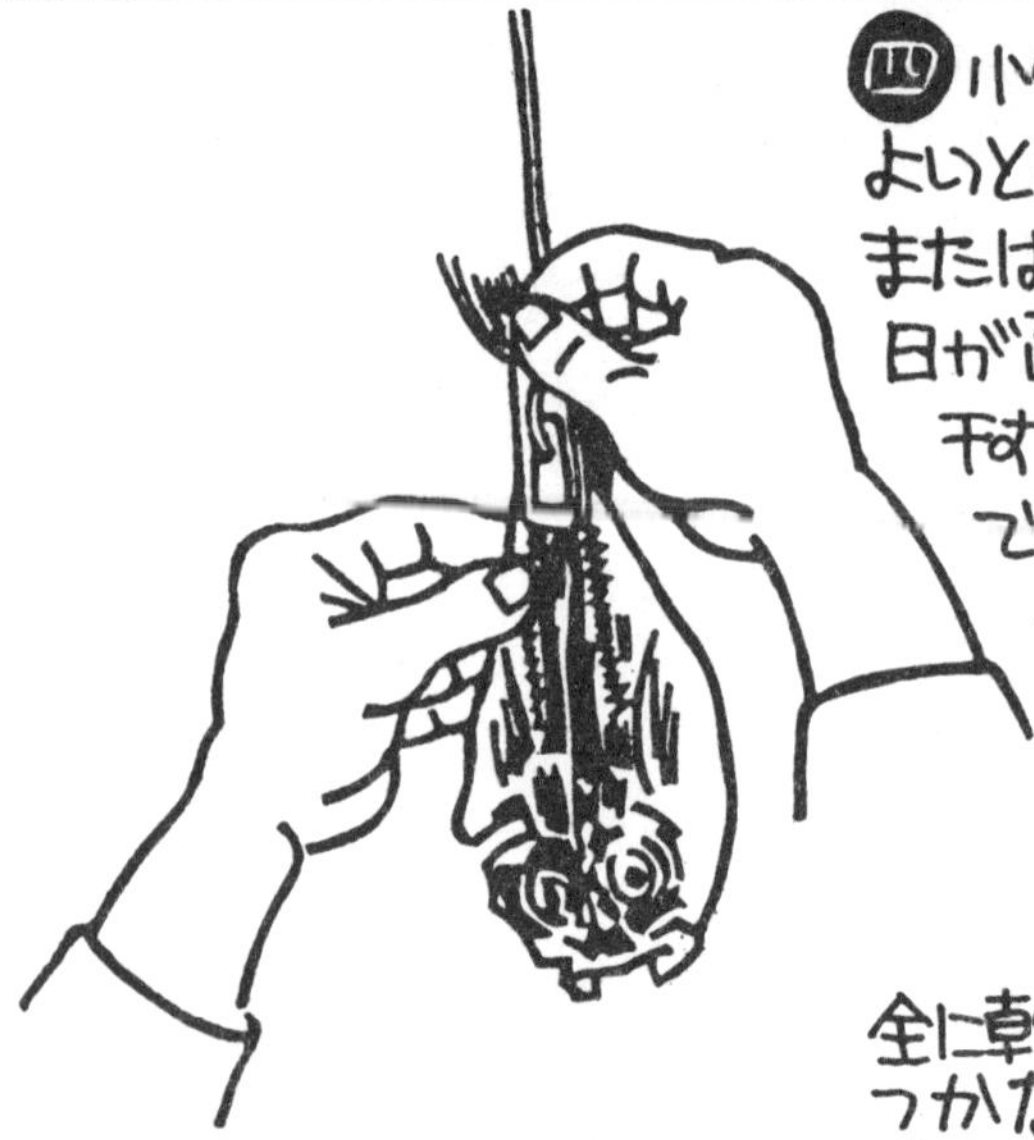

四 小物干しにつり下げ、風通しのよいところに身を日にあてて干す。または、身を上にして金網に並べ日が直角にあたるようにして干す。干す前に塩水でぬらした手の平で、魚の身をなでておくと、肌がなめらかになって、つやが出る。（天気の悪いときなどは冷蔵庫の中に吊げておいてもよい）表面が完全に乾き、魚の腹にさわってもベトつかなければできあがり。

いわしのみりん干し

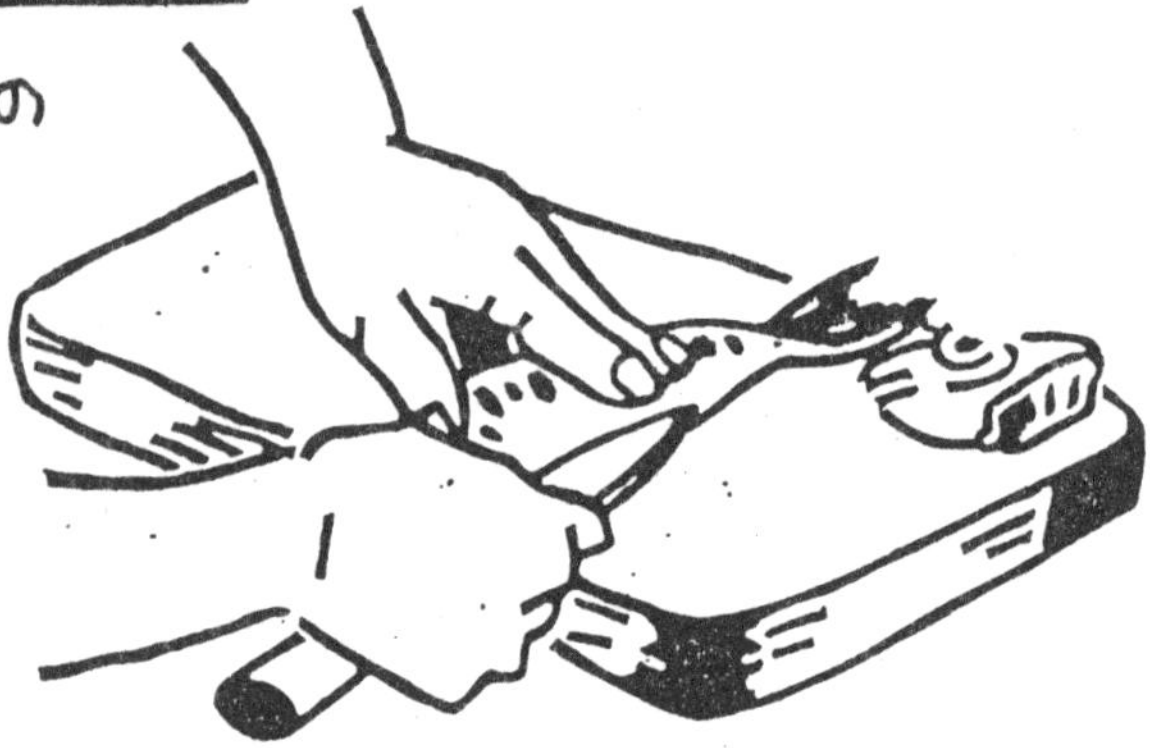

一 出刃包丁でいわしの頭と腹わたを取る。手で頭をちぎって腹わたを出してもいい。

二 中骨を片側に寄せるようにして、手開きにする。いわしの身がやわらかいので、手で開いた方がきれいにできる。

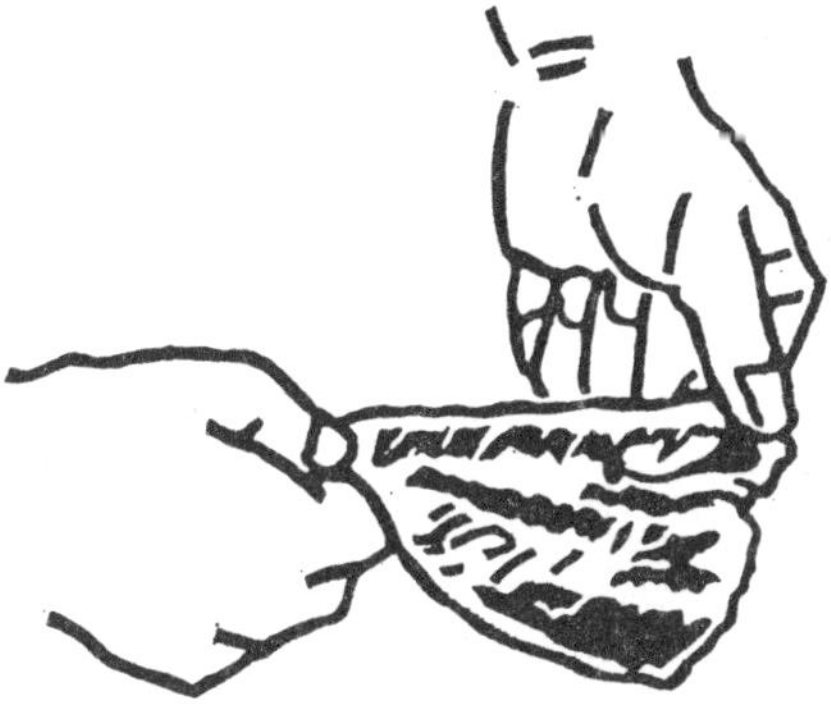

三 指で中骨をすき取り、薄めの塩水で洗い、血抜きをする。

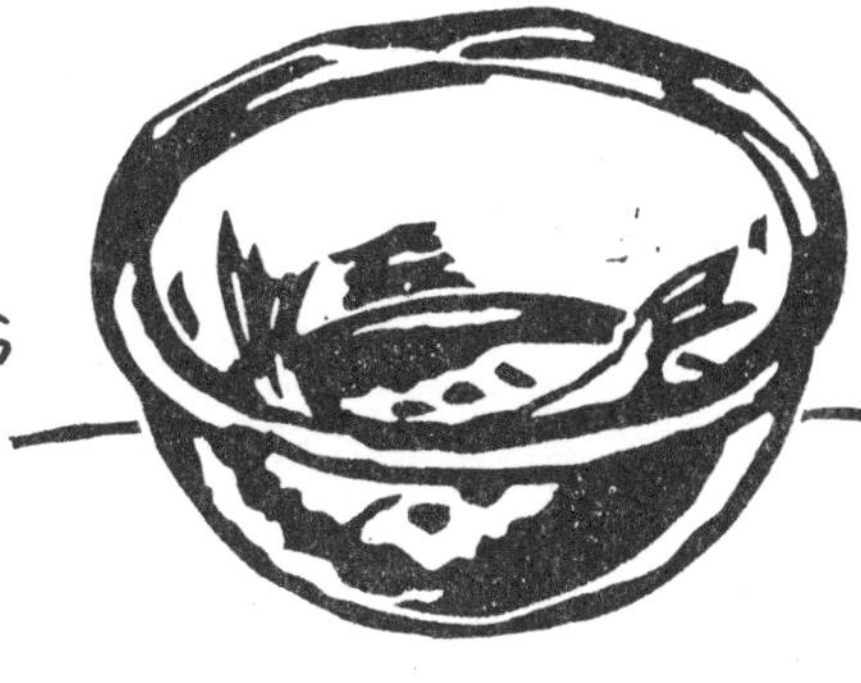

四 みりんじょうゆに2時間から4時間くらい浸す。※「みりんじょうゆ」は、しょうゆ、みりん、各大さじ1、酒大さじ1/2の割合。

五 風通しのよい日の当たる場所で4時間くらい干す。

晴れて風のある日は干物日和

乱開発が魚も奪う

九州の長崎から飛行機で西へ三五分の五島列島の人たちは、『アンアン』『ノンノ』といった雑誌などで紹介されるまで、半農半漁あるいは漁業を生業《なりわい》として暮していました。

五島でいちばん大きい福江島で生れ育ち、現在は愛知県に住む三十歳の正木道乃さんが子どもの頃、島では家ごとに干物を作るのがあたりまえ。海が荒れ、漁に出られない冬場を支える保存食としてでした。サバの開きや、素干しにしておいたキビナゴを竹串に刺して焼いたものを学校へ弁当のおかずとして持っていったことを覚えているそうです。

今でも公営魚市場の近くでは、おばあちゃんたちが露店を出し、家の男たちが獲ってきた魚を加工した自家製のナマリ節やサバ節など四季折々の乾物や鮮魚を売っているとのこと。

いっぽう、道乃さんのお母さんの実家がある中通島の奈良尾《ならお》町は、昔から漁業一本で生計を立ててきました。外洋船で漁をしているそうです。特産の一番スルメと呼ばれる極上のスルメは剣先スルメを船上で裂き、海水で洗ったあと甲板で干し上げたもの。当然、天日干しです。同様に、東支那海で獲るサバも、船上で海水で洗いながら加工します。開きを漬けこむ塩水は、真水に塩を溶かして。カワハギのミリン干しは、開いたカワハギをミリンと醤油に漬けこんだあと、浜に敷きつめた畳ほどの大きさの簀《す》に並べて干し、なま乾きのうちにゴマを振って作ります。

奈留島《なるしま》特産の煮干は、八田網《はったあみ》と呼ばれる底引漁法で獲ったイワシを釜ゆでのあと、矢倉で干したもの。小アジのミリン干しも特産。

網元制をとる奈良尾町に対して、めいめいが漁協に加入し何トンかの舟を持っている奈留島では、獲れたての鮮魚を市場へ持ちこむのも漁師の仕事のひとつ。売れ残ったら、家族総出で開きに加工し、庭先で干したあと、かあちゃんが行商するのです。

二年前、道乃さんが久しぶりに里帰りして驚かされたのは、民宿が増えていること、夏だったので観光客ことに団体客の多いこと。一九七一年の飛行機の就航以来観光地化は進んでいましたが、離島ブームが火をつけた気配なのです。半農半漁あるいは漁業一本で生きてきた島の人たちは、いまでは民宿や観光客相手のみやげもの店で働いたり、会社勤めをしていたり。けれども、島を出て都会へ行った人たちの中から、最近はUターン組もポツポツ現れているそうです。

観光地化は海を荒廃させ、魚の

みならず、アワビ、サザエなどの貝類、ワカメやヒジキなどの藻類などに至るまで獲れなくなってしまいました。素潜りで漁をする島民の場合、夏場の二カ月しか潜れず、それが結果的に魚介類の再生産を保証してきたわけですが、釣り客や、ウェットスーツ着用のダイバーたちが四季を問わず根こそぎ獲ってしまったからです。

「『肌着のボタン用にと、船でサザエやアワビの貝殻を買いに来ていた頃の獲れっぷりは、もう夢のまた夢』と、島では溜息まじりに語られていました」と、道乃さんの声も沈みがちです。原料の魚が減ったので、干物づくりの勢いもひと頃ほどではない、とのこと。新空港建設計画で揺れている沖縄・石垣島の白保など〝開発〟や〝リゾート化〟が進められている各地の漁場の未来像に重なって見えました。

新しい魚は清冽な潮の匂い

熱海とならぶ伊豆半島の観光地、静岡県伊東市も、天日干し干物づくりが盛んです。その伊東市で三五年間、観光客相手に天日干し干物を製造販売しつづけている㈱富士一丸水産の白井五郎さんは、おいしい干物づくりのコツを、新しい魚を素早く調理して天日に干すことだ、と断言しました。富士一丸水産では、三宅島や大島などの近海ものを加工しているとのこと。

「新しい魚の選び方はね」と言いながら、白井さんは私の前にアジを差し出しました。

「匂いをかいでごらんなさい」

清冽な潮のにおい。あれ？　生ぐさくない。

「悪臭はトリチルアミンといい、魚が古い証拠なんです。新しいうちはこのアジのように、潮の香りしかしません」

白井さんは匂いとエラの色で魚を選別しているそうです。鮮紅色のエラが白くなったら古くなった証拠。また、眼が外へ張り出したように見え、みずみずしく透明感があれば、新しいとのこと。

機械のように正確でリズミカルな白井さんの包丁さばき。一枚のアジが開かれるまで、およそ一・五秒。パートのおばさんが水道水で洗い、塩水に四〇分ほど漬けこんだあと、再び水洗いしたものを、店の若い衆が小型トラックで伊東漁港防波堤へ運んでいきました。雨の日は開いたものを冷蔵庫に保管して、晴れるのを待ちます。シケた日ほど豊漁とのこと。

干物日和は、晴れて風のある日が最高。木枠に網を張った干し枠に広げ、夏以外の三シーズンは日なたで、春秋ならおよそ二時間。めやすとして下側になっている皮が乾き、魚の身を指でさわるとピタッと吸いつき、ベトつかなくなったらできあがりです。夏場は直射日光にあてると酸化するので、風通しのいい日陰で。

干しあがったら、富士一丸水産では、店頭に並べるまでの間、保存と味を引きしめるため零下三〇度で冷凍します。

「肉色がうす赤く透明感があり、ひきしまった感じの開きがおいしいんだよ」と臼井さん。

機械干しが増えている

その伊東市から電車で一時間ほどの静岡県沼津市は、アジの干物の生産高では日本一で、総生産量のなんと五五%を占めます。こちらは機械干しがほとんど。東京の築地をはじめ関東一円に出荷しています。かつて東海道線開通の折、沼津を通り、伊東は本線からはずれたことが市場占有率の高い沼津と観光用干物に生きる伊東市という二つの対照的な進み方を生んだということです。

沼津のアジの開きは、済州島付近や対馬海峡で巻あみ漁法で獲られたアジが原料で、氷づめされ、午後二時頃トラックで九州を出発、翌朝、沼津でセリにかけられます。地元の駿河湾で獲れる地アジは高価なので、もっぱらタタキなどの生食向き。

沼津では、これまで使用されてきた熱風乾燥機から、家庭用エアコンによく似た除湿乾燥機に徐々に切り替えられているそうです。三〇度の熱風を吹きつける熱風乾燥機にはつやをつけるためにも酸化防止剤が欠かせませんでしたが、冷風除湿乾燥機には不必要だそうで、品質的にもいいものを作れるようになったというのが沼津魚仲介商協同組合の自慢です。

機械干しのメリットとして、安定した品質の干物を数量的にも安定して供給できることのほか、車の排気ガスを浴びないから天日干しよりも清潔だ、と利点が挙げられましたが、陽光をたっぷり浴びた干物を私たちの子どもや孫、もっと後の人々も食べられるように大気汚染を減らす方向へ向かうことこそが本当は必要なのではないかと、割り切れない気持にさせられました。重油を燃料とする熱風乾燥機、電気で動かす冷風乾燥機。そのいずれもがエネルギーを多消費するわけで、しかも重油を燃やせば環境を一層汚しますし、電気ならば、密度的にすでに世界一となってしまった原子力発電所を増やすことにも結びつきかねません。

いや、そんなに大上段に構えなくても、干物づくりは新鮮な魚と陽光と風さえあれば、失敗なく作れるのですから、挑戦してみましょう。初めて魚を開く人でも大丈夫。塩水でぬらした手のひらでアジの身をなでて肌をなめらかにして干せば、つやも舌ざわりもぐんとよくなり、とても初めての作品には見えないできばえです。

保存食として各地で発達した干物。けれども冷蔵庫や冷凍庫が一般家庭にも普及し、凍らせたまま遠隔地へ届けられるトラック輸送が主流になったことや、日本人の嗜好がやわらかいもの、低塩化に向ったことが、上干《じょうかん》と呼ばれる乾燥度の高い従来の干物を駆逐し、表面の水分をさっと飛ばしただけの現在の生干し全盛を招きました。干物はいまや保存食ではなく、料理法の一つのバリエーションに過ぎないわけです。ですから保存は必ず冷蔵庫で。

塩加減がおいしさの決め手

干物を作るには、魚を開き、塩をし、干すという三工程が必要です。開き方は、現在では腹開きが一般的のよう。

ポイントは塩。家庭料理の本には、振り塩が多く紹介されています。いっぽう釣りの本や業界向けの専門書は、塩水に浸す方法が圧倒的です。振り塩だと、塩の薄いところと濃いところができやすいのに対して、塩水ならまんべんなく塩味がつけられますし、大量に作るには能率的でもあります。家庭でほんの何枚かを作って干すには、手軽な振り塩の方が向いているかもしれません。両方を作ってみましたが、どちらも充分おいしく感じられました。

塩分濃度も、まちまち。海水程度の三%の塩水に三〇分ほど浸したあと、洗わずに干すのは釣り派。業者は一二〜三%の塩水に三〜四〇分ほど浸したあと、さっと水洗いしてから干しています。沼津では、飽和食塩水に浸しています。塩分濃度と浸しておく時間の長さがおいしさを左右するため、それぞれの業者ごとに工夫しており、魚体の大きさ、脂肪の乗り具合、気温にあわせて微調整しているということです。

「空気が乾き、気温が低く、風のある真冬ならば、塩をせずに干しても大丈夫」と書かれた本がありました。塩味をつけたい時は清酒百cc天然塩二〇〜三〇gを水で溶いた中に一〜二分浸します。その中に輪切りかすりつぶした赤唐辛子をひとつまみ加えれば、防腐剤の働きをするそうです。

干し方も二通りあります。吊るして干すのと、網に載せ、ほんのわずか傾斜をつけるのと。どちらも頭を上にし、身の側を太陽に向けておきます。自分なりの方法を工夫して下さい。

焼くときは背側から

〝強火の遠火〟は焼魚のコツですが、干物の場合も同じです。

身側を先に焼くと、崩れやすいので、背側から焼きはじめ、ある程度身が固まったら裏返します。焼く前に、背に酒をさっとハケでぬっておくと、皮がパリッと焼きあがり、香ばしくなります。

なお、辛塩の干物は酒に浸してから焼くと、塩気がやわらぎます。

カマボコ、チクワ

▼材料は季節の魚

●地場の新鮮な魚と土地の智恵の結晶であった練製品が、漁法加工技術流通網の近代化の中でしだいに形を変え、大量生産の簡便食品となってしまいました。暮しの中に生き生きと根づいていた昔の姿を取りもどし自然とのつながりを見習いたり、かまぼこを作りながら、そんなことを考えました。

材料 **季節の魚** たいていの魚が利用できるが、かまぼこの場合は白身で脂分の少ないものが最適

つなぎのでん粉 ジャガイモ、小麦、トウモロコシ、コンデンプンなど。片くりでも代用できる。魚の量の五%位 **塩** 魚の量の三%位。塩がしてある魚があるので味をみて加減する

道具 **板** 竹の皮やさらしを数枚合わせて下にフォイルを重ねたもので代用できる **細竹** または木かかねの箸

蒸し器 **すりこ木** **すり鉢**

7 すり身の作り方

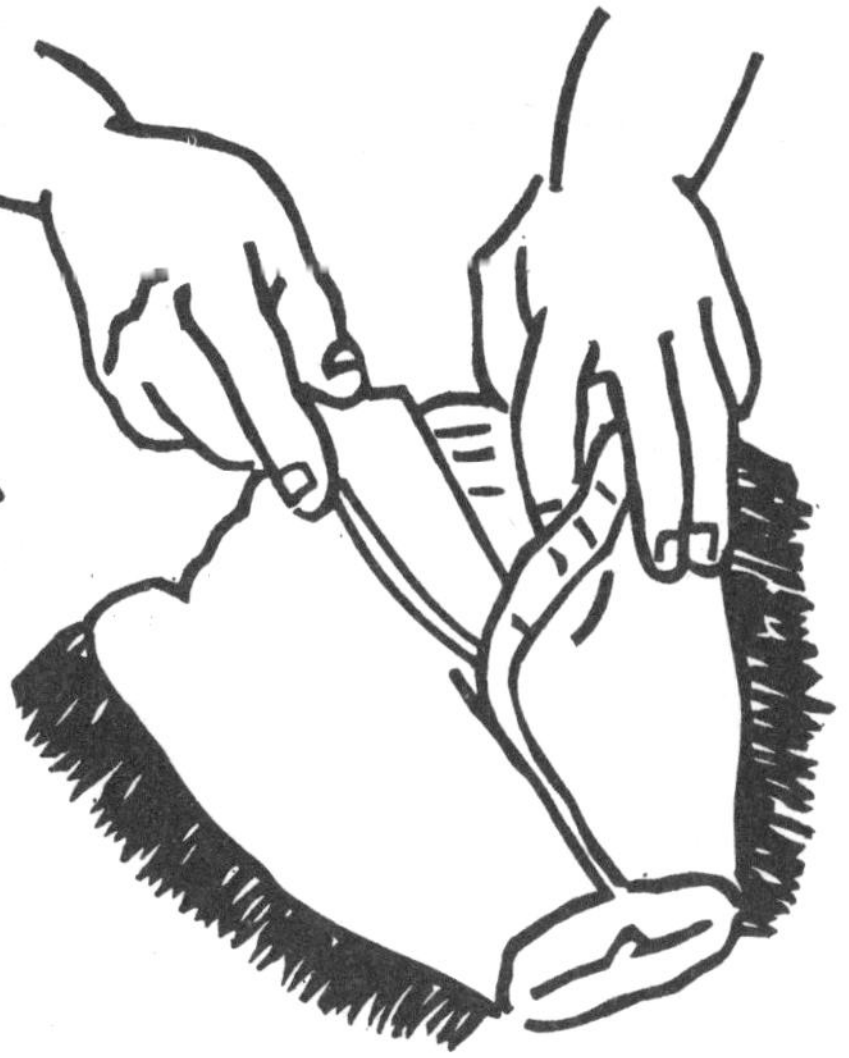

一 魚の皮と骨を取り除く。魚は一尾か片身で買うと切り身より割り安になる。600gくらいの量で中くらいのかまぼことちくわ各三本ができる。

二 身だけにした魚を包丁で細かく切り、さらによくたたいてすり鉢ですり易くする。充分にたたいておくとあとが楽。

三 よくたたきつぶしたすり身をすり鉢に入れ粘りがでるまで充分にする。このとき塩とでん粉を加える。鮮度のよい魚は塩だけで足(注)の強いものができるが、鮮度の落ちるものや冷凍魚のときは、でん粉を加えて足を強める。

足…かまぼこの弾力性、食べたときの歯切れのよさをいいます。

②かまぼこ

㊀でき上がったすり身を板などにのせて形をととのえ、室温で一時間くらい置くか、冷蔵庫で一晩寝かせて、すり身の座り(注)をよくする。

座り…魚肉に食塩を加えてすりつぶしたものをしばらく置くとタンパク質がつながり合ってモチ状になります。この状態を座りといい、座ったものに熱を加えると足の強いかまぼこができます。ただし座りすぎたものは加熱しても足がでないので適度に行います。

▲板の代用 さらしにフォイル

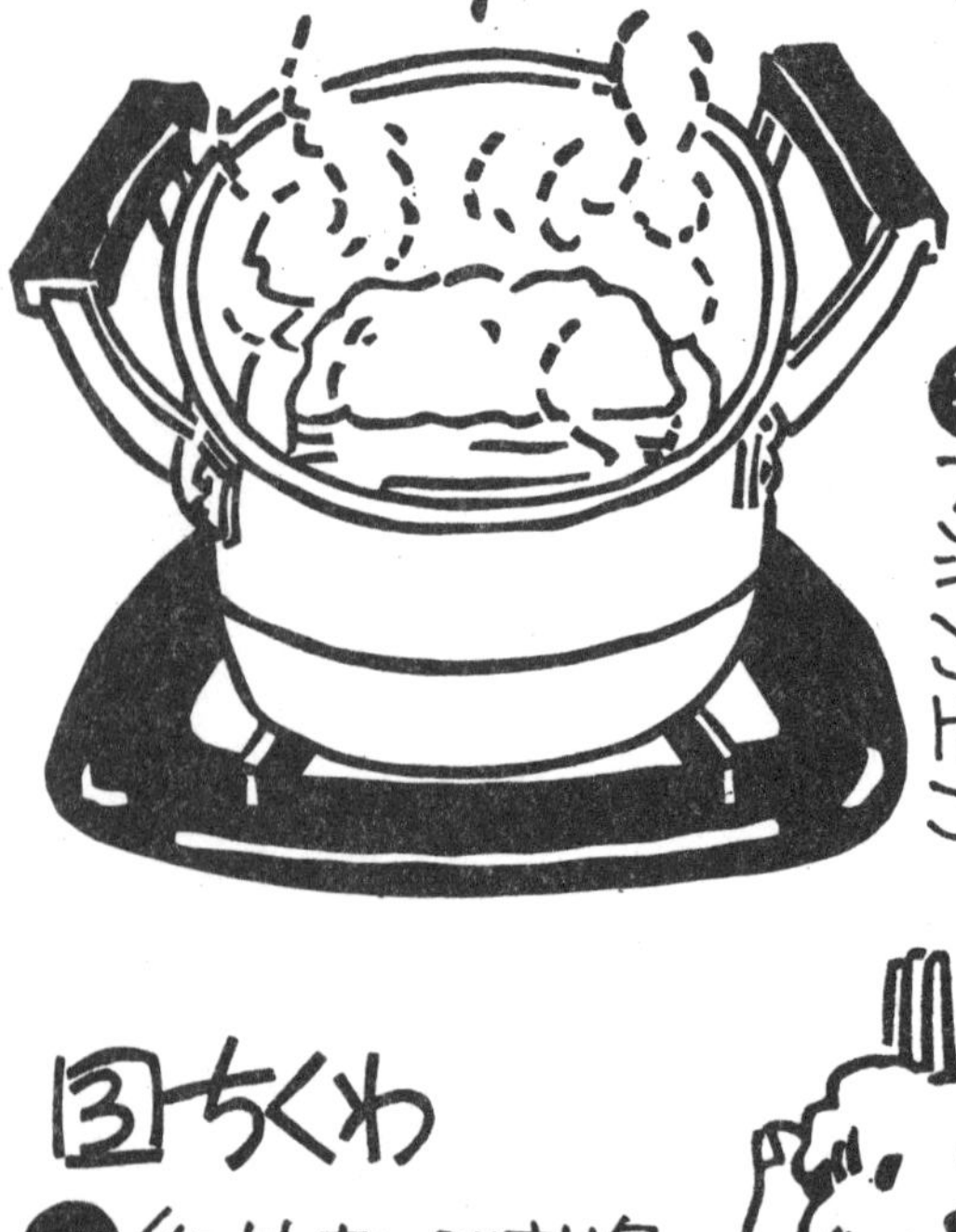

㊁蒸気の上がった蒸し器で20～30分(大きさで加減)蒸す。(=蒸しかまぼこ)このあとで焼いて焼き色をつけたり、初めから焼いてつくることもできる。(=焼きかまぼこ)

③ちくわ

㊀細竹などですり身を手の平でにぎるようにしてつけ、形をととのえる。

二 コンロに網などをのせた上で遠火でころがしながら焼き全体に焼き色をつける。

簡単だけどごちそうよ

そこにしかなかった変化に富む名産品

かまぼこやちくわといった練製品は、全国各地の沿岸地帯でそこに水あげされる魚を利用して作られ、土地の風土色を豊かにまとう食べものとして、古く(はっきりとしませんが少なくとも明治以前)から人々に親しまれてきました。

たとえば、仙台のささかまぼこ、関東の伊達巻き、小田原の蒸しかまぼこ、豊橋のちくわ、富山の昆布巻きかまぼこ、大阪の焼抜きかまぼこ、和歌山のなんば焼かまぼこ、山口の白焼きかまぼこ、島根の野焼きちくわ、鹿児島のつけ揚げというようにあげればきりがありません。使われる魚も、ヒラメ、グチ、オキギス、サメ、エソ、ハモ、トビウオ、イシモチ、マグロ、カレイなどさまざまで、こうした鮮魚で作る練製品は、魚の獲れる土地の人々やその近隣の限られた流通範囲の中で利用され、その土地の名産品ともなっていました。

このように地域性の強い食べものであった練製品が、現在では沿岸、内陸を問わず、それこそ日本全国いたるところあふれんばかりに出回っています。

子供のころは、近くの練物屋さんで買って食べるかまぼこ、ちくわ、はんぺんなどでさえ一つ一つ味も歯ごたえも違っていて、それぞれのおいしさを持っていましたし、また年に一度和歌山の知人が送ってくれるなんば焼は、そのどれとも違う味わいと歯ごたえがあり、いつも届くのが楽しみでした。こうした変化に富んだ練物の味はいつの間にどこへ消えてしまったのだろう。どうしたらあのなつかしい味をもう一度取り戻せるのだろう。そんなことを考え合わせながら、材料の組み合わせを変えて数種類のかまぼこを作ってみました。

魚は鮮魚の舌ビラメと冷凍のタラの二種類を使いました。つなぎのデンプンは鮮度がよければいらないということなので、入れるものと入れないものと両方作り、デンプンそのものはジャガイモデンプン・小麦粉デンプンといったものが手に入らなかったのでカタクリ粉で代用しました。さらにかまぼこの特徴の一つである食感（歯ごたえ）を比べるために、室温で一時間置いて座らせたもの（座りについては版画ページ参照）とそのまますぐに蒸したものとを作り、こうしてできた数種類のかまぼこに、市販品としてはかなり高価な部類に入るかまぼこを加えて、それぞれの味と歯ごたえを比べてみたのです。その結果は目を見はるほどのものがありました。

冷凍魚ではうまくない

　まず、鮮魚で作ったものと冷凍魚で作ったものの味を比べると、魚種が違うので当然魚の味は違うわけですが、もっと根本的な味、風味、こくといった点で大きな差がありました。もともとタラは特にうま味のある魚というわけではありませんが、それにしても冷凍魚で作ったものは、味が水っぽく、風味が薄いのです。ところが、その冷凍のタラで作ったものでさえ、市販のものと比べると魚の味、うま味とも上と感じてしまいました。市販のものは、味に特徴がなく、魚のうま味もありません。

　次に冷凍魚と鮮魚の両方に、デンプンを入れたものと入れないものを作り比べました。冷凍魚だけのものは、食べたときパサッとしてすり身を寄せ集めて固めたような口あたりで、デンプンを入れた方が多少なめらかなかまぼこらしい感じがしました。鮮魚の方も同様で、やはり水あげされてすぐの魚が手に入りにくい町中で作るなら、デンプンを入れた方がよさそうです。

歯ごたえに満足、満足

　最後は前の二つの条件に、練り上げて形を作ったあと一時間室温に置いて身を座らせてから蒸すというのと、座らせずすぐに蒸すという違いを加えて比べました。細かい比較は抜きにして結果を述べますと、一時間置いて座らせたものはしっかりと弾力性のある食感（歯ごたえ）で、置かないものと比べると口に入れて噛んだとき、しこしことしたかまぼこらしい味わい（単に味の面だけではない）がぐっと深まりました。この歯ごたえに関しては、市販のものはむしろ弾力性がありすぎるようで、しこしこというよりは極端に言えばゴムを噛むようなグッグッとした歯ごたえに思えました。

　練製品は作り方の手順は案外と簡単ですからぜひ一度作って市販品と比べてください。単なる品数増しではない〝御馳走〟としての練製品の姿がそこに現われてくると思います。

こうした風味豊かな練製品がなぜ、どんな過程を経て今のように変っていったのか。その辺りをもう少しくわしく知りたくて練製品と魚、さらには漁業と流通の変化についても少し調べてみることにしました。

漁業を追いつめる技術革新、広域流通、乱獲

現在市販されている練製品は、原料の約七割がスケソウダラを中心とする冷凍すり身です。スケソウダラはもともと足が早く（傷みやすく）、しかも冷凍するとタンパク質変性が起き、解凍しても身がスポンジのようになるというやっかいな魚で、メスのスケソウダラから腹子であるスケコをとる以外は魚粉にするくらいのものでした。ところが昭和三十年代における冷凍設備の近代化と冷凍すり身技術の開発で一気に漁獲高のトップに躍り出たのです。安いがまずい魚だったスケソウダラが近代技術によって安くて便利なすり身に変身、手軽で便利で適度においしい練製品の原料として、おりしも全国的に整備され始めた道路網、交通網に乗り、全国各地へと出荷されていったのです。こうして全国画一の練製品の味が作り出されました。

こうした食生活の平板化に加えて、冷凍すり身は加工時にタンパク質変性を防ぐため、ソルビット、グルコース、リン酸ソーダといった変性防止剤が混入されますし、脂分や水溶性タンパク質を除くために水洗いしますからうま味が失われ、それを補うために化学調味料を加えるといったことも行われます。

また漁業の面をみてみると、近代的冷凍設備や加工設備を充実させた大型船化の道を進んだために、必然的に経費がかさみ、それに見合う水あげが必要となって、そのため航海は長期化され、長期化した以上は満船にしなければ帰れない→乱獲→資源の荒廃→魚体の小型化→生産時の歩留り低下→値上げ→他の漁場への進出→経費の増加といった堂々巡りを繰り返しているのです。こうした不自然な形の漁業と便利な流通と近代的技術の上に作り出される練製品。

このように少し調べただけで、あまりにも大きな力と大きな流れの中に取り込まれ工業製品のごとくに扱われている練製品、いや魚の姿が見えてきました。

この巨大な力の前では微々たるものでしかありませんが、せめて私たち一人一人が季節感や風土を大切にした食べものを自分の手で作っていくことで、海に働く人々の暮しに少しでも近づこう、そうしたつながりの中から失われたものを取り戻したいとの思いを強くしました。

秋冬

柿酢

●ことさら身構えるわけではなく、季節の移りかわりやその年ごとの自然の在りようを、そのまま自分の暮しの中に取り入れ、生かしていく。そんなゆったりとした流れの中で作られ、使われてきた柿酢。年に一度、いや生り年に一度の豊かな実りを生かす手づくりです。

材料 柿の実

甘柿でも渋柿でも可。いくらか熟した実の方が良く、青くて固いものは避ける。その他、イチジク、リンゴ、ブドウ、ビワ、モモ、ナシなど甘みのある果実なら何でも利用できる。量の目安としては、柿四キロで二ℓくらいの酢がとれる

容器 木の桶　漬け物おけ　かめ

ガラスびん　など、鉄製のものは不適

㊀　まず仕込み。汚れをとり、ヘタを切り落した柿の実を丸のまま、容器（きれいに洗って日干ししておく）につめ込む。柿の実を水洗いする場合は、水分が入らないほうがよいので、よく水を切る。柿は容器の中で熟柿になり、つぶれて発酵が始まる。早く発酵させたいときは、柿をつぶしておくとよい。

ビンの口は紙か布でおおう

㊁　つぎは発酵。容器は比較的暖かなところ（直射日光はさける）に置く。二週間ほどで発酵が始まり、一カ月くらいして泡がでなくなると柿酒になっている。この柿酒がこんどは酢酸発酵を始め、酒から酢に変わっていく。表面に白い薄い膜、あるいはゼリー状の膜（酢酸膜）がはり、酢っぱい匂いと味がしたら使える。できれば一年くらい置いた方が風味が増す。

㊂ 使うときは、容器の中へ目の細かいザルなどを入れ、中にたまる酢を汲み出す。

㊃ 保存する場合は、布などでこし、ビンにつめておく。寝かせておくと年ごとに味にまろやかさとうま味が増し、色も濃いこはく色に変わっていく。

※ 発酵の進み方は、土地の気候や条件(置き場所や柿の状態)によって一様ではない。寒い地方ほど時間がかかる。

酢っぱさは実りの秋の置き土産《みやげ》

たくさんあるから生かしたい

　田舎の庭の柿の木は、豊作には枝も折れんばかりたわわに実をつけ、食べても食べても追いつかず、鳥につつかれ、熟柿になって落ち、最後の幾つかはだめになってしまいます。そんな年には町中の我家にも、柿がどっさり送られてきます。無駄にしないようあちこちに配ったり、日に日に柔らかくなる柿と毎日にらめっこ。干し柿に、熟柿はヘタをとり冷凍庫で凍らせてシャーベットに、といろいろやってみるのですが、少しの間に幾つかはぐちゃぐちゃです。何かよい手はないものかといつも嘆かされていました。

　そんなところへ知人から柿で酢を作る話を聞き、また、雑誌に簡単な説明を見つけたのをきっかけに、去年は余って熟柿になった柿をビンにつめて冷蔵庫へ入れておいたのです。奥の方にしまったためそのあとすっかり忘れていたのですが、柿の季節が近づくとともに思い出し中をのぞいてみました。柿の実はビンの底に少しちぢんでかすのようにたまり、上は澄んだ液体で、表面に薄く白い膜のようなものが張ってプンとすっぱい匂い。なめてみると少し甘くかすかに柿の味がする酸味のきつくない酢になっていました。何しろヘタもとらずに放り込んで約十カ月、中も見ずに放っておいただけです。こんなやり方でできるのなら今年はもう少しちゃんとやってみたいと、昔から柿酢を作っておられる方たちにお話をうかがいました。

三年たてばコハク色

　岐阜県益田郡で自然養鶏を営まれる中島正さんは、二十年来毎年柿酢を作っておられます。中島さんの家の庭や山あいに十本ほどある柿の木は、せん定もせず肥料もやらずにほおっておいても、隔年毎の生り年（一年よくできると次の年はあまり生らない）にはたくさんの実をつけ、一升ビンに七〜八本の柿酢ができます。秋に色づいたくらいの柿の実をさおでたたき落とし、汚れとヘタをとって丸のまま桶につめ込むのですが、このとき、前年に作った柿酢の上に白い膜（酢酸菌の膜）が張っていればそれも「酢種」として柿の上にのせ一緒に仕込むそうです。仕込んだ桶は紙などで蓋をして納屋の二階に約一年寝かし、でき上った酢は次の年の秋に、濁らないよう（膜が張っていれば端へよせて）そっと上澄みをすくい汲み出します。これを布でこして一升ビンに保存、熟成させるのです。三年たった柿酢を飲ませていただきましたが、香りも味も米酢に負けない

うんすけ

おいしい酢でした。色は澄んだきれいなこはく色、「柿がこんないい酢になるのか」とうれしくなってしまいました。

　ところでこう書いてくると手間もかからず簡単にできるように思える柿酢ですが、中にはうまくいかないこともあります。中島さんも失敗されたことがあり、それも見せていただきました。うまくできた柿酢はしわのよった少し黒っぽい柿色の実が底に沈み上は澄んだ酢になっているのに比べ、失敗した方は全体が黒くべたっとした感じで、かびっぽい臭いがしていました。その年は〝かめ〟に仕込んだ方がだめで〝ポリの漬物桶〟の方はうまく酢になり、同じように作ったのに何故〝かめ〟だけだめだったのかはよくわからないそうです。

　このとき種酢として使われる酢酸膜も拝見したのですが、それはつるっとした厚めのゼリー状のものでした。これについては後日談があります。その後柿酢について調べていたとき、農業新聞に「柿酢（市販品）の新製法」という記事を見つけ、その中に「白いコンニャク状の不純物が出なくなる」という一文があったのです。くわしいことが知りたくて、記事中の研究所に問合わせたところ、

「コンニャク状（ゼリー状）の固い厚めの膜は酢酸菌には違いないが良い菌とはいえず風味が落ちます。良い菌は箸でつつくと破れるくらいの薄いもので、種酢にするときもスプーンですくいとります」という説明をうけました。

「でも、そのゼリー状の菌を使って作った柿酢を飲んだのですが、とてもおいしかったですよ」と言葉をかえすと、

「まあ、全くだめということはないでしょうが良い菌ではないですよ。それに、その菌を種酢にするとあともずっとそれが出ますから、良い菌ができるまでは少しずつ分けて作る方がいいでしょう」とのこと。

　このことを中島さんにお話ししましたら、

「私は専門家でないですからはっきりしたことは言えませんが、膜の薄い厚いはありましたがとにかく膜のできた年の酢はできが良かったですよ」とおっしゃっていました。

残った〝かす〟も土に返して

　もうお一人、大分県下毛郡の松田和子さんの柿酢作りはお母さんから続いています。松田さんの場合はまとめて仕込むのではなく、その年の生りように合わせ、一つ、二つと熟柿になって落ちた柿を拾い集め、「ぐり（＝うんすけ）」という名の肩に注ぎ口のついたかめに入れていくのです。柿は川底柿という水分の多い渋柿だそうで、拾った柿の汚れとつう（へた）をとり、かめの上の口から放り込みます。これを続けていくと、そのう

ちかめの中からぶくぶく音が聞え、柿を入れるときにのぞくと小さな泡がたくさん見えるようになります。それも入れる柿がなくなるころにはすっかりおさまり、冬場には甘いような柿の味の残る酸味のゆるやかな酢ができ上がります。これをかめの肩の口から注ぎ出し、そのまま「お酢っぱい（酢のもの）」などに使うのです。たくさんできた年は人にあげたりして次の年の秋までには使い切り、底にたまったかすは畑（土）に返します。空いたかめはきれいに洗って日に干し、また新たに柿を入れて、を繰り返します。

「捨てるのはもったいないから酢にするんですよ。子どもの頃から自給自足みたいな暮しだったし。余れば土に返して、在るものを在りように使っているだけ」

松田さんの暮しの中には季節が息づいているようでした。

雪あられ

カラカラに干し上げず、少し軟かめに干した吊し柿を使う。１㎝角のころころに切ったり、３つ４つの短冊切りにしたり、手綱コンニャクのようにしたり、柿をいろいろな型に切り、これを切りワラの中に入れておくと、切り口も外側も全部まっ白に粉がふき、花が咲いたようになる。

渋柿の味噌漬

青い渋柿を洗ってヘタをとり味噌に漬ける。２カ月くらいしたら取り出し、薄く切って食べる。皮が気になるときはむいてください。

大豆の柿酢漬

大豆は洗って１時間ほど水につける。少し軟らかくなったら水を切り、好みの量の黒砂糖か蜂蜜を加えた柿酢につけ、１週間ほど置いてから食べる。

柿なます

❶大根は鬼おろしでおろし、塩をまぶしてから味を抜き、水洗いし、軽く絞る。
❷柿は皮をむき、２㎝くらいに切る。（干柿の場合は、２〜３㍉の薄切りにする。
❸大根おろしと柿を酢、砂糖、塩で和える。

酢のもの

ヒジキ、ワカメなどの海草の水気を切り、柿酢と黒砂糖（または蜂蜜）を合せた中に漬ける。２、３日で食べられる。

柿の皮の天ぷら

柿の皮（甘柿、渋柿どちらでも）を厚目にむき、短冊に切って天ぷらにすると甘くさっぱりとした酒のつまみ、子どものおやつにもなります。カロチンも豊富です。

（東京都墨田区の本多由美子さんより）

大和路

干柿の種を除き、中に刻んだ落花生、ゴマ、柚子の皮などをつめ、天ぷらの衣の少しかためにに作ったものをまわりにつけて揚げ、１㎝の輪切りにして食べる。口取などに。

醤油

●一年、三六五日、これなしの食事は考えられないのに、大工場に頼りきりになっている醤油を、少しでも身近にたぐり寄せたい。そんな勢いも手伝ってとりかかった手づくりですが、大豆と小麦から醤油へのドラマは、千の料理をつくるにも等しい楽しさで、現在も静かに進行中です。

材料 大豆 小麦 水 大豆と小麦の合計量（元石《もとこく》という）と同量の水。塩は水の半分の量 種コウジ 元石の一〜二％程度

道具 コウジぶた 木枠にすだれなどを敷いた底の浅い箱がよい 仕込み用のタル 絞り用具、麻またはさらしの袋 一升びん 保存用

①コウジをつくる

（醤油コウジ作りは、前の「コウジ」の項もあわせてごらんください）

㊀ 大豆はたっぷりの水に一晩つけた後、指で押してつぶれるくらいの柔らかさになるまで煮て、人肌にさます。

㊁ 小麦は歯でかんでコリッと砕けきつね色になるまで炒る。大豆の水分を吸いとらせるために炒る。焦げやすいので、大型の鉄なべなどがいい。

㊂ 炒った小麦を引き割る。石臼で引き割るのが最適だが、ミキサーやコーヒー挽きでもよい。必ず引き割らないと、モロミを二夏置いても小麦の粉が残る。

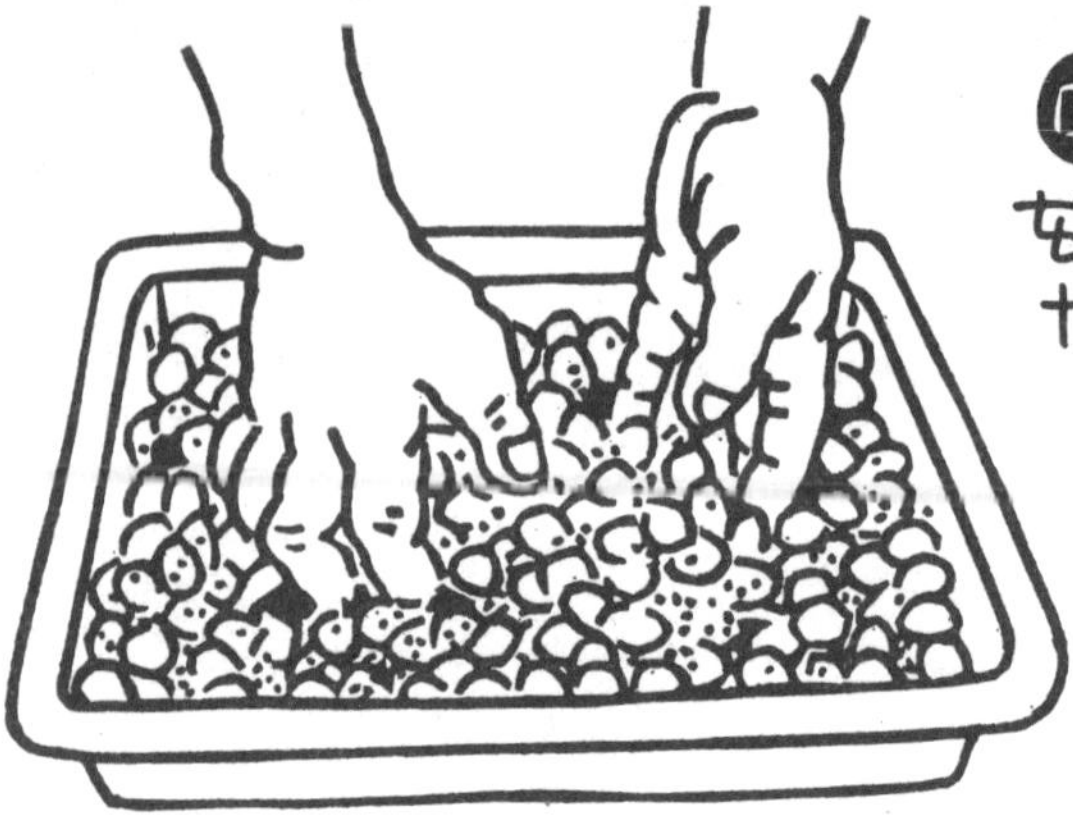

㊃ 水切りした大豆と小麦を混ぜ、さらに種コウジを加えてよくかき混ぜる。

㊄ ㊃をこうじぶたなどの容器に盛り、人肌程度の温度に保つよう工夫しながら、温め続ける（下図）。

コウジ菌のもっとも繁殖しやすいのは、室温25〜28度、湿度80〜90%。

保温方法

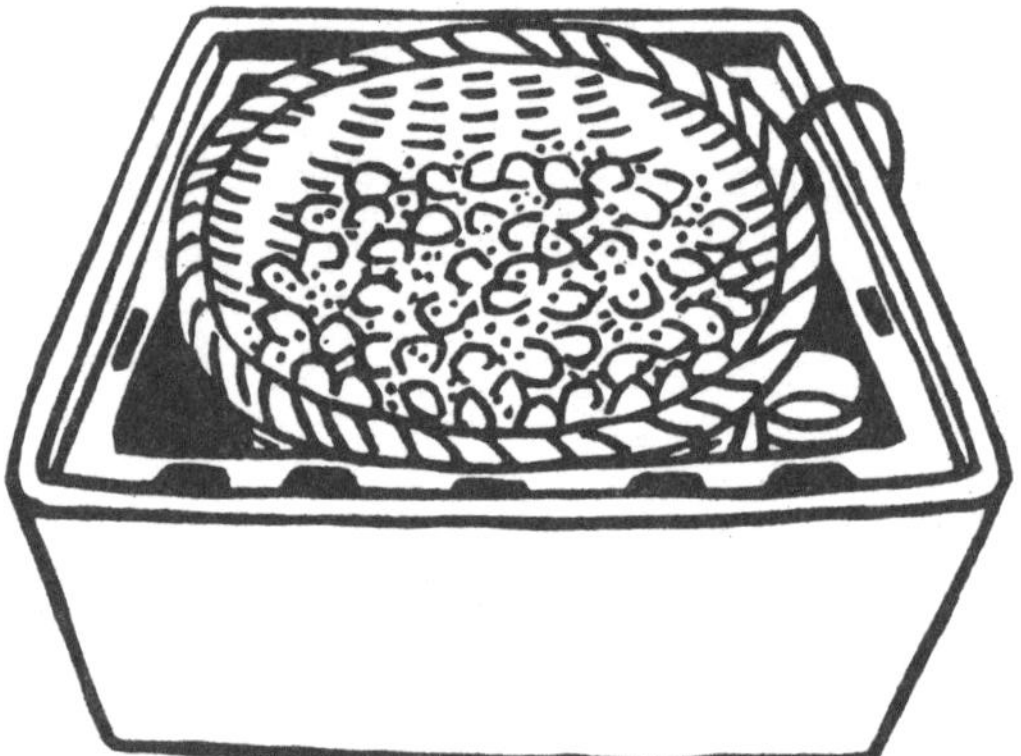

※発泡スチロールの箱を利用

② 手入れ

❶ 一夜越すまでは熱を逃さないよう布で包む。

❷ 二日目の朝、コウジ菌はどんどん繁殖しているので、かたまったものをほぐして平らにし熱を下げる。夕方、再度ほぐしてさます。

❸ そのまま丸一日置く。

四 四日目の朝、出コウジとする。コウジ菌が低めの温度で繁殖すると白っぽくなり、高めだと黄緑色または緑褐色の醤油コウジができる。

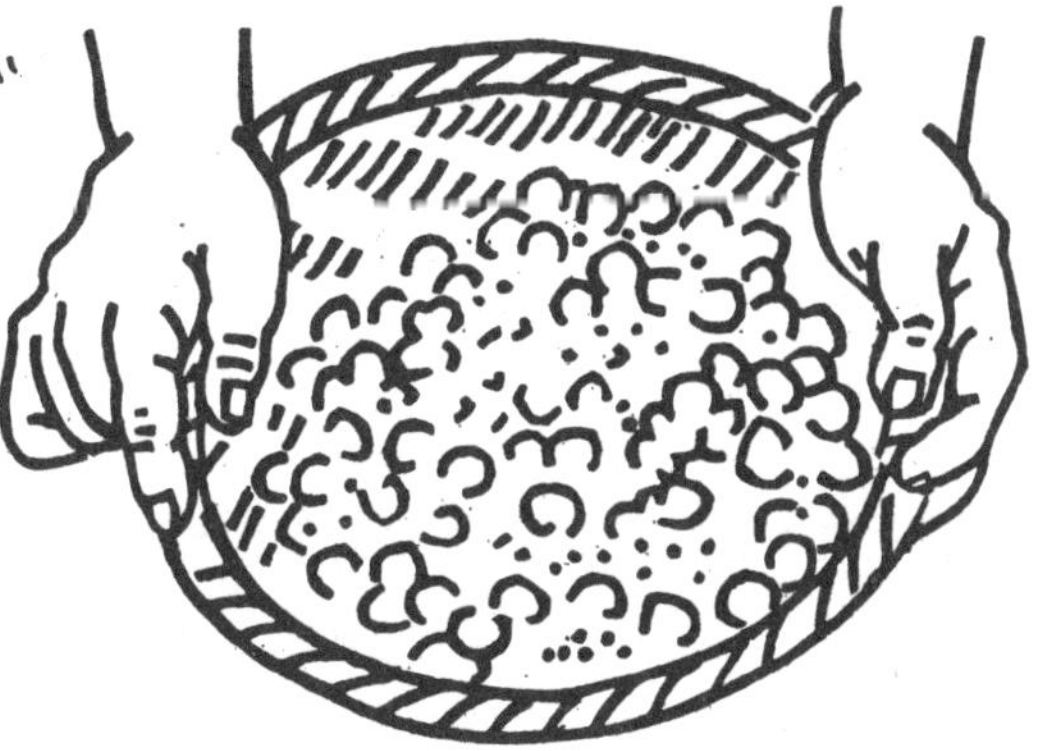

③ もろみを仕込む

一 出来上がったコウジをほぐし、仕込み用のたるに入れ、あらかじめ作っておいた塩水に入れて混ぜる。

二 モロミは、丸大豆が分解する二夏を越すまで寝かせる。熟成を助け、カビを出さないためにも、棒でこまめにかきまぜる（かい入れ、という）。

④醤油を絞る

㊀絞りやすいよう、煮たつ直前までモロミを温める。

㊁麻袋に入れ、絞り機にかける。または手で絞る。一番絞りの後、絞り粕に湯と17%の塩水を加えて再び絞る。

これが二番絞り。三番絞りまでできる。絞り粕はぬか床に入れると、ぬか漬けがおいしくなる。

㊂殺菌のため火入れをする。煮たたせると風味がなくなる。一、二、三番絞りごと別々に一升びんに保存する。

木曽谷の醤油絞り

麻袋に詰めたモロミを絞り機の箱に入れ、上に厚めの板を置く。ジャッキでゆっくりゆっくり締めていくと、使い古された絞り機の下についている口から醤油が絞られてくる。冬の木曽谷にいい香りがただよう。

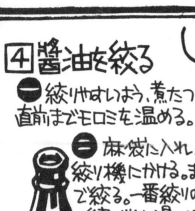

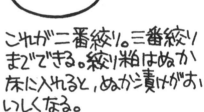

ちょっと手強いけど作りたい

赤ん坊を育てるように

「醤油も各家で作り、晩秋に搾った」の一行のあった『くれぐしの里―奥会津回顧』(書肆舷燈社刊)の著者、五十嵐キヌコさんにお会いしました。今は、ご両親を故郷から呼んで生活の基盤は東京に移していますが、戦前までは畑で収穫した大豆から自分の家で作っておられたとのこと。ここでご紹介した醤油の作り方は、五十嵐さんとお母さんが記憶をたぐりながらおしえてくださった方法と後述のキッコーゴ醤油、近藤さんのお話を参考にしました。

　お話を聞いて印象的だったのは、仕込みと絞りの時期のことです。冬が終り、農繁期の近い春先、まだコタツを使っている頃がどの農家でも醤油の仕込みの時期。そして秋の農作業が一段落着いた頃に前々年に仕込んだモロミを絞り、家族が一年間使う醤油を作っていました。六〇軒くらいの村には一軒のコウジ屋があって、味噌や甘酒用のコウジを自分の米とひきかえに作ってもらっていました。醤油も味噌や漬物と同様、畑で収穫した農作物の加工品。それを農繁期を避けて作る――そんな暮しのサイクルで村は生きていました。

　〝一麴《きく》、二濯《かい》、三火入れ〟といわれるように、コウジ作りは非常に難しいと思っていたのですが、五十嵐さんのお母さんは、

「赤ん坊を育てるみたいに絶えず手を入れて温め続けるの。蚕を育てるのに比べると、どうってことない」と。

　道具も蚕の棚や箱をコウジ作りに一時借用します。コウジぶたは「きりため箱」。厚さ十センチくらいの蚕用ですが、コウジ用に底に茅《かや》で編んだスダレを敷いて使い、はしごを両側に立てて間にサオを入れ、この上に置きます。日頃使っていないいろりに火を入れて臨時のコウジ室《むろ》にしたこともあったとか。「あんまり神経質になる必要はない」の一言で、気軽に醤油づくりができそうに思いました。こうしてコウジができることを「まっ白に花がかかる」といい、できあがったコウジは「醤油の実」といいます。土蔵の入口の一画にモロミが仕込んであり、出入りのたびにかき回して二年間寝かせます。子どもの頃、ごはんにモロミをかけてもらうとそれはごちそうだったと、五十嵐さんはおっしゃっていました。

どうなっているの、醸造法

　仕込みから醤油絞りまでの全工程を自分だけでやるのではなく、村にコウジ室があり共同で仕込む。あるいは絞りだけは年季の入った

職人さんにたのむとか、部分的な分業で醤油づくりをしていたという話も聞きました。それを受け継いで、何軒か分をまとめて仕込み、モロミは各自で熟成させた後、絞りを共同でやっているグループもあります。しかし、全体の消費量からすれば微々たるもの。流通経済に乗った工場生産品が主流です。

　醤油は年間（一九八三年）一一九万トンが生産されていますが（農水省『作物統計』）、このうち五〇％は大手メーカー五社に占められています。いっぽう原料の大豆のうち一五〜一六％は醤油とならない油分。大豆から大豆油を絞った後の脱脂加工大豆は歩留りがよいうえ、二年も待たないで醤油に加工できます。さらに、輸入大豆は値段が安く、国産大豆六〇キロの値段で輸入ものは一トンも買えると聞きました。現在、特に表記のない限り、輸入ものの脱脂加工大豆が原料として使われていると思ってもさしつかえないでしょう。

　国産の丸大豆と小麦を使ったとしても、天然に発酵させたのでは永い期間が必要なので、三〜六カ月で醤油ができるさまざまの「速醸法」が開発されています。また原料中のタンパク溶出率を高める「新式二号法」という半化学半醸造式の製法もあります。いっぽう醤油といえば発酵食品だったはずですが、「味液《みえき》」（味の素㈱製のアミノ酸液）を利用した発酵させない醤油も出回っており、一口に醤油といっても、調べれば調べるほど骨抜きされているという感もしてきます。

　昨今は〝本物志向〟ブームによって「本醸造」とわざわざラベルに記した製品も見かけるようになりました。農水省のJAS規格では、原料、醸造方式、醸造期間などについては特に表記しなくてもよく、生産者の良心を信じる他に方法はなさそうです。

　醤油となって店頭に並ぶまでには、数多くの食品添加物の使用が可能です。

　火入れの際に防黴剤やさまざまの甘味料、旨味料が使われ、ミリンやアルコールも添加されます。独特の化学臭はあるものの増味増量剤としてのアミノ酸液もよく使われています。その他、おり下げを促進するおり下げ剤、ろ過の際にろ過剤なども用いられます。

やっぱり丸大豆に限るね

　昔ながらのやり方で作られる醤油は、はたしてどのくらいあるのか、その実情はつかめません。東京都五日市町の「キッコーゴ醤油近藤醸造元」は三代続いている醤油屋さんです。若い当主、近藤功さんにお話をうかがい、工場を見学させていただきました。

「脱脂加工大豆だとひと夏で充分なんだが、丸大豆は二夏越すんですよ。場所もとるし。ネックですねえ」

　経営上の問題などから、そば屋

などに卸す業務用には脱脂加工大豆も使っているものの、それ以外は、埼玉や茨城産の大豆と国産の小麦、自然塩を使い、昔ながらの製法で醸造しています。

　コウジの仕込みは毎年、三〜五月と十〜十一月の年二回。コウジ菌の繁殖には温度の管理が必須です。その日の夕方に盛り込み、翌朝の一番手入れでは盛って固まったものをほぐし、夕方の二番手入れで再度ほぐす。そのまま丸一日置いて四日目の朝が「出麹」といってコウジの出来上がりです。現在のコウジ室はサーモスタット付きの機械を使っていますが、それでも気をゆるめられません。

「おやじの頃までは手作業とカンでやっていたわけですが、それだけ深みのある醤油ができていましたね」

　醤油絞りまで二夏を過す間は、カビを出さないよう、夏場には三日に一回、冬場は一カ月に一度攪拌します。工場の裏手の蔵には直径二・六メートル、高さ二メートルほどの大きな木樽が並び、モロミがじっくりと熟成しつつ、時の過ぎるのを待っています。

　コウジぶた、圧搾器、さまざまな形の桶、昔の道具、現役で活躍中の古い道具……。

「いまの子どもたちは、醤油が大豆と小麦からできていることを知らないんですね。学校からときどき社会見学に来るんです。そのためにも道具や工場をキチンと整理して、醤油のことをわかりやすくしたいと思っているんですよ」

　近藤醸造元の醤油は消費者団体や学校給食用、また中元、歳暮などの贈答用にも喜ばれています。

（近藤醸造㈱＝東京都あきる野市山田七三三　TEL〇四二─五九五─一二二一

〈参考資料〉

『醸造学』講談社

『しょうゆの本』柴田書店

木曽谷の醤油絞り

　ピンと張った空気と、乾いた雪が、街道の古い家並をつつむ——。信州・木曽谷の冬はまた、醤油絞りの季節でもあります。七〇〜八〇年はたつだろうといわれる旧式の絞り機を持って、このあたり三五軒ほどの醤油絞りを引き受けているのが、妻籠《つまご》で民宿を営む伊藤博文さん（五十七歳）です。

　朝の九時から始まって、午後四時近くまで、四釜分のモロミを絞ります。大豆と麦とでモロミの仕込みにかかる作業は、雪どけの頃になるということで、残念ながら拝見できませんでした。

暮しに生きる手づくり

　お邪魔したのは一月下旬、伊藤さんの家から二〇〇メートルほど先の隣家の醤油を絞ることになっています。庭にしつらえたかまどに、二抱えほどもある大釜がはめられ、どろりとした赤茶色のモロミがいっぱいに入りました。

　このモロミを温め、麻袋に入れて絞るのですが、永い間働いてきた絞り機は、あちらこちらと補修がされていて、ていねいに使いこまれたあとがよくわかります。

　二年ほど前、絞り機を新しくしようと思い、おおきな欅を切って生《なま》っ気を抜いているのですが、老指物《さしもの》師は、まだ組むには早いからと、仕事にとりかかってくれないのだそうです。そんなわけで、この絞り機にはもうひと頑張りしてもらわなくてはなりません。

「モロミがよく出来たときは、絞った液も澄んでいて、早くスーッと出るから、あんまし力もいらん。コウジが黄色くなったりして発酵が進みすぎると、モロミが粘って、絞りにくいんだ」

　うまくいったときには一日に二軒分の仕事ができるそうです。

「モロミをこうやってかきまぜて(熱して)いるときの、この香りでもうわかるけんどな」

　この日のモロミは「少し粘って絞りにく」く、原因は「やっぱりコウジの花が咲きすぎて、そいでそれを固まったままにしてほぐさなかった」ことにあるようです。

　この釜にたっぷり二つ分のモロミ、これでだいたい一年分、一升ビン六〇本くらいの醤油がとれます。二番絞りまでやって合計四回分を絞り終ったのが四時近くでした。

　このお宅でも、伊藤さんの家でも、大豆からモロミに仕込む作業まで自分の家で行いますので、小さなムロも持っています。

手作りはずく惜しんでたらできないですよ

　伊藤さんの家では、米や野菜、そのほか生活に必要なものは出来るだけ手づくりにしており、「年金もなく、このからだを使って死ぬまで現役でやっていくだけ。できるだけお金に頼らない暮しをしたい」というのが生活信条です。

　高度成長期にさしかかった一九五九〜六〇年ころから、雨もりする屋根を修理する人もいなくなるといった、小さな町や村をおそった過疎化現象は、この木曽地方も例外にはしておきませんでした。演劇活動や青年団活動を通して地域の文化活動を担ってきた若い伊藤さんたちはガクゼンとするのですが、仲間たちとのたび重なる激しい討論の末、あくまでもここの土地での暮しにこだわっていこうという決意が確認されます。木曽は、島崎藤村ゆかりの地。また中山道という歴史の舞台もある。近代化ではこの土地は生き残れまい。それならいっそタイムカプセルで行くのもと、町当局への働きかけが開始され、ようやく一九六八年、全国に先がけて《妻篭宿》などの歴史的街並保存事業が実行に移されます。

「妻籠ではいま、喫茶店、コーヒー屋、ラーメン屋って、許してないわけ。でも、オレたちがもう物言えんようになったら、喫茶店もできるだろうし、これから先は若い衆の考え方でやっていくだろう。そこまではねぇ…」

夜、お酒をやりながら、一週間ほど前に獲ったんだといって、まだ完全に乾ききっていない熊のい(胆嚢《のう》)を見せてくださったのですが、伊藤さんたちのガッシリした生き方と、都市に住む私たちの日常との間に横たわる距離を考えさせずにおかない妻籠での二日間でした。

(民宿「こおしんづか」 長野県木曽郡南木曽町妻籠宿 TEL〇二六四―五七―三〇二九)

丸ごとの大豆がうまみを作ると思う

紀伊半島を和歌山市からさらに南へ下った海沿いの町、御坊《ごぼう》市。醤油発生の地とも言われるこの町で、堀川屋野村は江戸時代から醤油を作ってきました。いま、三十八歳の若主人、野村太兵衛さんが父親から技術と精神を受け継いでいます。

「煮豆としてもうまいもんでなければ、いい醤油にはならないと思うてます」といいながら、野村さんが、大きなひしゃくですくった大豆からは、やわらかな湯気とふくよかな香りがたちのぼります。

「私は、親父のやり方を受け継いで、これ以外に作りようがなかったから、このやり方でやってきたんです」

その野村さんの作った醤油は、澄んだ香り、キリリとした味が特徴です。原料調達への努力、手をぬかない、ていねいな作り方にこだわり続ける姿に、いい物は大事に使いたいと思ったのでした。

(堀川屋野村=和歌山県御坊市苑七四三 TEL〇七三八―二二―〇〇六三)

微生物の世界からみた醤油

醤油が味噌と違うところは、水分が多く、ろ過した液体のほうが醤油となるため、味噌ほど生きた菌がうようよとはいないところです。しかし、菌の成分はたくさん含まれ、いくら上手にアミノ酸を組みあわせても、何が含まれているかさえ未知の部分が多く、菌の成分の豊富な天然醸造の醤油にはとてもかないません。

現在わかっているだけでも、天然醸造の醤油には、二リットルに対し二〇グラムもの天然グルタミン酸が含まれているとのこと。それに、コウジ菌が分解したアミノ酸はからだに吸収されやすく、からだに必要な塩分も無理なく補給されるといいます。コウジはまた赤痢菌やチフス菌、コレラ菌といった有害な菌を殺す「酵素」を作り出す大事な働きもしています。

うま味の決め手である窒素含有量に差がないから、脱脂大豆で充分といわれてきたことも、大豆に含まれる油分がアルコール発酵していくときに、微生物の働きを受けることが証明されてきていますし、脱脂大豆醤油には醸造用アルコールが添加されますが、丸大豆では自分自身で作りだせるのですから、もちろん必要ありません。上質な醤油ほどアルコールが多いことはよく知られており、JAS特級規格には「アルコール分〇・八%」という条件もあります。

グルタミン酸ナトリウム

グルタミン酸ナトリウムが、昆布の浸出液から「うま味」として抽出されたのは一九〇八年(明治四一)。現在の製造法は「発酵法」ですが、これはサトウキビから砂糖をとる際の副産物、悪く言えば残りカスである糖みつを主原料に作られます。一食分の天然だしの価格が花カツオを使うと約一八円、パック入り削りぶしだと約五〇円であるのに対し、粉末・顆粒の化学調味料は約二円と安価なのが納得できます。

グルタミン酸ナトリウムの国内向け供給量は八三年見込みで七万六〇〇〇トン。内訳は業務用が六五%、家庭用が三五%となっており、業務用のうち料理・飲食店用をのぞいた八〇%は食品加工原料にまわされています。国民一人当りの消費量を単純計算すると一日一・七五gとなり、天然のものだけの場合と比べて一〇〜二〇倍のグルタミン酸ナトリウムを摂取することになります。身体への影響はないのでしょうか。

これについては、一九六八年アメリカで、七一年日本で、多量のグルタミン酸ナトリウムの入った料理を食べた人が、顔面、首筋、腕、背中、胸への灼熱感と圧迫感を訴える症例が報告されました。これらは「中華料理症候群」と呼ばれますが、中国料理特有のものではなく、グルタミン酸ナトリウム過剰摂取による急性の一過性特異的抹消神経症状と考えられ、三〜五グラムが発症する一般量といわれます。

このため国連食糧農業機関(FAO)と世界保健機構(WHO)では、一九六九年一歳未満の乳児にはグルタミン酸ナトリウムを与えないようにと勧告を出し、それを受けて日本のメーカーもベビーフードなどには使用しないよう自主規制しています。

このほか動物実験による報告や臨床例はいくつかありますが、グルタミン酸ナトリウムが障害をひき起こす原因はわかっておらず、使用基準についての法的規制やチェックは行われていません。

〈参考資料〉

試買テストシリーズ『風味調味料』東京都消費者センター試験研究所　一九八二・七

『会社案内』味の素株式会社

『酒類・食品統計月報』一九八四・三

『消費者リポート』一九八四・三・一七　第五三三号

『東京都衛生研究所研究年報』一九七一年度

切干大根の醤油漬

もどしてかたく絞った切干し大根300gを醤油1合、砂糖100～150g、酒5勺、酢好みの量の漬汁に漬ける。

葉唐辛子の醤油漬

❶葉唐辛子5、6本は種を除き、葉といっしょに刻み、ザルに入れ、熱湯をかけ、かたく絞る。
❷ふた物に❶を入れ、醤油、ミリンを合わせたものをかけ、軽い重石をする。2～3日後より食べられるが、長くはもたない。

つけ麺のタレ

生醤油に酒と酢（梅でもよい）を少々加え、薬味としてサンショ、ショウガ、シソ、などを用意する。だし汁がなくても、火を通さない醤油が不思議なほど元気をつけます。

昆布入り合せ酢

生醤油1：酢2くらい（好みの割合で）の合せ酢にだしを取り終った昆布を細く刻んで漬けたものを常備しておきます。昆布のうま味も加わって色は黒いけど酢のキツさを軟らげてくれて、酢のもの、そうめん、冷や麦のつけ汁に重宝。これにゴマ油を加えれば冷し中華にも。昆布もとても軟かく漬かり、色んな和え物においしく使えます。

ナスの保存醤油漬

〈材料〉下漬したナス（ナスの小さいものを丸のまま7～8％の塩で2日くらい漬け、塩出ししてかたく絞ったもの）1kg、醤油3カップ、砂糖200g
❶醤油に砂糖がとける程度に火を通し冷ます。
❷調味液にナスをひたひたに漬ける。
半年以上は保存できる。トウガラシを入れても。

コンニャク

●近ごろ店頭ではほとんど手に入らなくなった生イモのコンニャク。シコシコとした歯ごたえと、プリンとした舌ざわり、味も香りも何ともいえずおいしいコンニャクの作り方を、山梨県上野原町用竹の舟木年長さん（七五歳）に教えていただきました。買うものと思っていたコンニャクが家庭でも意外とたやすく作れたのは楽しい発見でした。

材料 コンニャクの生イモ 二、五kg **石灰** 消石灰（水酸化カルシウム）三〇g。薬局で取り寄せてくれる。

道具 **おろし金** こまかいものがよい **木しゃもじ** **型箱** 洗いおけなどでも間に合う。

㊀ よく洗い、だいたいの皮をむいた生イモを、4.5ℓくらいの水を入れた鍋の中へ、直接おろし金（細かい方がよい）ですりおろす。時々、まぜあわせて、ブツブツや固りができないように注意する。

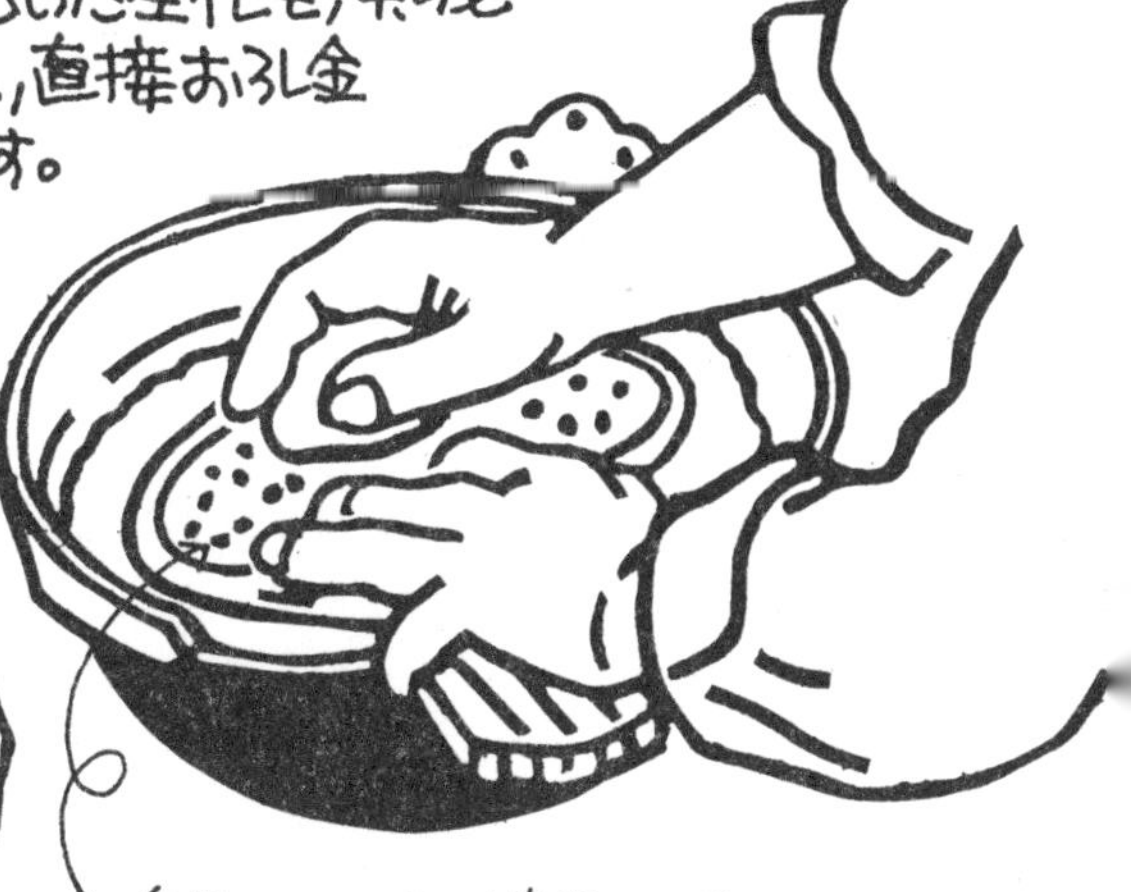

舟木さんのおろし金は自家製で、クギでたくさんの穴をあけた古鍋のフタだった！

㊁ 木べらでよく撹拌しながら、焦がさないように弱火で煮る（80℃くらい）。ここの水の量で出来上りのコンニャクの固さが決まる。舟木さんのは少し固めだとのこと。全体にプリッとした感じに固まった煮上り。火が充分に通っていないと、えぐ味が残るのでよく煮ること。

木べらも舟木さんの手製でした

㊂ 30gの石灰をラーメン鉢1杯くらいの熱湯でつぶがないようによく溶かし、少しずつ入れながら充分練りまぜる。イモの色が少し黒っぽくなり、まぜている木べらからプリッとはなれるようになればよいとのこと。

四 型箱(深めの皿などの容器)に流しこみ,穴ができないようによく押さえて空気を抜き,軽く重石をして1~2時間おいて充分に冷やして固める。

舟木さんの型箱は
普通の倍の厚さのコンニャクが20丁作れる

五 適当な大きさに切りわけたっぷりの湯で20~30分くらい煮る。コンニャクを押してみて弾力のある固さになればできあがり。あとは水につけてあく抜きをする。

生きがいいから粋なコンニャク

道具も炭も作るんだ

　舟木さんは、元豆腐屋さんで、戦後すぐから用竹《ようだけ》で店を始められ、二十数年、豆腐やコンニャクを作ってこられました。

「豆腐の豆は臼を使って手でひいていた。コンニャクも精粉（こなこん）で作ってみたこともあるが、やっぱり味もコシも生イモでなけりゃな」

とおっしゃる舟木さんのコンニャク作りは、道具もほとんどが手製です。

　かたわらの小さなニワトリ小屋の横に、二つ三つダンボール箱に積まれた炭が目にとまったのでお尋ねすると、山側の小さな窯を指差して、

「山から枯れ木を取って来て焼くんだよ。あの窯も自分で作ったんだ」

と事もなげに言われました。

　コンニャクイモは専門に作っている農家からも買われるそうですが、自分でも植えておられて、

「畑があって楽しみに作ってるよ」

と言われます。

　生イモが採れる期間は十月～春先までで、あとは掘り上げたイモを貯蔵して使います。ですから生イモコンニャクは夏場は作れません。十一月頃には掘り上げてしまって、親イモの回りに着いている子（親イモ一個に十個くらいつく。これが種イモになる）を保存しておき、春先に一五cmくらいの間隔で畑に植え直して育てます。

　肥料としては、刈った草を上からかぶせてやるだけで、特別なことはしないそうです。三年物で直径六cmほど（これでだいたいコンニャク三丁分）にしか育ちません。三～六年くらいのイモがコンニャクにするのに適しているとのことで、「毎年、植えかえをしてやるのが大変だ」と言われるのがよくわかりました。

　舟木さんの家の裏側はすぐ崖になっています。これまで三度も崖崩れにあい、三度目には豆腐屋の店も道具も全て潰されてしまいました。それを期に、歳もいったことだしと、豆腐屋をやめられたそうです。

「何といっても豆腐屋は毎日が労働だから―。コンニャクは楽にできるから今でもやっている」と話されました。

　その三度崩れたという崖のところに、小さなブリキ屋根のお稲荷さんが祀ってありました。

「まさか、これまで作られたんではないでしょう！」と思わず尋ねると、

「自分も大事だし、子供も大事だかんね」

やさしい言葉が返って来ました。

　秋から冬にかけてが生イモの取

れる季節です。何人かのグループで作られてはいかがですか。イモを煮るのだって交替でまぜれば疲れません。材料のイモは「まとめて頼むのなら、作ってる百姓家で買っておいてやるよ」と舟木さんが言って下さいました。石灰（水酸化カルシウム）は薬屋さんで手に入るそうです。木灰が家にあればそれにこしたことはありません。

　実は、以前に一度生イモコンニャクを作ったことがあるのですが、石灰を入れた後よく混ぜあわせている間に、コンニャクがボロッ、ボロッと固まってしまい、大急ぎで型につめこんだのですが、まるでそぼろ卵を固めたようなコンニャクになってしまったのです。

　そのことを思い出して、舟木さんにお尋ねすると「そりゃ、石灰を入れすぎたんだな」とおっしゃって、数年来の疑問がたった一言でたちまち解決しました。

刺身でも、油で揚げても

　舟木さんの奥さんにお尋ねすると「コンニャクはやっぱり煮るのがいいよ」と言われました。でも、甘味噌（味噌に砂糖を加えてねったもの）でいただいた「さしみコンニャク」もとてもおいしいと思いました。柚子味噌にしてもおいしそうです。

　その他、コンニャクの産地で有名な群馬県のコンニャク料理をはじめとして、いくつか拾ってみました。

○昆布巻——拍子木切りにしたコンニャクをコンブで巻いて、好みで甘辛く煮こむ。

○コンニャク一丁を四等分くらいの大きさに切り、袋状に真中に切りこみを入れ、その中に下味をつけた人参やヒジキなど好みの物をつめ、片栗粉をまぶして揚げる。

○コンニャクを湯がいてさいの目に切り、裏ごしした梅肉で和える。

○薄く切ったコンニャクを油でさっと揚げたり、野菜と一緒に油いためしたものを酢醤油で食べる。

コンニャクイモも輸入品

　最近の大量生産地でのコンニャクイモの生産や、市販のコンニャクに関する話を、日本蒟蒻《こんにゃく》協会でうかがいました。

「コンニャクイモは、以前は水はけの良い山の段々畑で栽培されていましたが、手間も時間もかかるので、今では麓の広地で栽培されています。広地では耕耘機も使えるし、イモ掘りも機械でやれるから、生産者が大変楽なんですね」

——でも広地では、水はけの点で問題があるのではないでしょうか。

「それは確かに水はけは悪くなります。従ってイモはくさりが出やすくなるし、イモにとってはあまりよくないでしょう。しかし病気の原因はそれだけではありません。

連作することも大きな要因の一つです。畑を休ませたり、他の作物と交替で作るのが畑にとってはいいけれど、そんなことはやらないですからね」

一九八二年（五十七年度産＝製品としての使用は翌年）は台風の影響や冷夏のためもあって、近来なかった不作となり、生産量が一挙に四分の一にも落ちてしまったということです。そのため、窮余の策としてインドネシアから輸入しているそうですが、四倍にもはね上がった原価をおさえるまでには至らないそうです。そのため、「板コンニャクとして食べておいしく感じるのは、関東では精粉一に対し水が三七～八倍の固さだが、現在はたぶん四〇倍くらいまで薄められて、少し柔かくなっていると思う」とのことでした。

最近は包装ずみで売られているコンニャクが多くなっていますが、「真空パックだから、保存によってはいくらでも日持ちがします。でも、コンニャクだって生鮮食料品ですからね。昔は、コンニャクを食べようと思えば、前日から用意をして作って食べたんだから。新しいうちに食べるにこしたことはありませんよ」

というお話で、生きのいいうちのおいしさを強調しておられました。

精粉コンニャクの九七％は水

黒っぽいコンニャクの色は、コンニャクイモの皮が混じったり、イモの澱粉が含まれたりしたもので、生イモの自然な色でした。それが精粉《こなこん》が使われるようになると、皮もデンプンも取り去られるため、白いコンニャクになってしまいました。

ところが地方により好みの差があり、特に関西地方では黒いコンニャクが好まれるので、何とか黒くしたいと考え出されたのが、ひじきなどの海草の粉末をまぜる方法です。

生イモから精粉にする過程で、成分である炭水化物のうちのマンナンのみを分離するため、精粉コンニャクにはデンプン質はほとんど含まれなくなります。また水分含量も九七％と高く、凝固剤の使用量が増えて臭みが出たり、風味も落ちるということに。

糸コンニャクは、以前は板状のコンニャクを、ところ天を作る箱のようなものでつき出して作っていましたが（そのため「つきコン」とも言った）、今は、すりおろしたイモを、石灰等をまぜて板コンニャクより固めに煮た後、下部に細孔のある製造機に入れ、圧力をかけて熱湯の中へひも状に絞り出してつくる作り方がほとんどです。昔はこれを白滝、つきコンのほうを糸コンニャクと呼んでいたようですが、今はその区別はなくなっていると言えるでしょう。

湯通しもアク抜きです

静岡県本川根町の二十三歳の若

いこんにゃく屋さん、安竹道仁さんからもお手紙をいただきました。

＊

生イモでコンニャクを作る時期は、私どもは九月〜三月ぐらいまでで、その他の時期は、精粉と生イモをまぜて作っています。春先からは生イモの保存がむずかしくなってきますから、どうしても精粉になってしまうわけです」

凝固剤の水酸化カルシウムは、二〇kg一俵という形で売られていますので、これは近くのこんにゃく屋さんにいって少しわけてもらった方がいいと思います。

コンニャクを湯通しするのは、アク（にがみ）をとるためです。このアクとは、アルカリ性のことを言います。湯通ししないでも食べられますが、にがみが強いということです。逆にアルカリ度を低くすればコンニャクはおいしくなるということですが、製品の日持ちがわるくなります。ですのでこのところが一番むずかしいのです。

㈲安竹こんにゃく店＝静岡県榛原郡本川根町藤川八三三　TEL〇五四七―五九―二〇八四

〈参考資料〉

『食品加工の知識』太田静行著

『食べ物の素顔』読売新聞婦人部編　『味のふるさと17　群馬の味』角川書店　『食の科学』一九八〇年四月号　丸ノ内出版

柚子入りコンニャク作りに夢中

コンニャクをイモから作っていると聞き、埼玉県都幾川村の古い農家、小室藤七さん宅を訪ねました。奥さんの和美さんは、

「いま、コンニャク作りに夢中なんですよ。今年になってから、もう一〇回も作りました」うかがったのは、一月の半ばすぎです。

小室さんに教えていただいた柚子入りコンニャクの作り方です。

①コンニャクイモは水分を抜くために日だまりでよく干しておき、使う際に湯でよく洗う。

②ヒゲや芽をくりぬいて二つに割り、二〇分ほど蒸す。

③イモ五、六個（一キロ）に対して大さじ二〜三杯の石灰を熱湯でといておく。柚子はきざむ。

④蒸したイモに熱湯を足し、四、五回に分けてミキサーにかける。

⑤ミキサーをかけおわるごとに、石灰の上ずみ液を入れてかきまわす。柚子も入れる。石灰をドッと入れるとまんべんなくいきわたらず、えぐいところがでてくる。手で全体を手早く、まんべんなくかき回すとよい。

⑥四角い容器に流し込み、ならしてしばらく置く。

⑦手頃な大きさに切ってたっぷりの湯でゆでる。食べる前に、えぐみをとるためにもう一度ゆでたほうがよい。

コンニャク作りの大事な点は石灰を均等にまぜること。簡単なように見えても、毎回出来が違う。この頃ようやくコツがわかっ

てきたとおっしゃる和美さんです。

畑に追っかけられるけど

明治六年に建ったというどっしりとした小室さん宅、冬の日ざしがやわらかな縁先で、いただいた里イモの煮つけや白菜漬、きびもちのおいしかったこと。

ネギがとれる頃はネギぬたばかり。あるもの（野菜）に追っかけられながら食べてるよ。買うものはあんまりないね。肉をもうちょっと食べたほうがいいのかなーと、お父さんと話しているんですよ」

桜の季節は桜の塩漬、梅がとれる頃は梅干し、梅ジュース、梅肉エキス作りに忙しい。味噌ももちろん自家製です。今は絞る人がいなくなったので作っていませんが、収穫した小麦と大豆で醬油も仕込んでいたそうです。

「せわしいけど、好きでやっているんだからね」とおっしゃいます。ご主人の藤七さんは「これがうまいんだよ」と、奥さんのひと言ごとに相槌をうっていました。

その昔、これだけは猪も熊も絶対に食べようとしなかったというコンニャクイモに石灰を入れれば中和してえぐみが消える。暮しの知恵に裏打ちされたコンニャク作りです。小室さんにいただいたコンニャクを家で刺身にしました。柚子の香とコンニャクの香りの調和が絶妙です。歯ごたえさわやかに、いくら食べても食べあきませんでした。

コンニャクずし

❶チリメンジャコ入りの合わせ酢を用意する。
❷ヒジキ、人参、ゴボウなどを煮て具をつくる。
❸コンニャク1丁を8枚の三角に切り、真中に切り込みを入れて袋状にする。
❹これを砂糖、醬油、塩、酒、だし汁で煮る。
❺酢めしに具をまぜ、コンニャクの袋の中につめる。
高知県奥物部地方に伝わる、すしです。

ぴりこん

コンニャクは数枚におろし、千切りにし、数回から炒りして水気がなくなったらザルにあげる。鍋に油をひき、醬油を加えてコンニャクの汁気がなくなるまで炒り、トウガラシを加えて仕上げる。

コンニャクのサラダ風

❶コンニャクは薄い短冊に切り、熱湯でゆがいたあと水でよくもんでザルにあげておく。
❷キュウリは拍子木、イカは開いて5ミリ幅くらいに刻んでサッとお湯をくぐらせ、冷蔵庫で冷やしておく。
❸大ぶりの鉢にブッカキ氷を置き、これらを盛って、梅干をすり鉢ですり、だし汁でのばしたたれを加えたドレッシングにつけて食べます。ゴマ油と醬油のドレッシングでも。

凍りコンニャク煮

凍りコンニャクを適宜に切り、油揚げは熱湯をかけて油抜きをする。これをだし汁、ミリン、砂糖でじっくりと煮込む。

コンニャクの味噌炒り

❶コンニャクを包丁を使わず、ぐい呑みのフチを押しつけて切り、塩もみした後、サッと湯がく。
❷厚手の鍋に油を熱してコンニャクを入れ、強火で表面が白っぽくなるまでよく炒めてから、味噌とミリン（または砂糖）、水を溶かして入れ、弱火にし、汁気がなくなるまで気長に炒りつける。
❸器に盛り、香ばしく煎ったゴマを荒ずりしたものをふりかける。

水あめ

●気づかいしながら一日かけてゆったりとでんぷんの含む甘みを引き出します。水あめは砂糖とはまるで異なる舌にやさしい味。お菓子は店で簡単に手に入る時代ですが、時間をかけてほんの少量をつくり出す甘みは貴重です。サツマイモと残りごはんで水あめを作ってみました。

材料　**サツマイモ**　一kg。中くらいのものを五本ほど。約一五〇ccの水あめができる。
乾燥麦芽　一三〇g

道具　**蒸し器**　**保温用の容器**　土鍋　行平（ゆきひら）、ホーロー鍋など　**さらし布**　またはさらしの袋　**温度計**

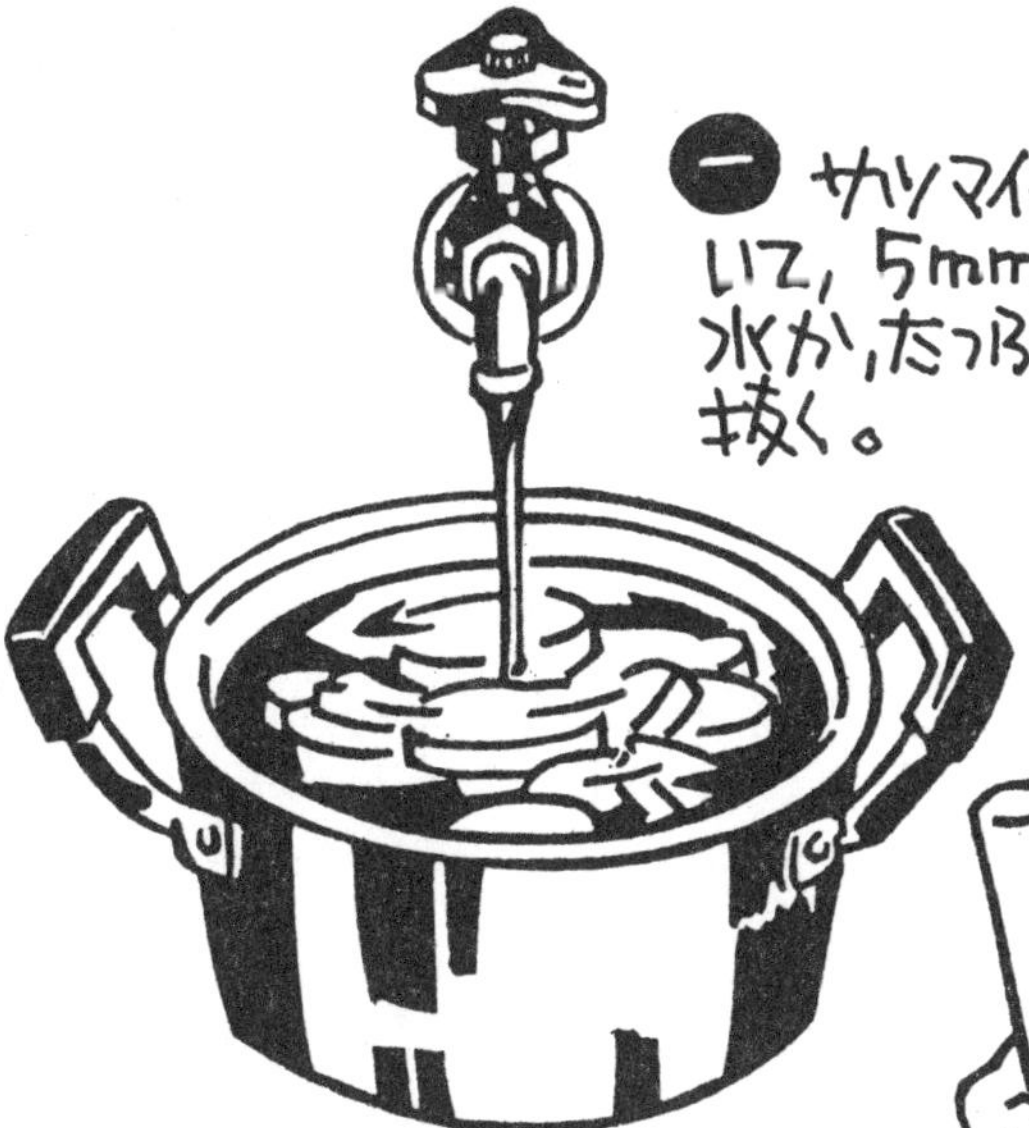

一　サツマイモは、水でよく洗い、皮をむいて、5mmくらいの輪切りにして、流水か、たっぷりの水の中で一晩アクを抜く。

二　アク抜きしたイモを強火で柔らかくなるまで蒸し(15分くらい)、熱いうちにつぶつぶが残らないようによく押しつぶす。

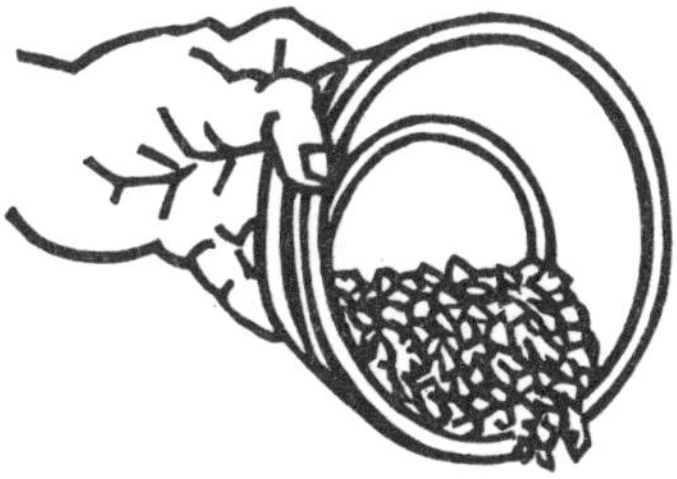

三　すりつぶしたイモにお湯(1ℓくらい)を入れてどろりとしたイモがゆをつくる。イモがゆは60度〜65度くらいまであたため、乾燥麦芽を入れてよくかきまぜる。50度〜60度の目安は、イモがゆに指を入れて3〜4秒我慢できる熱さ。

四 55～60度で5～6時間保温する。この間にあまりがちゃがちゃかき回すとあめがにごるので、1時間に1回くらいそっとかき回す。はじめどろりとしていたイモがゆは、段々ねばり気が少なくなり、水っぽい感じに澄んでくる。はしをつっこんでなめてみると甘い。

※保温法は、コタツと電気アンカを使う今回のやり方以外に湯せん、電気がま、湯たんぽなど、いろいろ工夫できる。

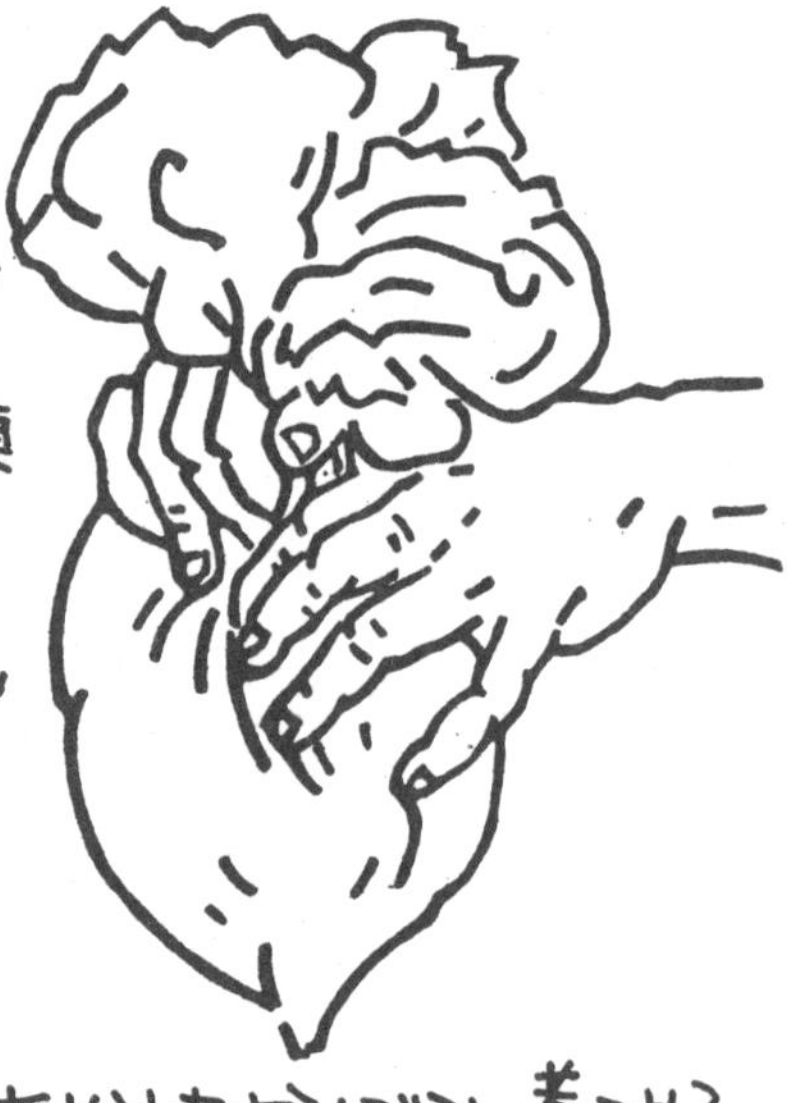

五 いよいよあめ絞り。さらしの袋に入れてぎゅっと絞り汁をとる。絞り汁は火にかけ(火入れ)、煮たち始めるまであたためる。火入れは雑菌類を殺し保存できるようにするため。にごりのないきれいな水あめを作るには、火入れしたあめ汁を一晩おいた後、上ずみ液を煮つめる。

六 あめ汁をさらしでこし、煮つめる。はじめ強火、液がねばっこくなったら火を弱くして少しわき立つ程度のとろ火で煮つめていく。最初はあわが上がってもすぐにこわれてしまうが、段々大きいあわが出るようになる。しゃくしでたらしてどろっと粘りついて落ちそうになったら出来上がり。濃厚に煮つめて、熱湯で消毒したびんに小分けして涼しいところにおいておけば一年中使える。

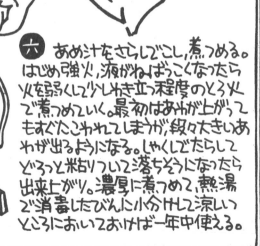

イモから、ごはんからこんな甘味

あれやこれや苦心して保温

　大阪のあめもやしやさんに乾燥麦芽を送ってもらうことから水あめづくりが始まりました。

　今回使った乾燥麦芽は、大麦を籾《もみ》ごと水につけ発芽させて〝あめもやし〟をつくり、次にこれを乾燥させて荒びきにしたものです。籾と麦の砕片がまざり、見たところ小鳥のエサのようで、これに水あめをつくる力が秘められているとは最初、とても信じられません。文献によると室町時代、高価な砂糖にかわる甘みとして、麦芽飴が庶民に親しまれていたとあります。

　まず、サツマイモが原料の水あめづくりにとりかかることにしました。

　水にさらしたイモを蒸した後つぶし、お湯を加えてイモ粥をつくり麦芽をまぜます。ここまでは一気にやれるのですが、次のプロセス――五～六時間の保温が問題です。温度計で計って六五℃の状態で電気コタツを「強」にして鍋ごと入れました。ところが、一時間後には五二℃、四時間後には四八℃まで下がっています。五〇℃以下になると甘味が出るのに手間どるばかりか、雑菌がふえて酸っぱくなるとのこと。コタツから出し、とろ火にしてガスレンジにかけたところ今度は一気に七〇℃を越しました。うっかり七〇℃以上にあがると麦芽の力がだめになってしまいます。ふと思いついて電気アンカの上に鍋をのせ、コタツに入れてみました。これで五五℃の適温を維持することができました。

　結局、あめ絞りは保温開始から十時間後になりました。ぎゅっと絞るとイモ一キロと麦芽とで、絞りカスは四三〇グラムが出ました。豆腐をつくる際の豆乳とおからの関係を連想します。こした後、煮つめるごとにどろり、またどろりとなり、約一八〇ccの水あめのできあがり。つぶす際、もう少していねいに細かくすれば、これ以上の量になったのかもしれません。

　アク抜きが不充分だったせいか、色は〝あめ色〟、イモのにおいも残っています。しかし、箸に巻きつけてなめてみると、砂糖では決して味わえないなつかしい甘さです。保温さえ注意すれば失敗なく作れるのではないでしょうか。あめの色をきれいに仕上げるには、木灰汁や石灰汁でアク抜きする方法もあるそうです。

残りごはんでつくる

　次に冷やごはんで水あめをつくりました。

　茶碗に軽く二杯分（一五〇グラム）の残りごはんにお湯を入れて

五分がゆをたき、その中に乾燥麦芽五〇グラムを混ぜて、あとはイモあめと同じ要領で作ります。前回の苦心がありますから今度は最初から電気アンカに鍋をのせてコタツの中へ。五五℃で約六時間保温するうち、ドロドロのおかゆの上ずみは、透明に澄んだ液になります。あめ絞りをし、煮つめるごとに液は甘みを増します。サツマイモはふかしてそれだけ食べても甘いものですが、米からこれほどの濃い甘みが出るとは、おどろきでした。イモあめは多少クセのある甘さですが、米あめはより丸みのある甘さです。五〇ccほどの米あめができました。

二種類のあめ作りでいちばん気をつかったのは温度の管理です。容器はアルミ製などよりも保温性の高い土鍋、行平《ゆきひら》などがいいようです。麦芽の量は、どのあめを作る時にも、材料の一割から一・五割と覚えておけばよいようです。材料が少ない場合には、ちょっと多めに麦芽を入れるのがコツです。

麦の種が手に入ったら

本来の水あめ作りは、あめモヤシを作ることからはじまります。

麦芽の作り方は、大麦または小麦の玄麦（精白する前のもの）を水につけて芽を出させます。五、六月なら三〜四日で二〜三ミリの芽と根っこが出ます。これをすり鉢、ミキサーなどで荒びきしてあめモヤシのできあがり。乾燥させて保存します。

いろいろな本を見ると、大麦で作ると書いてあるのが多いのですが、農家の方のお話では小麦のほうがいい麦芽ができるとも聞きました。また今回使った麦芽は大麦からできた籾《もみ》つきです。これは籾と実の間に糖化作用をする成分があるとのことですが、農家では籾つきでなく玄麦でずっとやってきているとおっしゃっていました。

昨今は大麦を作る農家が少なく、なかなか手に入りにくいかもしれませんが、農家の方から大麦、小麦を分けていただける機会があったら、ぜひ、あめモヤシから作ってみたいと思います。漢方薬局な

麦芽の作り方

○大麦または小麦の玄麦（精白する前のもの）を水に3〜4日つける。（毎日水をとりかえる）

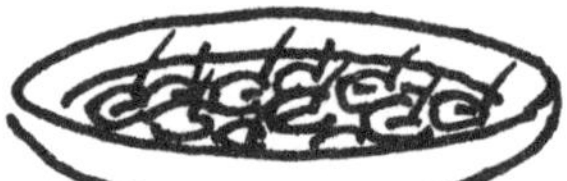

○2〜3ミリ芽が出たら、すり鉢、ミキサーなどで荒びきする。

どに置いてある「麦芽」では麦芽の力が弱いためか、なかなかあめにならないようです。

少なくなった あめモヤシやさん

冒頭のあめモヤシやさんというのは、大阪府寝屋川市の「角樋民一商店」。

新潟県の直江津駅前で、明治十八年から米あめを作って売っている「くさのや」さんで、麦芽の仕入先を教えていただいたのです。角樋さんは、三代続いた水あめ用のあめモヤシ（麦芽）やさん。昔は近くの河内平野でとれた麦を使っていたけれど、今は茨城県の方から買っているそうで、いいモヤシを作るため「新しい大麦の性質つかむのに一カ月ほど悩みますんですわ」と当主の一三さん。「化学肥料つこうて作る今の麦より、昔の麦の方が、〝力化〟(デンプンを糖化する麦芽の力）は強かったですわ」とも。

砂糖が足りないころには、あめモヤシやさんもたくさんあったらしいのですが、今では角樋さんを入れて日本で四軒しかないそうです。

角樋さんは、現在小売注文には応じていないとのことです。

甘味の添加に増える生産量

現在水あめは、キャラメルやドロップ、和菓子、ジャム、つくだ煮の他、調味料や缶詰めなど色々なものに幅広く使われています。一〇年くらい、その生産量は横ばい（三〇〜三六万トン）でしたが、ここ三、四年急激にふえ、一九八四年度は四七万一〇〇〇トン作られています（農水省食品流通局）。

これは、もともとじっくり熟成して甘味を出していた味噌や、ミリンにまで早く大量生産するために水あめが使われたり、最近では特に「ミリン風調味料」など、まがいものを作るのに大量に使われるため、のようです。

ところで、デンプンをたくさん含んでいるものならジャガイモや片栗粉、その他何でも材料にして水あめができます。ちなみにコーンスターチを原料にしたのがコーンシロップです。二〇年ほど前まではデンプンの主原料はサツマイモでしたが、その後、輸入ものの安価なトウモロコシや小麦デンプンに押されて、サツマイモデンプンの生産量は激減しています。

また今日では、水あめの大部分は、今回ご紹介したような麦芽を使って作る方法ではなくなっています。いろいろなデンプンを原料に蓚酸や塩酸、硫酸などの強い酸を使って工業的に大量に作られているのが実情です。

あめづくりはおばあちゃんの仕事

今でも、ご自分のところの麦（小麦）であめモヤシをはやし、水あめを作っている岐阜県加茂町の農家、阿部さんの奥さんにおうかがいしたところ、

「ふつうのごはんみたいに炊いて、そこへあめモヤシを入れてただふたしとくだけで、あったかいときにはとろとろになっているもんで。何ということないよ」と。

家庭で少しだけ作るには温度に気をつけないとうまくいきません。しかし、自家製のいい麦芽は力が強く、また、たくさん一度に仕込めば、麦芽の量も多いので、温度にはそんなに気を使わなくてもいいのではないのでしょうか。

阿部さんのお宅では、水あめ作りはおばあちゃんの仕事だそうです。

「まねごとに」とおっしゃっていましたが、干してとっておいたあめモヤシを使って、冬のひまな時に作るのだそうです。「子どもよりも大人の方が好きなもんで、モヤシのあるうちは、あめがなくなると作っています。モチ米でやると甘いもんで」と、阿部さんのお宅ではモチ米が材料です。

「子どもはズルいのがきらいなもんで、ねばーくして箸やスプーンに巻いて食べるけど、ズルーくしてお湯を入れてそのまま飲んでもおいしい」と教えて下さいました。

甘味料の摂りすぎはやめたい

砂糖が虫歯を作るということは統計的にも知られていますが、その他にもいろんな障害が起きるとの説があります。たとえば、砂糖は体内でブドウ糖と果糖に分解されますが、この果糖は血中の中性脂肪を上昇させ、心筋梗塞を起すといわれます。その他、肥満（ブドウ糖が体内で利用されるのに必要なホルモン＝インシュリンは、脂肪も合成するため）や糖尿病、さらにはビタミンB_1不足（糖を体内で燃焼するのにビタミンB_1が必要になるため）とその結果おきる疲労、食欲不振、脚気などもそうした障害の一つです。

砂糖以外の甘味料としては、戦後の砂糖不足の中、代用品として登場したチクロ、ズルチン、サッカリンなどの合成甘味料が知られています。これらは砂糖の何百倍もの甘さを持ち、砂糖より安上がりなことから様々な加工食品に利用されました。しかし、一九六九年にズルチン、七〇年にチクロとあい次いで発ガン性が問題となり使用

禁止。サッカリンは六六年に一度は発ガン性の疑いから禁止されながら、七三年、原因はサッカリン中の不純物だったとして再び規制が緩和され、現在も使用されています。

この他、最近では天然甘味料とその誘導体（キシロース、ソルビット、アスパルテームなど）が、低カロリー甘味料として数多く用いられるようになりました。しかしこの中にも化学薬品と同じような作用を持つことが知られるものもあり、安易な使用は避けたいところです。

〈参考資料〉
『増補食品添加物』吉田勉著　芽ばえ社

キャラメル

水あめを煮つめていく途中でザラメを入れて固める。

果実あめ

あめに柿、イチジク、ブドウなどの果実の肉をすりまぜる。

おこし

米や粟をあらかじめ炒っておき、煮つめた水あめをかけてかため、適当な形に切る。

ピーナツあめ

ピーナツを粗くきざんでおき、水あめを煮つめていって、かたくなる寸前に加える。

きなこあめ、バターあめ

ピーナツあめの要領で、固くなる寸前にきなこやバターを加えて玉にする。

笹あめ

水あめを熊笹の葉にはさみ、2つに折っておさえる。新潟県高田市の名物。

白あめ

❶鍋に水あめと砂糖を入れ、こがさないようにかきまぜながら煮詰める。砂糖を多く使うほどカリカリしたかたいあめになる。
❷鍋の中で煮詰めて糸を引くようになり、その糸がポキリと折れるくらいになったら、油をひいておいた鍋に移し、あめのふちがかたくなるくらいまで冷ます。
❸片栗粉またはデンプンをひいた台の上にとり出し、手につかないように粉をつけ、熱いうちに手で引き伸ばしながらくりかえしたぐって、あめの中に空気を含ませると、白くてかたいあめになる。
❹なるべく手早くたぐり、白くなったら適当な太さに延ばして冷やす。
❺冷えたら、だたいて折り、片栗粉またはデンプンをまぶす。

すはま

ボールにキナ粉を入れ、その真中に水あめを入れてキナ粉をまぶす。指にくっつかないようになったら、指でこねて丸めたり、松葉に切ったり、小石のようにしたり自由な型をつくる。（広島県廿日市町の坂平ふみえさんより）

麩（ふ）

●収穫した小麦粉を挽いたあと、ふすまの部分まで余さず利用し、手間暇かけて生麩を作った岩手県の農家。
小麦粉から生グルテンをとり、職人の手作業で毎日違った麩を焼き続ける東京下町の焼麩工場。
一見かけ離れた二つの麩づくりの中に、物を作ることの共通の心づかいが、隠されているように思います。

材料 強力粉 又は中力粉一〇〇g
塩 少々。薄く塩味がつくほど **水** 約七〇cc（生麩約六〇gの分量）
道具 ボール 大、小各一 布きん

一 ボールに粉と塩を入れ、水を少しずつ加えながらこねる。水の量は天気などで変わるので調整する。

二 水分が全体になじんで少し固めの感じにこね上がったら、固く絞ったぬれ布きんをかけて、三時間くらいねかせる。

三 大きなボールか鍋に水を張って、ねかしておいたかたまりを水の中でもみ洗いし、デンプンを洗い流して、グルテン（蛋白質）を取り出す。グルテンはデンプンにくらべて淡い黄色味を帯びている。量が多い場合は両手に入るくらいの大きさにちぎり、少しずつ洗うとよい。

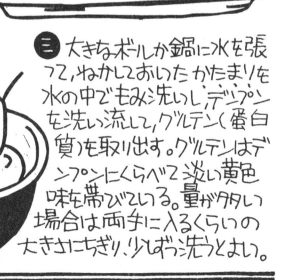

四 グルテンに強力粉を加えてよくこねる。グルテンを細かくちぎると混ざりが良い。割合は麩の種類によって異なるが、普通にオーブンで焼く場合は、グルテン1に粉1、5くらい。

五 モチ状によく練れたら、ひとまとめにし、ぬれ布きんをかけ24、5分置き、つぎに適当な大きさに切り、表面をならして5分から10分くらい水につけておく。

六 五のかたまりをちぎり、棒状に伸ばしたり、丸めたりして形をつくり、受け皿に並べる。焼き上がりは元の三倍くらいにふくれるので、少し間隔をとった方が良い。オーブンに入れる前に、霧吹きで水をかけてやるとよくふくれる。

㊆オーブンかオーブントースターで10分くらい焼く。温度は180度から200度くらい。麩の中に水が残っていたり、途中で温度を下げるとしぼんでしまうので、加減が分かるまでは、少しこげるくらいに焼く方が不難。

生麩で食べる場合

㊂で取り出したグルテンを適当に切って丸め、沸騰した湯でゆでる。浮き上がってきたら取り出し、よく水を切る。固めのコンニャクのような感じになった生麩を、そのまま煮物に利用したり、味噌に二、三日漬けて食べる。

味噌漬けは漬かりすぎると固くなるが保存がきく。

※生麩はそのままだと日持ちしないが、日に干して乾燥させると保存できる。使うときには水にもどす。

ふすまを活用して麩づくり

　熱々の味噌汁や煮物に入った、汁のうま味をたっぷり含んだ麩は、子どものころから好物の一つでしたが、町の生活の中では、麩は店で買う加工品として映っていました。

　その麩が各家庭で作られていたとの話を耳にし、岩手県経済連農産技術課の古沢典夫さん、軽米《かるまい》農業改良普及所の武田智恵子さんにお話を伺ってみました。

　岩手県は一般に雑穀地帯で、小麦も、今でこそ作付けも減り収穫する農家も少なくなりましたが、以前は各地で栽培し、その年収穫した小麦は、粉にひいてお盆のお供えから使い始めました。小麦を粉にひいたあとには皮の部分（＝ふすま）がたくさん出ます。生麩は、このふすまに含まれるグルテン（タンパク質）の性質を生かして作られ、お盆のごちそうに、秋の萩刈りや運動会のお弁当にと利用されていたのです。たっぷりの水でグルテンを洗い出して作る生麩は、新しい材料が豊富だからというだけでなく、水を使っても冷たくない夏から秋にこそ作れる食べものでした。また時間も手間もかかるため、忙しい農作業のあい間にたびたび作るというわけにもいかず、これははれの行事食ともいえました。

　食べ方は、煮物にも入れますが、主にゆでた生麩を味噌漬けにします。漬ける日数は一～三日くらいが最適で、長く漬けると固くなりますが、保存できるのでタンパク源のおかずとして用い、シコシコして固いコンニャクのように歯ごたえのあるものをそのまま食べます。時には味噌汁の実に入れ、やわらかくして食べるとの話も聞きました。

　たくさんできた生麩の保存法は、味噌漬のほかに、薄く平たく伸ばし、丸い棒に巻きつけて焼く焼麩（＝板麩）もあり、これもしっかりと歯ごたえのある麩になります。ただし焼麩は生麩よりさらに手間がかかりますから、余裕のある家や病人の見舞い、産後の忌避食などに作られ、生麩ほど一般的ではなかったようです。

　町中に暮す私たちは、加工品と聞くと、でき上がりを店で買う、手軽で便利なものと思いがちです。しかし米を使うにも普段はくず米を、はれの日には粒の米をというふうに、ちょっとした心づかいがごちそうにつながるひと昔前の農村では、各家により差はあっても、どこも忙しい農作業の合い間を見て、手間暇かけて作る手数と心のこもった加工品こそ、いちばんのごちそうだったのです。

　今では昔のようにふすまで生麩を作る農家は見かけなくなり、作るときも小麦粉が利用されるそうで、軽米地方には専門の業者もあり、市販品を買う人が増えてきたとの話でした。

日によってちがうグルテンの具合

ところでここに登場した麩は、どちらも固いしっかりしたものでした。ではふわっとした麩はどうしたらできるのでしょうか。こちらの麩については、全国製麩工業会で一軒の製麩工場を紹介してもらいました。

東京都荒川区から扇大橋を渡ってすぐ、足立区扇の「平野食品」は、都内でもうここだけだろうという、小麦粉から生《なま》グルテンを取り焼麩を作る工場です。昔は冷凍設備もなく、どの店も朝早くから生グルテンを取り麩を焼いたそうですが、瞬間冷凍で生と大差のない冷凍グルテンが作れるようになり、手間も時間もかかる生グル取りは姿を消していきました。製造過程で大量にできる小麦デンプンや、多量に使う水の処理がたいへんなことも、生グルを取る店が無くなっていった原因の一つです。この工場では焼麩を作るほかにそういった町中の焼麩専門店にグルテンも卸しています。

小麦粉を練る機械、水洗いして生グルテンと小麦デンプンに分ける機械と、大きな機械が占める一角を過ぎると、六十代くらいの職人さんが一人で麩を焼いている仕事場がありました。

生グルテンと合せ粉を丸い茶釜のような機械で七分くらいこねあげ、等分にして別の機械で充分こねると、搗《つ》きたての餅かパン生地のようになります。これをしばらくねかせてから成形し焼くのですが、この成形作業が実にたくみな手さばきでした。

まずねかせた生地を一〇等分し、倍ほどに伸ばして水の中へ。これは生地の伸びをよくするためで、パン生地などは水に入れると溶けてバラバラになりますが、麩はグルテンが多いので大丈夫です。

次にしばらく水につけた生地を、こんどは三倍くらいに伸ばします。生地の両端を持って腕を左右に広げると、まるでゴムのようにスーッと伸び、幅一メートルくらいの板の上に一〇本がきれいに並びました。これをこんどは半分に切り、また倍くらいに伸ばしてオーブンの中へ。一本の太さは女性の小指ほどでしょうか。ジョウロでさっと水を掛け、蓋をして焼くと、もとの四～五倍にもふくれて、あのふあっとしたなじみの麩が焼き上がりました。

ここでは毎日同じ麩を焼くのではなく、この他にも丸いコロッとした小町麩、黒い渦の入ったうず麩と日によって変ります。麩は種類によりグルテンと合せ粉の割合も変り、成形も異なるうえ、その日の天気や時間帯によりグルテンの状態が変化するので、何種類もの焼麩を機械で焼くのはとても無理です。そのため、ここにはまだ人の手や勘、技術に支えられた職人の仕事が残っていました。

残ったデンプンは くず餅の原料に

ところで、麩に使う小麦粉はどう変ってきたでしょうか。先の岩手では、昔はもちろん内麦粉（国産の中力粉）でしたが、作付が減り、市販の小麦粉を使ったり、業者が作るようになると、外麦粉（輸入の強力粉）へと移っていきました。また専門の焼麩店でも、グルテンを購入に頼るようになって、ふき（ふくらみ）の強さが重要になり、グルテンの販売店も安くて歩留りのよい粉を求めるため〝湿麩量〟（グルテン含有量）の多い外麦粉へと需要が変化していきました。

「外麦粉は内麦粉よりグルテンが多いので焼いたときのふきがいいんです。内麦粉だけのころは重曹を加えてふきを補ったと思いますよ。今でも使うところがありますから。それに合せ粉もグルテンの多い焼麩用の特殊粉があって、これだとふきがいいんです。もっとも家庭でやるならどちらも市販の粉で充分ですが。ただしパン・うどん用のにして下さい」これは、工場主中村親平さんの助言です。

ところで、販売用グルテンには、生グルテンの他、冷凍グルテン、冷凍乾燥グルテンがあります。瞬間冷凍になる前は、ふきの点で当日作った生グルテンに及ばなかった冷凍ものも、その後は性能も変らず保存もきくことから焼麩用グルテンの主流になりました。ただ、冷凍乾燥（フリーズドライ）したものは、製法過程で一度熱が加わるためふきが悪く、焼麩よりもハム、ソーセージや練製品のつなぎなどに利用されています。

グルテンを取ったあとの小麦デンプンがどうなるのかも気になるところですが、これについては、

「いろいろ使われますよ。糊屋さんが生のまま引き取って工業用の糊に加工したり、人形屋さんが人形製作用のおがくずを固めるのに使ったり、乾燥させて菓子（軽いフワーッとした煎餅）の原料にもなります。それから一度完全に発酵させたもの、そうですね夏なら一週間くらい、冬場は一カ月くらいで発酵が終りますから、それをその後一年間くらいねかしておくと〝くず餅〟の原料になるんですよ。発酵は自然発酵です。川崎大師さんなんかで売ってる〝くず餅〟はうちの粉を使ってるんですよ」と、ちょっと楽しい答がありました。

夏でも保存のきく焼麩

ところで、食品の種類や保存法が今ほど多彩でなかったころ、夏は焼麩屋の書き入れ時で、暑くても傷まず保存でき、タンパク質を多量に含む麩は、夏のタンパク源として重宝がられ、調理の手軽さから忙しい田植えや稲刈り時の農

家にも利用されたそうです。それが今では「麩の生産量はそれほど減ったとは思えないし、むしろ増えたかもしれませんが、町中の乾物店などは、売れないからと麩を置く店が少なくなりました。焼麩店の中には大手スーパーやインスタント食品メーカーと結びついて売り上げを伸ばしているところもありますが、町中の小さなところでは次々店をたたんでいますよ」という現状です。

　帰りがけに、工場の敷地内で切断された焼麩が天日干しされているのが目に入りました。職人さんの焼麩作業から天日干しまで、こうして手をかけて作っても利用者が減っていく焼麩。現代の溢れんばかりにさまざまな食べものの中では余りに地味な存在なのかもしれません。そして町や村を問わず、こうした手をかけて作る食べものが姿を消していくスピードはいっそうその速さを増しているようです。

生麩のしぐれ煮

生麩に醤油とミリン、ゴマ油、刻みショウガを加えて、とろ火でこがさないように時間をかけて煮つめる。歯ざわりのよい一品。

くるま麩のスクランブル

〈材料〉含め煮したくるま麩、卵、牛乳少々、小麦粉少々、マーガリン、醤油

❶もどして含め煮したくるま麩を二つ切りにし、焼けこげを軽くつける程度にマーガリンで焼く。

❷とき卵の半量に小麦粉と牛乳を少しプラスしたものに❶を入れて、もう一度マーガリンで焼く。

❸残りの卵も入れてスクランブルにし、丸くこんもりと仕上げる。

皿に盛りつけてから醤油少々をかけると、ボリュウムのある洋風の一品になり、子どもたちがよろこびそう。ソースをいろいろに変えてもいいでしょう。

生麩の和えもの

❶ヨモギを加えた生麩を油で揚げ、油抜きする。

❷だし汁に醤油、ミリンを加えて薄味に下味をつけておく。シイタケはサラダ油で焼き、千切り、三ツ葉は色よくゆでて２～３㎝に切る。

❸ゴマをよくすり、❷で和える。

くるま麩を使って

くるま麩を水でもどして軽く絞り、低めの温度で揚げておき、これを煮びたしや炊き合わせに。

（『食と農を結ぶこれからの会』より）

麩の辛子和え

角麩は水につけた後、かたく絞っておく。落花生はすり鉢でよくすり、醤油、酢、砂糖と辛子を加えてさらによくする。

麩と薄切りしたキュウリを落花生の衣であえ小鉢に盛る。

寒ざらし粉

●年に一度訪れる〃寒〃。北国や盆地の人々はその厳しい冷え込みを逆に生かして〃寒ざらし粉〃を作ります。季節を取り込み、自然とつながる寒ざらしの智恵。それは暮らしの中でさまざまな食べものと結びつき、新しい持ち味と季節感を生み出していました。

材料　モチ米　ウルチ米

モチ米は白玉粉（モチ粉）、ウルチ米は上新粉（ウルチ粉）の材料。どちらも精米したものを用意する。

道具　木の桶　ザル　ふるい

粉にする道具（すり鉢・コーヒー挽き器、あんば、製粉器）、さらしの袋

一 よく洗った米を、寒の入り（12月20日）を過ぎ冷えこみが厳しくなるころ、水をたっぷり張った木桶に入れてフタをして、寒くて雨などのかからない戸外へ出しておく。厳冬で水が中まで完全に凍ったときはそのまま凍らせておく。けれど、暖冬で氷がはらないときは、様子を見て二、三回水を取りかえる。

二 立春（2月3～4日）ごろ桶を日の当たる所へ移し、凍ったものを自然に溶かし、溶けたら粉にする分ずつザルに上げ、一晩水気を切る。

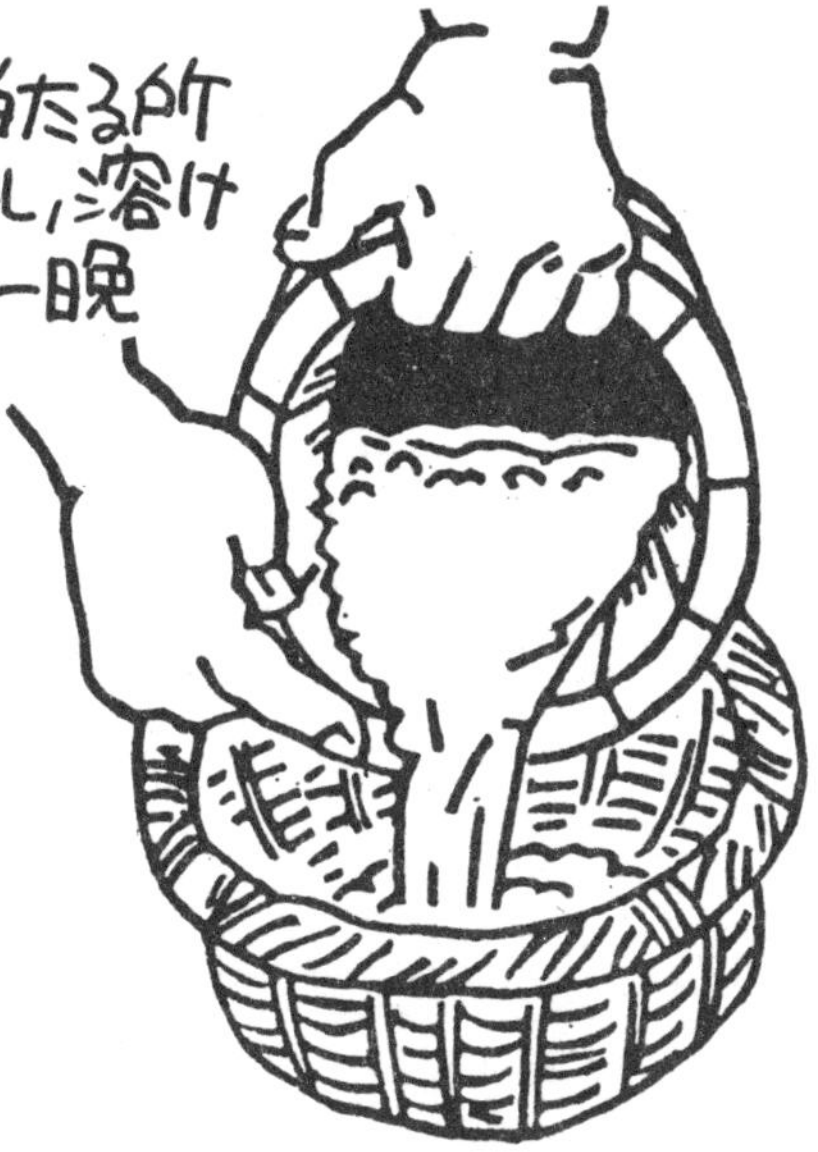

三 手で粉をするときは水切りしたものをそのまますり鉢でする。その場合、先にさらしの袋などに入れてすりこぎで叩きつぶしておくとやりやすい。

四 すった粉はふるいにかけ、粒の荒い物はすり直す。すり終ったらザルに紙を敷いた上に広げ、風通しのよい所で陰干ししてよく乾燥する。

※コーヒーミルや製粉機を使うときは、水気を切った米をまず風通しのよい所で陰干しする。粉を挽いたあとはふるいにかけ、粒の荒いものはすり直す。できた粉は最後にサッと陰干しする。

五 よく乾燥した粉はビニール袋に入れて口をしばり、さらに缶に入れて保存すると、虫もつかず何年でも使える。

大事な粉でうまいもん作ろうよ

冬の寒さでつくる〝寒ざらし粉〟

宮城県遠田郡にお住まいの岩住ちよ子さん（七十三歳）は、毎年冬の寒《かん》を生かしてモチ米とウルチ米で〝寒ざらし粉〟を作ります。モチ米は、新米はもったいないと前年の収穫米の残り（毎年一年間食べる分に余裕を持たせて作るので一斗ほど余る）を利用、風味の落ち出す古米を粉にして最後まで活用します。ウルチ米は一等米を取った後の二番米をふるいにかけてから精米。モチ米も精米したものを使います。どちらの場合も米はよく洗い、木桶に入れて寒の入りから寒明けまでうるかし（水につけ）ます。「使う桶は、金のものは長く使うと金気が出るし、カメはすっかり凍ったとき割れることがあるから、木の桶が一番」とのこと。寒さが厳しく中までびっしり凍る年から、暖冬で氷の張らない年までいろいろです。

寒が明けたら氷を溶かし粉にしますが、朝、食事前の一仕事にこの粉搗《つ》きをするという岩住さんは、一回に搗く分、一〜二升ずつザルに上げて一晩水切りし、明治時代から使っている臼と杵で、一升に一時間、二升で二時間かけて搗きます。搗いたらふるいに通しまた搗く、を繰り返し、手をかけ丁寧に粉にするのです。

「できた粉は、よく干してきちんと保存すれば虫もカビもつかずいつまでも使えるし、臼で搗いた粉は機械のと違って自由に動く（思うようにできる）」とのこと。ダンゴにしてゆでたりふかしたり、汁に入れたり、求肥《ぎゅうひ》、草モチ、柏モチと、料理に菓子に年中重宝するそうです。求肥はこねたモチ粉を湯せんにかけ、砂糖、水あめを加えて二時間ほどよくこねて作りますが、このとき使う水あめも、豆モヤシからすべて自分で作る自家製です。

「杵で搗いた方が、時間はかかるけど仕上がりがいいから。食前のいい運動ですよ」と岩住さん。でも、五〇センチの柄に、直径一五センチ、長さ五〇センチの丸太状の先がついた杵を二時間、高さ六〇センチの臼に向って中腰で搗くことを考えると、「搗くといってもモチ搗きみたいでなく、トントンやさしく軽く落すようにするから」と言われても、話で聞くほど容易とは思えません。岩住さんの生活の底力を感じさせられました。

この寒ざらし粉の持つ特性や、作り方・製粉上の注意を、栃木の製造業、株式会社波里さん、岡山の製粉業、福田守行さん（『自然食通信』二六号に登場）からうかがい整理してみました。

作り方・製粉上の注意としては、㈠米に青米や死に米（白濁色の米）が混じると粉の味が落ちたり、青くさくなるので除く。

㈡同じ理由で米はよく精白したものを使う（くず米はよく精白できないので不向き）。

㈢寒さの厳しくない所は、水につける期間を短めにした方が無難（米が傷むことがある）。

㈣早く暖かくなる所は米のまま洗ってよく乾燥させ密封保存し、使う分ずつ粉にする。

㈤乾燥は手早くする（湿気た状態が長いと色が赤茶けたり臭いがつく）。

などで、寒ざらしが与える特性としては、

㈠水にさらすことで、米の中の水溶性たん白質が溶け出し、デンプン質を高めて粉に弾力性がつき、製品化したときシコシコしたコシが出る。

㈡生地にしたときなめらかになる。

㈢長期保存がきく。

などがあげられ、この特性は、寒さが厳しく、水が冷たいほど高まるそうです。

葛の根のアク抜きは時間と手間をかけて

モチ粉ウルチ粉以外にも、寒にさらして作られる粉があります。葛《くず》の根から取る〝本くず粉〟がその一つで、奈良県宇陀《うだ》郡にある森野吉野葛本舗は、その本くず粉を代々作り続けているお店です。使用する葛の根は、〝山方さん〟が山々を巡って探し、掘り出した自生のもの。葛は繁殖力が強く次々繁殖しますが、今頃の山が崩され宅地化される流れの中、葛の掘れる山も年々縮められているとのことでした。

夏はつるや葉が生い茂る葛も、十二月に入ると地上部分は枯れ、養分が根に集まってきます。この頃から四月の芽吹きまでがデンプンの含有量が高く、くず粉を取るのに向く季節。掘り出した葛の根は機械で砕き、水を入れてかく拌し繊維をこし取ります。水は四つの井戸から汲み上げる地下水を利用、繊維をこしたあとは一日かけてデンプンを沈殿、汚れたうわ水はホースで上から抜き取ります。

葛の根はアクが強く、最初のさらし水は醤油のような色ですが、水を替える→かく拌→沈殿→水替えと七～八回繰り返しさらすと、しだいにデンプンは真っ白に、水は青みをおびた色になってきます。ここまでが約半月。「葛の根はほとんど繊維質で、デンプンの含有率も一割程度（ジャガイモは約五割）。それにデンプンの粒子が細かいので沈殿に時間がかかります。その上寒中に大量の水を使っての戸外の作業なんでたいへんですよ」との話。零下五度～六度、寒さが厳しいときは零下一〇度になる戸外での水仕事、思っただけで背筋がブルッと寒くなります。でも、夏場は気温が高く発酵したり、臭いが着いたり、固まりの悪いものができたりで、葛の根の状態と合わせて、やはり冬がくず粉作りの季節です。

さらしたくず粉はもう一度かく拌、目の細かい通しでこしてゴミを取り、三〜四日かけて沈殿させ固めます。これを豆腐ほどの大きさに割り、底がすだれのコウジ箱に、紙を敷いてから並べて自然乾燥。「火を使うと質が落ち、ボロボロになったり、溶けにくくなったりするので自然乾燥です。三〇〜四〇％残っている水分を、完全に乾燥するのに五〇〜六〇日かかりますよ」一冬の寒を使い切る本くず粉作りです。

舌ざわりの良さは凍らせ方しだい

粉とは違いますが、今回の取材中、他にもいくつか寒を利用した食べものに出会いました。その一つ、東北一帯で昔から作られる寒モチ（干しモチ）は、ホロホロと口の中でくだけ、ほんのりした甘みがなかなかのものです。教えてくださったのは、「嫁ぎ先の母が作っていたのがきっかけ。あとは自分で工夫して」といわれる秋田県山本郡の近藤美津子さん（四十七歳）です。

干しモチ作りの始めはモチ作り。洗ったモチ米を一晩水につけ、蒸してモチに搗きます。これを大きなボールに入れ、水に塩、砂糖（無くてもよい）を溶かして加え、全体を手でよく混ぜます（やわらかくサラッと仕上げたいときは、片栗粉を加えます）。混ぜたあとのモチの固さは、ダラッとやわらかく広がるくらい、これを箱に入れて固めます。やわらかすぎるとなかなか固まらないので、最初は少し固めにすると失敗しません。三〜四日して、モチが刃に付かずスッと切れるようになったら、厚さ一センチ、一辺四〜五センチ程の四角形に切り、ワラか、無ければ色落ちしない紙ひもで挟むように編んでつなぎ、一〇個ずつくらいの束にします（ビニールひもはカビが出やすい）。これを寒さの厳しい夜に戸外に干して凍らせますが、干す前にまず七〇度ほどの湯にサッとくぐらせ、次にたっぷりの水に約二時間ひたします（つけすぎると溶けるので最初は短めに）。干したモチはたいてい一晩で凍りますが、割って中がまだモチ状だったり、氷が全体を細かく裂くように張っていないときは、翌晩もう一度水をかけて干し、凍らせます。よく凍ったら風通しのよい所で陰干し。一度に氷が溶けるとモチがダラダラになるので、氷の溶けるのとモチの乾燥が同時進行するよう注意。最後は充分日に干して乾燥、密封して保存します。おやつに小昼に、そのままでも、軽く焼いてもおいしい便利な保存食です。

「こうして無駄なく使うことは何代も続いてきたこと。御先祖様から受けついできたこと。生活の知恵が伝わらずに消えていくのがとても残念」。岩住さんの言葉が思い出され、後を歩く私たち一人一人が、受け取る力をもっと蓄えなくてはとの思いが深まりました。

米粉のダンゴのつくり方

なつかしい米の粉で作るだんごです。米だけではなく、麦や稗、粟などの雑穀も、粉にひいては、蒸して丸めて、あんを包む、きな粉をつける、発酵させてだんごにする。そんな昔の農家の数々の工夫を埋もれさせたくはありません。家庭用の小さな製粉機も売られています。粉をひくところから始めるのも楽しいでしょう。

〈材料〉ウルチ玄米粉、モチ玄米粉（ウルチ玄米粉の一～二割）あんやたれ

①ウルチ玄米粉とモチ玄米粉に熱湯を入れて混ぜ、耳たぶより固めに練る。熱いのでやけどをしないように気をつけて。

②少しずつちぎり分け、湯気のあがった蒸し器に入れ、二〇分ほど蒸す。

③熱いうちにすりこぎに水をつけながらよくつき、さらに手でよくこねる。

④もう一度五分ほど蒸して、再度こねると軟らかくなる。

⑤少しずつ手にとって丸めてのばし、あんを包んだり、丸めたのにたれをつけてどうぞ。

〔たれの作り方〕

ミリンを煮切って、だし汁（入れなくてもよい）と醤油を足して煮たて、水ときの葛または片栗粉でとろみをつける。

もみくちゃにされる米

政府は、昭和五十九年度（一九八四）から水田利用再編対策の一環として〝他用途利用米〟の生産を採りいれました。この呼び名で生産された米（ウルチ米）は、主食の需給計算から除かれ転作作物扱とされます。生産量はこれまで年二七万トンだったのに対し、八七年からは三四万八〇〇〇トンに引き上げられ、米全体の年間生産量の三％ほどを占めます。主に味噌、米菓（せんべい、あられ）、米粉、酒造用など加工品に利用、破砕精米の形で（米の横流しを避けるため）、業者に払い下げられ、価格は市販の半値くらいとなっています。加工用としてはこの他に、くず米が特定米として約二五万トン使われています。

モチ米については、現在は自主流通米扱で、経済連を通して業者に販売されていますが、「近い内にウルチ米同様、他用途利用米扱になる可能性がある」との話も加工

いきなり団子

生のカライモ（サツマイモ）を輪切りにして、小麦粉の皮でいきなり包んでゆでる（または蒸す）ことからつけられた名前だといわれています。農繁期のおやつなどに作られました。

〈材料〉サツマイモ600g、小麦粉200g、お湯大さじ7〜8、塩小さじ½

❶イモは1㎝厚さに切り、皮をむく。包むとき、イモの角で皮が破れやすいので面とりしたほうがよい。

❷❶をザルに並べ、生乾き程度に天日に干す。

❸粉に塩を入れ、ぬるま湯でまとめたら、粘りが出るまでこねあわせ、ぬれ布巾をかけてねかせておく。

❹❸の皮を薄くのばし、4㎝幅の帯状に切ってイモにきっちりはりつけるようにして包む。このとき皮が破れたり、イモの表面に水気が残っていると、蒸す間に皮がはずれてしまう。

❺蒸し器にぬれ布巾を敷いて、包んだイモを並べ、20分強火で蒸しあげる。またはたっぷりのお湯でゆでる。

へらへらだんご

小麦粉を耳たぶの固さにこね、手でちぎって指のあとをつけながら薄くし、熱湯でゆでる。水洗いし、あんやたれを片面につける。

きびだんご

キビ粉（同量の地粉を入れてもよい）に熱湯を少しずつそそぎ、塩をほんの少し入れて耳たぶくらいの固さに練り、にぎりこぶし大に分けて20分ほどふかす。きな粉やゴマ塩をつけていただきます。なかなか歯ごたえがあり、香ばしくておいしい。

ジャガイモだんご

ゆでたジャガイモをすりつぶし、小麦粉を混ぜ合せてよくこね、食べやすい大きさにまるめて強火でサッとゆで、あんをからませて食べる。甘辛煮にしてもおいしい。

業者の方から聞きました。

今はむろん政府による正式な米輸入はありません。しかし民間貿易の枠内では、ビール、せんべいといった製品の形で輸出し、引き換えに原料としての米を輸入する〃加工貿易〃（一本、一袋につき何グラムという具合）は行われています。

そば、うどん

●米は完璧なほど為政者の手に握られたが、ソバや麦はそうではなかった。だから、そばやうどんは庶民にしっかり受け継がれてきたと、聞いたことがあります。粉と水と打ち手のぬくもりでこね、のばすだけのもの。打つごとに味、風味、歯ごたえが違います。ご紹介するのは新潟県新井市の阿部さんのそば打ちです。

材料 **ソバ粉** 一Kg **山イモ** おろして三〇〇g。小麦粉をつなぎに使う場合は、そば粉七に対し小麦粉（地粉）三の割合

道具 **こね鉢** または大きめのボール **麺棒** **のし板** コンパネでも代用できる

一 そば粉は自分で粉に挽ける場合は、当日か前日に用意しておき、買う場合はできるだけ新しいそば粉をもとめる。打つ前にふるいにかける。

二 こね鉢にそば粉1kgを入れ、そこへお湯（そば粉の35〜40%くらい、少なめに）をそそぎ、全体に水をまわす。

三 両手の平と指を開けて、サクサクと大きくすくうようにして粉に水をいきわたらせる。（3〜4分）

四 つなぎにおろした山イモ（トロロイモ）300g、好みで玉子1個を加え、よくこねる。阿部さんはここで山ごぼうの葉を乾燥させてよくもみ、繊維の部分だけ取りだしたもの「くるみ大」を、少しの熱湯でトロトロにし、水を捨ててから一緒に加えてこねる。

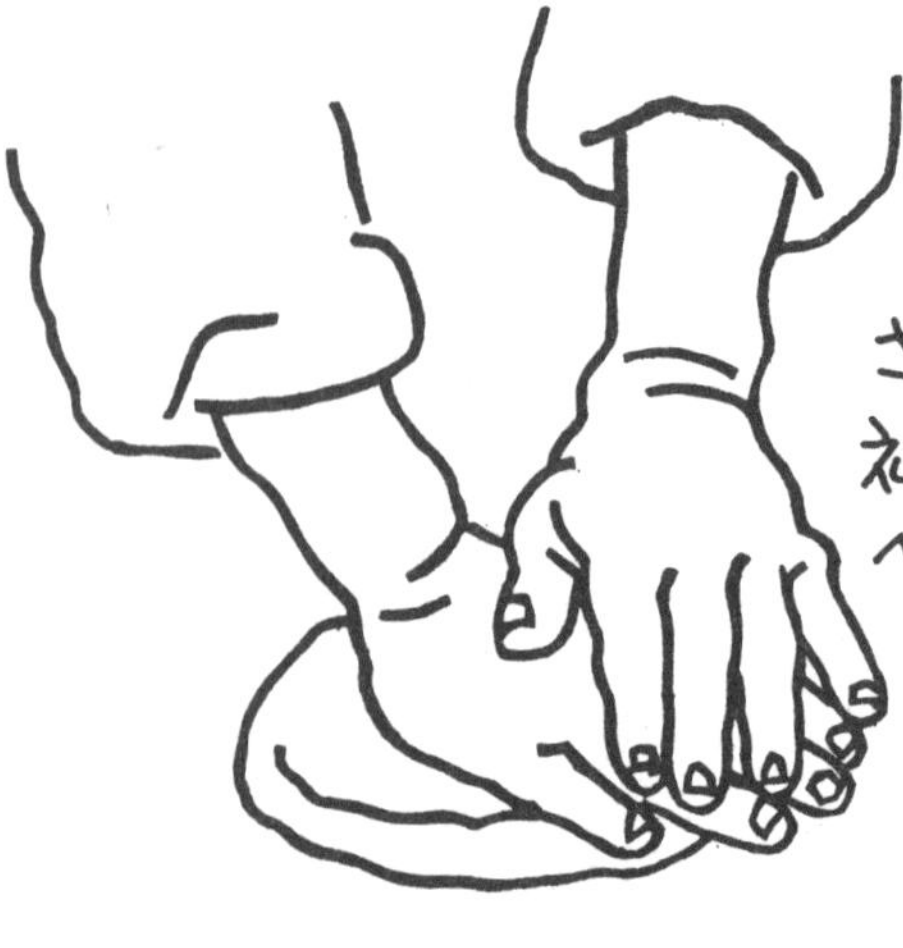

五 「耳たぶ」くらいのやわらかさにこね上がったら、1つにまとめ、最初は手の平で押し広げる。全体に平べったくなったら麺棒でのす。

六 まず前後にのしてやり、ある程度薄くなったら麺棒にまき、方向を変えて広げ、また前後にというようにして、全体が均一の厚さ（1〜2mm）になるようにのす。

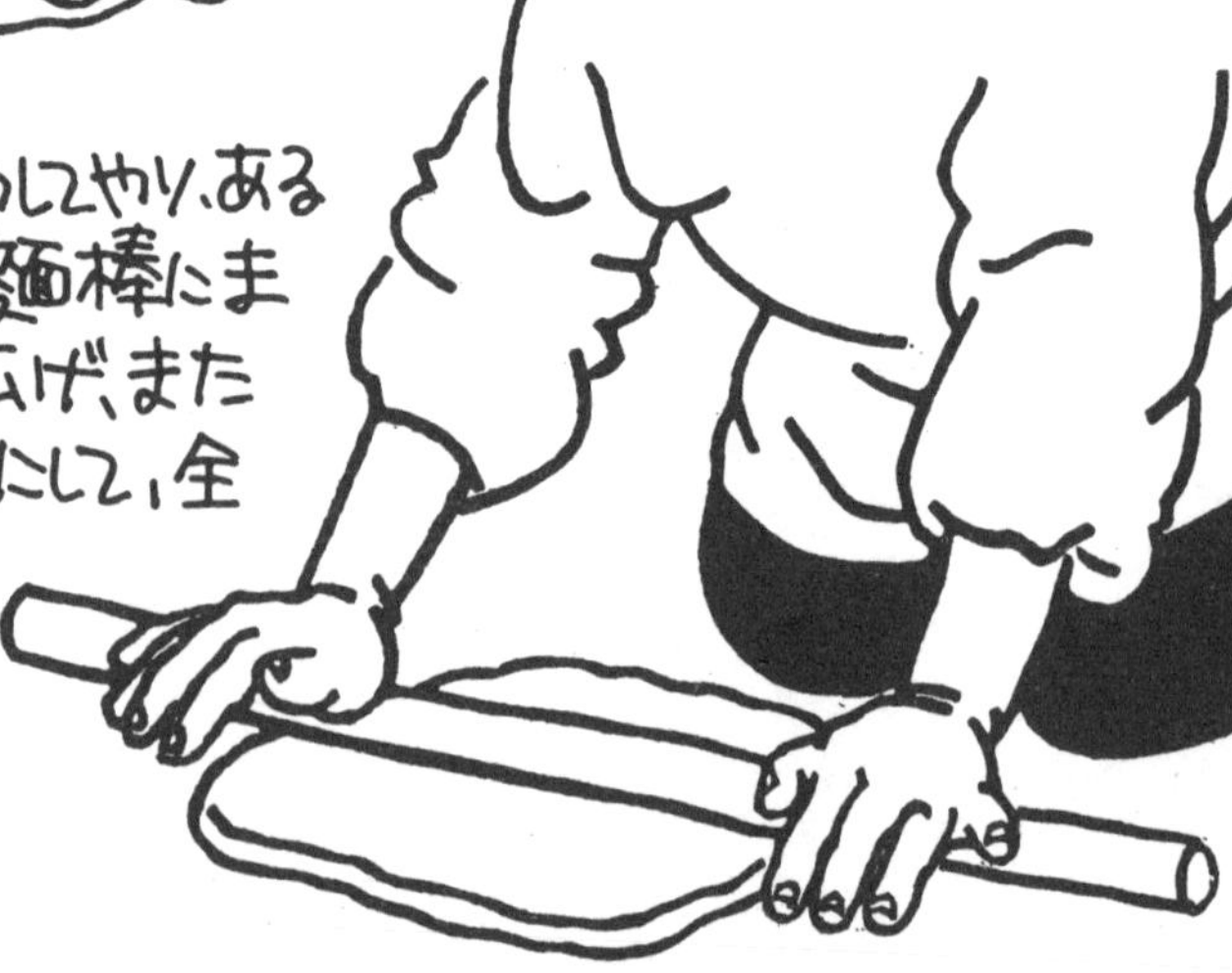

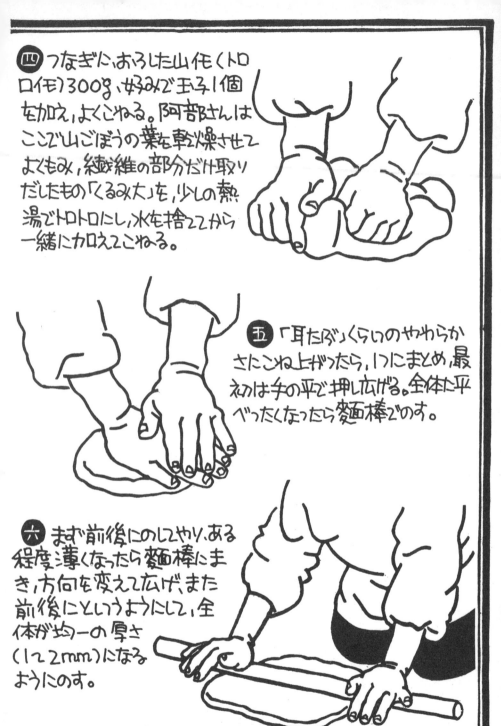

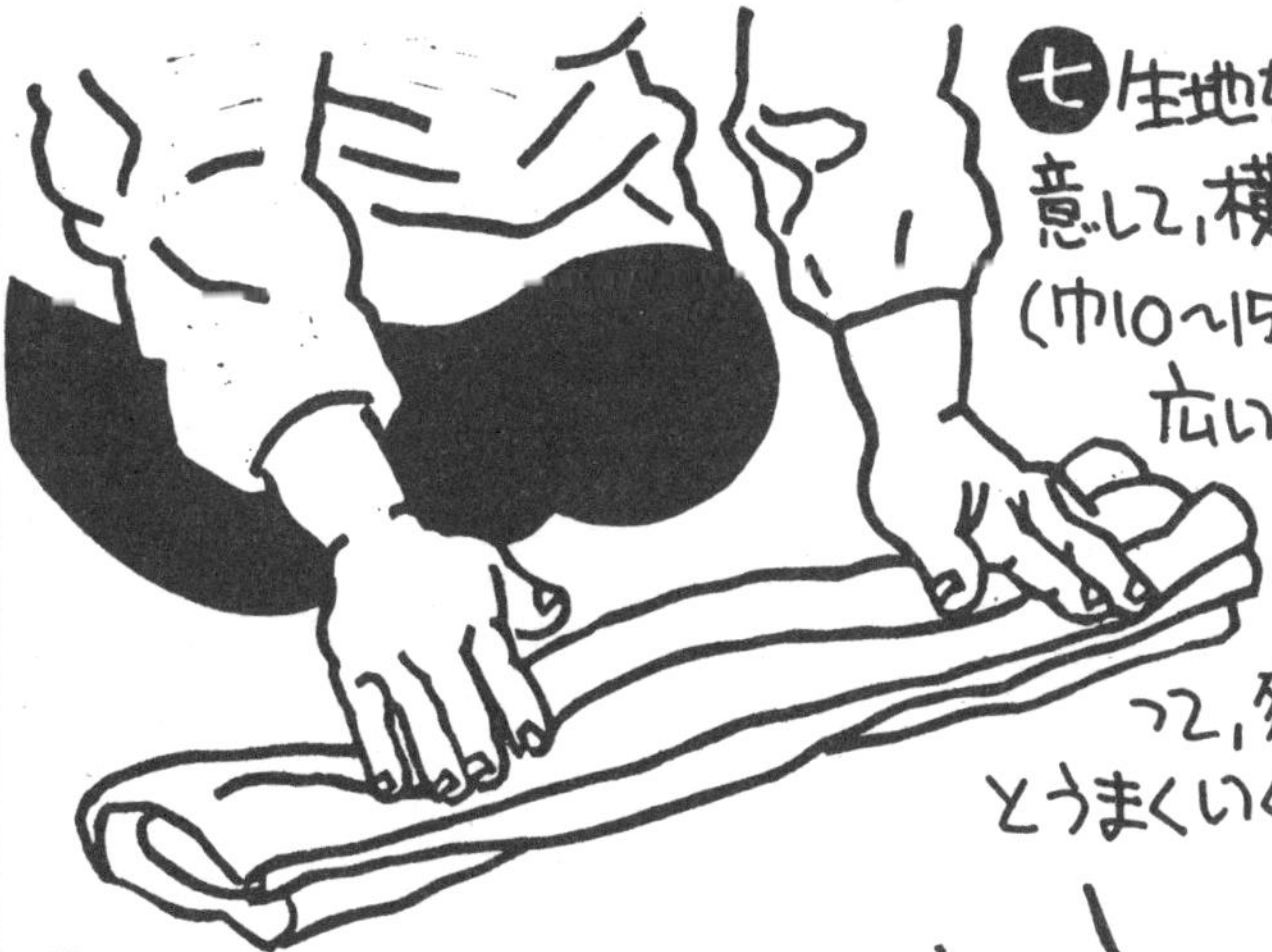

七 生地を破らないように注意して、横に何度か折りたたむ。（巾10〜15cmくらいまで）生地が広い場合は、麺棒に3分の1くらいまきつけ、そのまま半分の所で折って、麺棒からほどいてやるとうまくいく。

八 包丁を少しむこうに押す感じでトントンと切る。そばの太さはゆで時間と関係するので、均しくゆで上げるためには、太さはできるだけそろえる。

九 ゆでるときは沸騰したタップリのお湯に、そばをパラパラとほぐすように入れ、湯の中で泳がせる。そして、もう一度沸騰したら水をさし、さっとあげて水に入れ、洗う。（水は冷たい方がよい）

ていねいに気を配ってそば打ち

畑に作ったソバから

新潟県新井市に「そば作りの名人」が住んでいるときき、行ってきました。

五〇センチほど降った雪が、消えず積み残っている初冬の寸分道《すぶんどう》部落。信越線新井駅からバスで約五〇分。終点からさらに四〇分ほど歩きます。向こうに妙高山、眼下は高田平野から日本海へと見渡せる岨《そば》道です。標高五〇〇メートル。寸分道部落は往時、四十軒あった家が現在二軒しかなくなってしまいました。

この山中に住む阿部さん一家。ソバ作りの名人は与司夫さん（五十四歳）、そば打ちの名人は奥さんの光江さんです。五反歩の畑からとれるソバで、自家用、お客さん用、友人たちに分けてやる用と、すべてを自給し、町場のものとはちょっと異なったそばをふるまっておられます。

ここ四、五年、阿部さんのそばを欲しいという人が、口伝えでだんだん増えてきました。新井や近在の人に、とりまとめて分けています。初冬から暮にかけては、年越そばを切るところまで作るので忙しくなります。

「でも、働きに出るといったら、ここらへんの女の人、土方しかないでしょう。それに比べたら（そば打ちは）楽だし、自分が育てたものを作るんだから、忙しいなんて言っていられないですよ」

光江さんには、おいしいと食べてくれる人がいる、それがなによりです。そば粉一キロ使った分(仕上がりで一・五〜六キロ）で二〇〇〇円で買ってもらっていますが、自分でソバを作っているからこそできる値段。そば粉を買ったのではとても引き合いません。

「女房は作ったことなかったんだけどね。それで私が、子どものとき母親がこうして作っていたと教えたのが一〇年くらい前だった」

このごろ、ちっとはうまくなったみたいだと与司夫さんはひかえ目にほめます。はじめの頃は、固い、軟らかいの繰返しで、水と粉を足して、どんどん増えていったり、失敗ばかりだったそうです。

ごはんのかわりにもなったよ

ところで、この一帯は米の転作作物として、ソバ作りが近年盛んになりました。水はけさえよければ、上手な人で一反当り一〇〇キロくらいとれます。七月二十五日頃から八月十五日頃までの間に種を蒔くのですが、阿部さんの家では親の代から八月十二、三日頃蒔くことにしています。それから刈りとる十月の末まで、肥料も農薬も使わず放っておくだけ。収穫したソバは麻袋に入れ保存し、種は特に選ぶこともしません。殻のままなら味もそれほど変わらず、一年中大丈夫とのことです。

「暑いさかりに畑うなって種蒔かなきゃいけないでしょう。これがたいへんなのね」

と、光江さん。しかし、そばは昔からの大切な食糧でした。

「うちの親たちの頃は、粉にしてごはんのかわりに食べたんだわね」

と与司夫さんは思い出を語ります。来客や結婚式のときはそば（切り）、うちで食べるときは、そば打ちに骨が折れるから、厚く切ったたちそばか、だんごにして味噌汁に入れました。米を節約するために、そば粉をごはんに混ぜることもあったとか。

「あれはせつなかった（つらかった）」

と、お二人は口をそろえておられました。

最近は、村からたくさんの人が出て行き、ずいぶんさびしくなりました。与司夫さんは、「けど、この齢になってみれば、自分にとっては、ここはいい所ですよ。農作業に追われることはあっても、ここで仕事している分には人に時間を制約されるってことがないんだもんね。これで何十年やってきたんだから」

酒もあまり飲まず、タバコも吸わず、「息子も娘もここから（街の勤めと学校に）通ってくれているから」と静かに話す与司夫さん。席の暖まる暇のない光江さん。畑にソバを作るところから始まるそば打ち、なんともいえない暮らしの厚みを感じました。

前述の作り方は、阿部光江さんのそばの打ち方です。そば汁は、鰹節と煮干のだしに醤油。ネギとたっぷりの大根おろしでいただきます。

好きが高じてとうとうそば屋

そば打ちの名人をもう一人ご紹介します。東京・板橋「丸喜庵」の岡田喜美夫さん。大のそば好きが高じて、とうとうそば屋を始めてしまった人です。

茨城県常磐産のそば粉を使い、いっさい機械に頼らない手打ちですので、一日に打てる量には限りがあります。また国内産のそば粉は輸入ものの三倍の価格になるので、当然一枚あたりのコストは上がるはずです。が、丸喜庵のそばは、街のどこでも見かけるそば屋さんと同じ値段。

「いい場所で（店を）やれば、それなりの値段がとれるのだが、それじゃ普通の人は食べられないからね――」

そば作りにかけた気迫を感じさせる一言です。

道具と手が一体に

岡田さんにうかがったそば打ちのコツをご紹介すると――。

まず、水まわし。開いた両の手のひらと指でサクサク、パラパラ、大胆にすくってはこぼし、水をまわしていきます。約一〇分。「水まわしを丹念にすること」がコツの第一です。

そぼろ状にぼろぼろしていますが、固めると不思議に固まるというふうになったら次はこねます。特に力を入れず約一〇分。手にくっつくようでくっつかない、つややかな感じになります。まさに「耳たぶ」くらいの軟らかさ。

さて、のします。麺棒をとり出し、真ん中から向こうはじ少し前まで、端の山をつぶさないように気を配りながら手のひらを左右にすべらすように（こうするとひっかからない）焦らず、まんべんなく、そばを回転させるときも部分的に力がかからないよう、ていねいにのしていきます。「乱暴にしないこと」これが二番目のコツです。打ち粉（一番粉）はたっぷり使いますが、必要以上の打ち粉はそばにつかず、振れば落ちます。打ち粉のかわりに安価な片栗粉を使ったのではそば湯がおいしくありません。

乱暴にしないといっても、スピードはあります。途中で乾くことを〝そばがカゼをひく〟と言って恐れます。穴をあけたら広がる一方。うどんのようにあとでくっつけられないので気をつけてください。

岡田さんの手つきを見ていると、道具と手が一体となって、そばを自在に動かしているよう。麺棒も自分で削って作りました。

そば打ちを見せていただいたあと、奥さんが丹念に作られたつけ汁でそばをいただきました。シコッと軽い歯ごたえがあり、口の中にはほのかな風味が残ります。店を辞し帰途の間、福々しい気分がずっと残っていました。

（丸喜庵＝東京都板橋区東新町一―一一―一　TEL〇三―三九五六―五三〇九）

そば汁は、これで決まり

その(一)

◎丸喜庵のそば汁の作り方。

●本返し

〈材料〉醤油＝五〇〇cc　ミリン＝七五～一〇〇cc　砂糖＝七五～一〇〇g

①ミリンのアルコール臭が抜け、砂糖がよく溶けるまで煮立てる。

②①に醤油を加え、煮立つ寸前で火を止める。よくさましてからビンなどに保存する。

●だし汁

〈材料〉水一ℓに本鰹節三〇gと宗田鰹三〇g又は水二ℓに本鰹節五〇gと宗田鰹五〇g（水の量が少ないとダシは出にくい）

①お湯が煮立ったら材料を入れ、とろ火で一五～二〇分煮出す。

②布でこす。

※「本返しは常温でもカビたり腐ったりせず、日数がたつほどコクが出て味がよくなり、ほかの料理にも応用できるので、作りおきすると便利。丸喜庵・岡田さんは、本返しを「もり」の場合三〇%、「かけ」には一二%入れていますが、好みで変えてください。

その㈡

◎昆布と鰹節のだし汁

水から昆布を入れてワッと煮立たせて火を止めます。昆布を引き上げて鰹節を加え、沸騰させて火を止め、鰹節が沈んだらこします。これに好みの量の醤油を加えます。ポイントは、味のよい醤油を使うこと。つけ汁のおいしさは、醤油によってかなり左右されます。

手打ちうどんは足踏みが肝心

山梨県上野原町で製麺業を営んでいた高水正夫さん（現在は岐阜県恵那市在）にお聞きしたやり方で手打ちうどんを作ってみました。

〈材料〉小麦粉＝中力粉五〇〇g（五人前）できれば皮のほうもひきこんであるもの　塩水＝一〇%の食塩水を粉の重量の四五%ぐらい　打ち粉＝小麦粉以外の粉、片栗粉、コンスターチなど

①水まわし

粉に塩水を加え、よくかき回します。容器は、両手を楽に入れられるように小型たらいが最適です。塩水は一度にザアーっと入れないで、様子を見ながら足していきます。かき回すにつれ、粉のカドがとれてなめらかになります。

②こねる

両手をげんこつに握ってギュッギュッとつぶすように、約一〇分間こねます。まだかなり固くゴワゴワしていますので、つぶすにはかなりの力が必要です。でも、うどんに切る段階で「耳たぶ」の軟らかさにするためには、こねる際それより固くなければなりません。

③足踏み

うどんの生地が伸びやすいよう、布にふんわり包んで足で踏みます。伸びたら三つ折りにしてもう一度、さらにもう一度、一〇分間ぐらいクニュクニュと踏み続けます。包むのに、ビニール袋では空気が抜けないので不適です。

④ねかす

生地が乾燥しないようにビニール袋にくるんで二～三時間ねかします。その日のうちにうどんに切らない場合は冷蔵庫に保管します。

⑤もう一度こねる

ビニール袋をとると、固かった

生地はキメの細かい、軟らかい肌になっています。これを両手に包み込むようにしながら再度こね、まん丸い玉をつくりあげます。

⑥再度足踏みの後のして細く切る

　手でこね、足で踏み、打ち粉をしながら麺棒でのすうち、生地はだんだん軟らかくなってきます。コリッとした耳たぶのような手触りです。ベタつかないので、打ち粉もたいした量は要りません。ぐいぐいと長方形にのしていき、三つ折りにして切ります。

⑦ゆでる

　たっぷりの沸騰湯に入れ、一二分間ぐらいゆでます。強火でサッとゆでれば塩味が残り、弱火でゆっくりゆでれば塩が出てしまうので薄塩にゆであがります。塩加減、うどんの太さ、ゆで時間はいずれもうどんの味と密接な関係があるので、何回か作ってみて、自分なりの方法を見つけることだと思いました。

すべすべの生地に

　小麦粉で作る食べものはいろいろありますが、うどんづくりはおもしろく、そのうえ簡単です。はじめガサガサしてうどん生地になるのを抵抗しているかのような小麦粉が、手のぬくもりを加えるごとに水になじみ、やがてつきたての餅のようにすべすべとなるおもしろさ。形は不揃いのうどんですが、手軽にできて歯ごたえは充分。次につくる機会が待ち遠しくなります。

土地のうどんは野性的

　岩手県の読者の方からお寄せいただいた手打ちうどんの作り方をご紹介します。

◎八戸市・橘キクさんの作り方

①湯のみ半分の塩を水にとかし、粉（小麦粉五升分）に入れる。

②熱湯にラーメンを入れるときの要領で、両手を使って粉をもみほぐし、水加減をみながら水を加える。ハシなどは使わないことがコツ。

③全体にパサパサになったらゴザに生地をひろげ、ゴザをたたんで足で踏みつける。

④生地をたたんでさらに踏みつけ、生地がきれいな肌になるまで繰返す。

⑤生地を五等分して、四尺（一二〇センチ）四方ののし板に乗せ、麺棒で打つ。（のす）

⑥麺棒に巻けるぐらいになったら切る。

〔だしのとり方〕

　トリあるいはキジの肉を水から入れて煮出し、醬油を入れる。あれば酒も加える。

　季節のものは何を入れてもよく、なかでもゴボウはよいだしが出るので、ゴボウだけでだしをとることもあるほど。

◎盛岡市・栗谷川典子さんの作り方

①こねばちに、塩とふるった粉を山にして入れる。

②山の頂上から熱湯を注ぐ。

③粉を抱きこむようにして上からかきまぜ、まとめる。耳たぶくらいの固さになるように水加減してください。

④布巾をかけ、しばらく置く。

⑤布巾に包んで足で踏みつけてこね、よく踏む。

⑥薄く伸ばし、切る。太い厚いがあってかえっておいしい。

〔だしのとり方〕

　煮干を入れた水が沸騰したら少しおいてとり出し、鰹の厚削りを入れて煮出し、醤油、塩少々を加える。

※両方とも使用する小麦は、南部八幡小麦でいわゆる地粉です。準強力粉ですので、パンも作れます。

栄養豊富な玄ソバ粉

　そば粉は大きく分けると「御前《ごぜん》粉《こ》」と一般に「そば粉」といわれるものの二つに分かれます。

　「御前粉」とは「さらしな（更科）粉」などとも呼ばれ、胚乳部のデンプン質だけをとった粉で甘皮分は全く入りません。御前粉は食感（歯ごたえ、口あたり）がすぐれ、色が白く、そばの香りが少ないため「茶そば」「ゆずそば」などの特殊なそばに利用されます。とれる量が少ないこともあって高級なそば粉のように思われがちですが、特に味がよいというわけではなく、むしろ一般のそば粉のほうが、タンパク質や微量成分のほとんどを含む甘皮が入っているぶん、そば独特の味や香りはまさっています。

　栄養面からは、タンパク質の量と質、ビタミンB、ルチンなどが長所として挙げられます。特にタンパク質を構成するアミノ酸のうち、体内でつくれない必須アミノ酸、その中でも米、麦で不足しがちなリジンを多く含むことがソバの特長です。（タンパク質一〇〇g中、リジン含有量＝米三・五四g、強力小麦粉二・二八g、そば粉六・一八g＝日本食品アミノ酸組成表）

　また、ビタミンB群ではB_1とナイアシンが多く、米や麦に比べると四〜五倍の量になります。このビタミンB_1は炭水化物がエネルギーに変るのをスムーズにする役割がありますし、ビタミンの一種のルチンは血圧を正常に保つ働きがあるといわれます。ただし、こうした長所は、特にソバの実の外側、粉でいえば内層粉より中層粉、表層粉にありますから、殻を除くすべてを食べるのでなければ、生かされてきません。

お吸いものに、雑炊に

ぬきそば（ソバ米）をサッとゆがき（火はすぐ通る）、薄味の醤油仕立ての汁の中におとす。または初めからこの汁でゆがく。そばの量を多くすれば、おかゆか雑炊風のものになります。

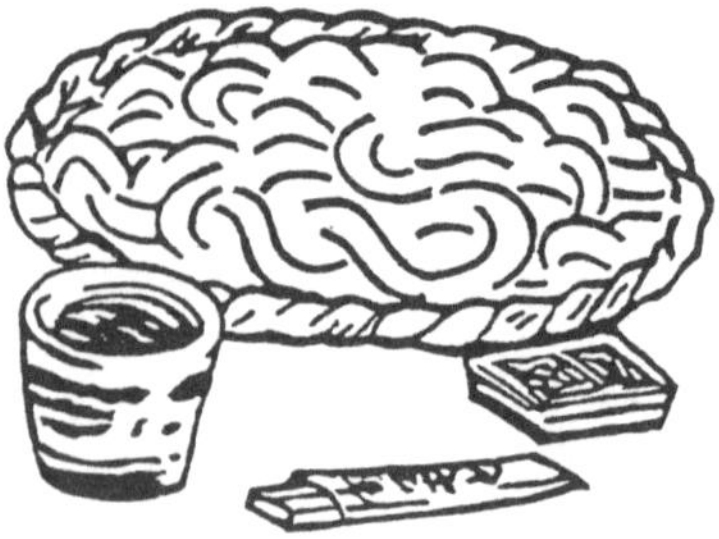

あずきぼうとう

軟らかく煮たお汁粉のような小豆で、生のひもかわ（幅広のうどん）を煮こむ。とろとろにしたアツアツの、冬の食べもの。

かっけばっと

水2合にダイコンを軟かく煮、大きく切った豆腐を入れて塩味をつけ、そば切りと同じようにのして、3㎝角に切ったそばをおろしぎわにいれる。厚いところをニンニク味噌で食べる。

そばがき

ソバ粉とほぼ同量の熱湯に、ソバ粉をドッと入れ、ごはんしゃもじで、大急ぎでガッガッガッと練る。ネギと醤油でどうぞ。作った鍋についたそば粉は、水でとかして火にかけ、ゆっくりのばすとそば湯に。

つみれに使う

つみれには1～2割のソバ粉を加える。揚げてもいいし、煮物にも使えます。

そばだんご

ソバ粉をお湯で練って、薄く切って揚げる。あんこをかけて食べるといいでしょう。

実そばスープ

〈材料〉（4人分）人参1本、白菜100g、玉ネギ1個、実そば100g、昆布（鰹）、だし汁5カップ、塩

❶油で玉ネギ、人参、白菜の順に炒めて、塩少々をふる。

❷だし汁をはり、すでに炊いていたソバ米を入れ、とろりと軟らかくなれば、塩で味をととのえる。

野菜がいっぱい、ソバ米でとろみがついた温かいスープです。（『たより』安全な食べものを求めて手をつなぐグループ千羊より）

煮ぼうとう

いろいろな季節の野菜を油で炒めて、醤油味のおつゆをつくり、普通のうどんより幅の広い生めんを入れて煮こむ。「おっきりこみ」「ひぼかわ」とも言います。

おりあげ

大鍋にうどんをゆで、ゆだったばかりをすくい上げては、きざみネギやトウガラシを入れた生醤油につけて食べる。

そばせんざい

ソバ粉を手にくっつかない、耳たぶくらいの固さにとき、ピンポン玉より少し小さいくらいの扁平な形にまとめる。これを直《じか》焼きにしてこげ目をつけ、あんこをかけてぜんざいにすると、香ばしい味のぜんざいです。

そばもやし

玄ソバで作る。そば屋さんで玄ソバをほしいとたのめば、製粉会社から取り寄せてくれるはず。この玄ソバを浅い水につけるとすぐ芽が出てくる。水はよく取り換えて。

うどんのつけ汁、もうひと工夫

●ナス南蛮
ナスを細く切り、多めの油で炒め、水2、醤油1の割合で加え、ひと煮たちさせる。ナスはよく炒めるほどおいしい。

●ネギ南蛮
ネギをひと口大に切り、多めの油で炒めて、水2、醤油1の割合で加え、ひと煮たちさせる。

●冷や汁
ゴマを煎ってすり鉢でよくすり、青ジソの葉を細く切って加え、もう一度よくすり、砂糖と味噌を加えてまたよくすり、これをフタ付の容器に入れてとっておく。

さっぱりしたうどんが食べたいとき、このゴマ味噌を冷たい水でのばし、うどんをつけていただく。キャウリを入れてもよい。

そば粉のホットケーキ

〈材料〉ソバ粉200g、卵2個、マーガリン40g、豆乳250cc、塩

❶ソバ粉に塩1つまみを入れて合わせる。
❷マーガリンを泡立器で混ぜてクリーム状にし、卵黄を入れてよく混ぜる
❸豆乳を人肌にあたためて少しずつ❷に加え、ふるったソバ粉を入れる。
❹卵白をかたく泡立ててサックリ混ぜ、フライパンに油を熱して焼く。

そばクレープ

ソバ粉を薄くとき、トローンとフライパンに流す。あっという間に火が通るので、端からはがすようにしてとるか、巻くかする。そのままでも、またおそうざいや佃煮、ジャムを巻いてもおいしい。

手打ちうどんのイクサのからみかけ

ゆでて水洗いしたうどんを、凍り豆腐とネギのすまし汁でもう一度煮たて、そこにイクサ(エゴマ)を煎ってすりつぶし、少量のミリンとだし汁でといたタレをかける。

そば餅

そばめ(ソバの二番粉)に卵の花(おから)を入れてよく練り、臼でついて適当に丸め、煮あげる。エゴマは煎ってよくすり、砂糖、味噌で味をつけて、これにそば餅をつけて食べる。卵の花を入れるのは軟らかくするため。正月の鏡餅に水をつけて凍らせ、ソバ粉と半々くらいにまぜあわせてつくることもできる。

味噌汁にうどん

野菜の入った味噌汁の中にうどん(乾めん)をポキポキ折って入れ、ぐつぐつ気長に煮込むと、よりいっそうトロミが出ておいしい。

しょっつる

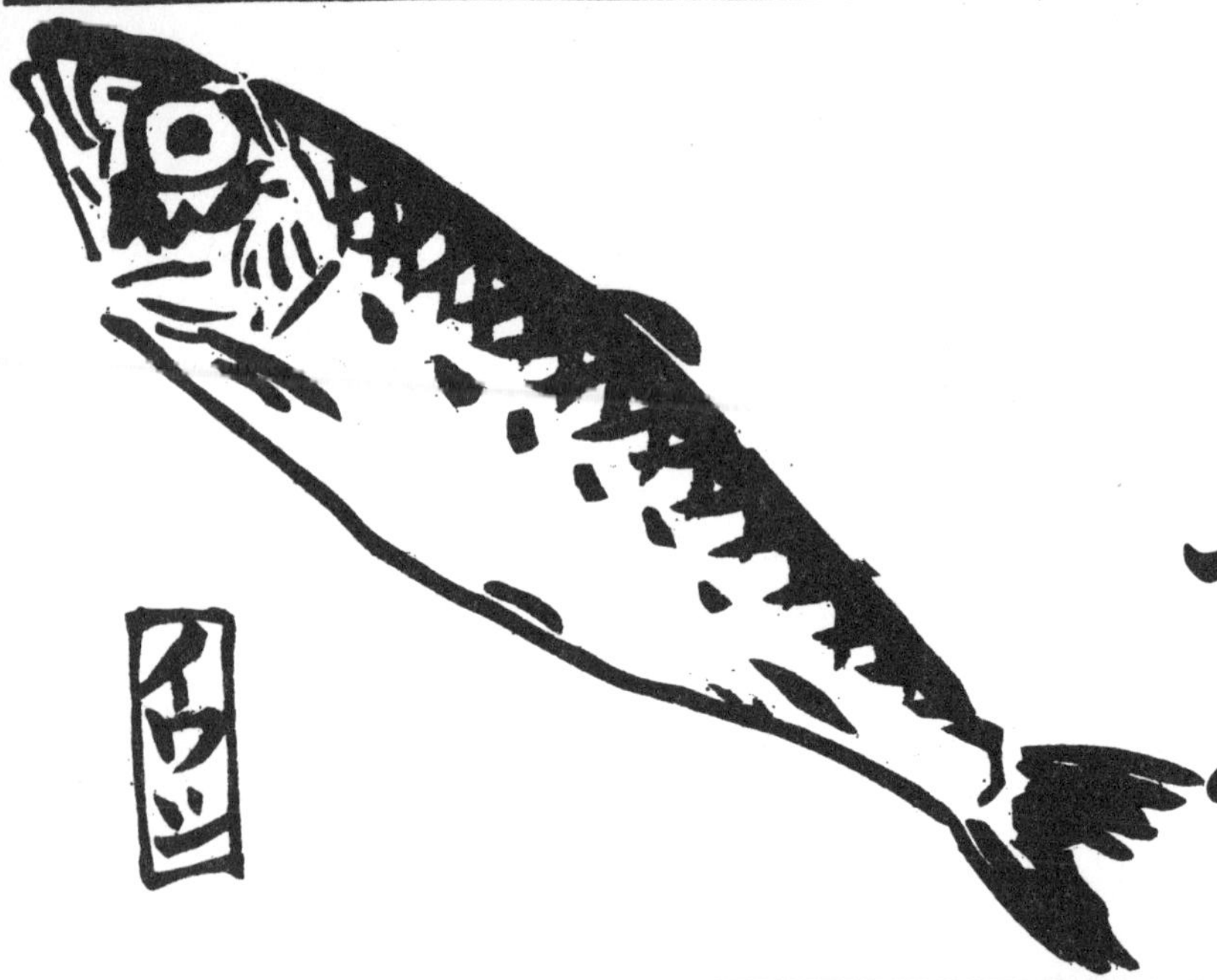

イワシ

●暮しの流れが早まり、それに押し流されるように、時間の掛かる手づくりが、姿を消し始めています。でも、二年、三年と年月を費やして、初めて醸し出される実りもあるのではないでしょうか。暮し全体をもっと大きな視野で捕えたい、そんな思いも手伝って、今回は周期の長い手づくりになりました。

材料 **イワシ** イワシ、サバ、アジなど、安く大量に手に入る魚を使う。**塩** 魚の量の二割くらい。**米コージ** 少々、無くてもよい。

容器 **タル** 材料全部を入れて八分目ぐらいになる大きさのもの。量が少ないときは広口ビンなどが便利。カメでもいい。

一 魚は水でざっと洗い一尾を3～4切れ（大きさによって適宜）に切る。頭は固く溶けにくいので取ってもよいが、内臓は使う。ハタハタで作るときは、事前にブリコを取り出す。

※ブリコ…ハタハタの卵。酢の物や岩のりをかけ、醤油・砂糖で味をつけて食べる。

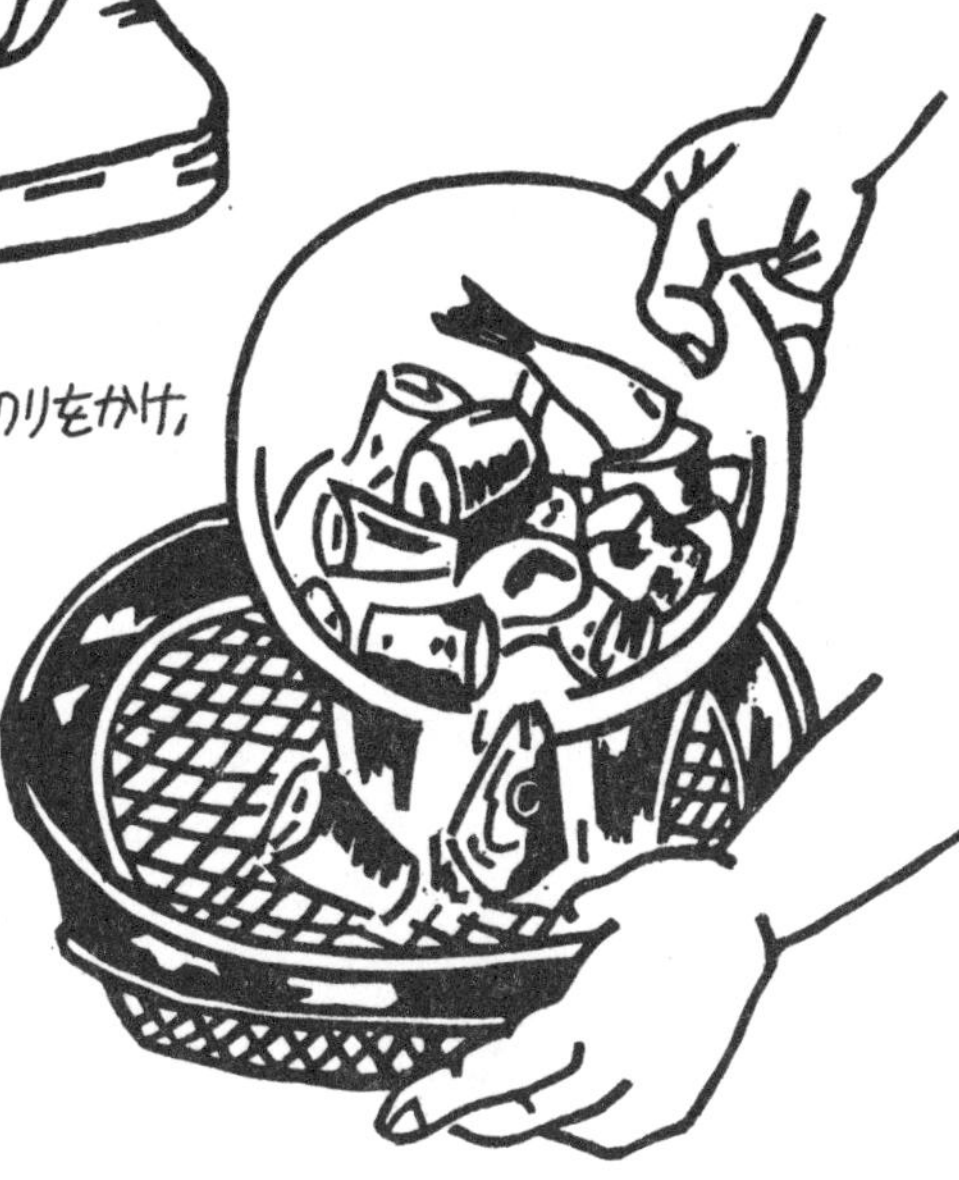

二 切った魚を二昼夜くらい水につけて血抜きし（水は適宜に変える）、ザルに上げてよく水を切る。

三 塩の上をころがし、魚全体が白くなるくらい塩をまぶしつける。（コージを使うならここで同様にまぶす。）

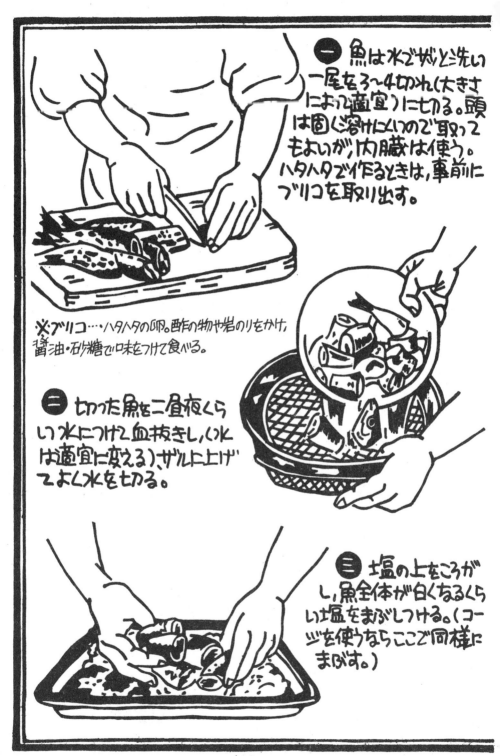

四 タルの中に塩をした魚をつめ、つめ終えたら最後に少し呼び水を入れ、フタをする。フタは障子紙でおおいて、ひもでしばってもよい。置き場所は台所や土間など暗くてすずしい所。重石はとくにしない。

五 水が上がったら、時々ゆすったり、かき混ぜて全体をなじませてやる。

六 二、三年たって全体が溶けてどろどろの状態になったら、全体をよく混ぜた後、ザルなどで濾し、溶け残った骨を取り除いて使う。さらに沈澱させて上澄みを使ってもよい。保存は何年でもできる。

※コージを使えば一年（ひと夏越す）でできるが長期保存には適さない。

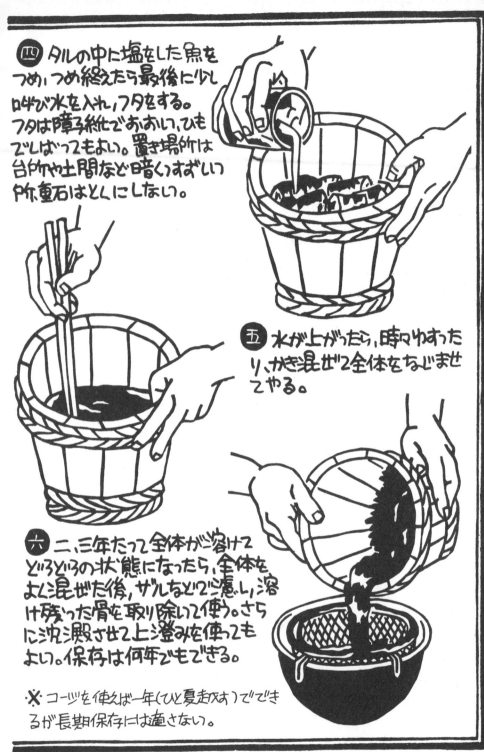

季節の流れにのせてつくる

「買わんですむ」ありがたさ

「しょっつる」は〝秋田の体臭〟といわれ、県の代名詞で通るほど有名です。ところが、実際にどんなものかとなると案外知られていません。そこで、この秋田とは切り離せない食べ物について詳しく知りたいと、土地の人に話を聞いてみました。最初、県内でも山あいの人に尋ねたところ「市販のものは使うけれど、家では作らないね」とのこと。魚が原料なだけに、地域性の強い、海辺の暮しと結びついた食べ物と思われました。

しかし海沿いに住む人に聞いてみても、ここでも、自分で作る人はずいぶん少なくなっていました。原料に使う魚は、ハタハタが最も一般的ですが、ニシン、イワシも使い、中にはタイや白魚で作る高級品もあります。ところが、その原料のハタハタが、ここ数年獲れなくなりました。不漁のため値段も急騰し、「もったいなくて、前みたいに塩汁（しょっつる）まで作れない」「海流の関係かね。地震と津波の後からすっかり獲れなくなったね。まあ、今年（一九八六年）は去年より少しはましなようだが」という話です。市販品を買う人が増え、家で作る人が減った原因の一つにこの原料不足が挙げられますが、もちろん最近の嗜好や生活サイクルの変化もみのがせません。

「とにかく昔は余るほど獲れて、春までの間ハタハタ食べて暮したんだよ」この言葉どおり、ハタハタで作る〝なれ鮨〟は、野菜と一緒に漬け込む塩加減の薄いものから、塩を強め春まで持たせる魚だけのものまで、順に食べられるように幾樽も、何種類も作り、さらに塩汁と、漁のあるときは何日もかけて仕込んだそうです。

「塩汁作っておけば醤油だって買わんですむし、何といってもそれしかないんだから」

獲れるものを最大限利用して厳しい冬に臨む、北国の生活がうかがえます。

「しょっつる」を使う料理というと、やはり鍋がいちばんです。鍋の具は「タラ」「アンコウ」など白身の魚が多く、ハタハタもよく使います。醤油だけで味つけしたのとは違う独特の旨味があり、くどさもなく、それが白身の魚とよく合い、味を引き立たせるのです。味つけは「塩汁だけでも、味噌と混ぜてもいいよ。ぜいたくだけど、酒を多めに入れて煮ると味がよくなる。初めて食べる人で臭いが気になるようなら、味噌や酒を一緒に使うんだね」と教わりました。

能登地方では「いしる」

ところで、能登半島にも「しょっつる」に似た「いしる」という魚醬油があり、こちらは主にイワシやサバで作ります。この二つの大きな違いは「しょっつる」が魚全体を使うのに対し、「いしる」のはうは身を加工した後の頭と内臓を使う点です。丸の魚を切って一緒に仕込むこともありますが、どちらかといえば内臓が主で、大量に獲れた魚を、塩漬、糠漬、缶詰などにした後、残物も余さず使う知恵といえます。「加工場で作るだけでなく、たいていの家で作ってますよ。作り方は秋田の方から来たって聞きますがね」とは漁協の方の話です。

臭いについては、「自分は香ばしいにおいだと思うが、人によっては生臭いと感じるかもしれんね」と、「しょっつる」と共通の答が返ってきました。色はウイスキーのようで、サバで作るとイワシより赤っぽい色になるそうです。

仕込みは「しょっつる」とあまり変わりません。ただ内臓が主なせいか塩の量は多く、魚の二〜三割を使います。量しだいで味も変わるため、作り手の好みで多少差はでますが、塩分が低すぎると傷みやすいこともあり、二割以上は使います。材料に塩を加えて攪拌し、全体にいき渡るよう手でよくもんで、おもちのようにボタッとなったらタルに詰めます。このとき、酒粕や米コウジを入れると味がまろやかになり、発酵を助けるので、最近は嗜好の変化も手伝って、市販のものにはだいたい使われています。でも、家で作る場合は特に必要ありません。

能登半島では四〜五月にイワシの漁があり、大量に獲れるこの時期に仕込んで、ひと夏越した九月末から使い始めます。夏を越すと仕込んだタルの上の方に溶け残った骨などの残物が層になって浮き上がり、底には澄んだ液が溜ります。これが「いしる」で、濁らさずに取り出すために、タルは酒ダルのような下に栓のあるものを使っています。下から使っていって、徐々に液が濁ってくれば終りが近いというわけで、最後にタルの底に溜る残物は堆肥として使えます。昔はよく農家の人が野菜などと物々交換で持っていったものですが、現在はそんなこともなくなり、焼却場行きになっています。もったいない話です。

能登半島の内海地域には、この他にイカが原料の「いしる」もあり、これも内臓を主に、一部イカの身も入れて作りますが、イカは夏、冬、二度漁があるので、仕込みは漁に合わせて行います。

また青森県にも、イワシの内臓を使った魚醬油がありますが、こちらはもっとどろっとした内臓も一緒になった汁で、臭いもかなりきついとのことでした。

「ナム・プラー」は企業の味に

これら海の幸を余さず生かした魚醬油は、日本だけでなく広く東南アジアの国々にもみられます。ヴェトナムのニョクマム、フィリピンのパティス、ビルマのナビ、タイのナム・プラーなどで、欧米にもアンチョビー・ソースがあります。

このうち「ナム・プラー」について、タイに何度も行かれ、土地の人々の暮しに詳しい戸田杏子さんから聞いたお話。

タイは海沿いの面積が広く河も多い国で、魚はよく食べます。普通に料理するだけでなく、塩漬けして保存食にしたり、それを他の野菜の味つけや動物性タンパク質の代わりに利用するのです。この「ナム・プラー」もそういった保存漬の一つで、「しょっつる」と同じように魚（海・河を問わず）を塩で漬けて発酵させ、どろどろの状態にしたものを濾《こ》して使います。タイ料理の味つけに欠かせない調味料で、これを使うと魚の旨味が加わり、味がぐっとよくなるといいます。「次の〝ナム・プラー〟ができるまで、カビを生やさないのが良い主婦」こんな話があるくらい、ごく普通に家庭で作られていたナム・プラーも、最近では買う人が増え、大きな工場では大プールに材料を入れて作るほどで、タイの家庭の味も、しだいに企業の味に取って代られていくようです。

国や地域の違いを越えて、作り伝えられてきた生活に密着した食べ物、また物とことん付きあう中から生まれた暮しの知恵が、今あちこちで激しい勢いで消えていっています。簡単、便利、手軽、時間（手間）が省ける、こうした一見豊かに思える言葉に踊らされ、永年培ってきた得がたい知識を失う愚行をこれ以上犯したくないものです。

魚醬油の利用法

塩・醬油などの調味料と同様に使います。日本では本文中にある鍋物の味つけがよく知られていますが、その他漬物にかけたり、野菜を煮るとき醬油がわりに使い魚の風味をつけたり（たとえばジャガイモの煮物やナスビを炒り煮するときの味つけなど）もします。石川県の郷土料理「貝焼き」は、大きな貝殻を鍋がわりにして直火にかけ、その中で野菜、豆腐、コンニャク、魚などを煮ますが、この時の味つけは「いしる」を使います。

東南アジア諸国では魚醬油はもっとも基本的な調味料で、煮物、炒め物、シチュー、サラダのドレッシングなど広範囲に利用されます。たとえばタイではナム・プラー（＝魚醬油）と唐辛子、それにマナオ（柑橘類の一種）を混ぜた汁を「ヤム」といい、これをベースにしたサラダ風の料理が様々に作られます。

しょっつる漬のナス焼き

しょっつるの瓶の中に、夏の間に塩蔵してある漬けナスを移し入れておく。それをとり出して魚焼き串に1本に5個くらい並べて刺し、炉の火のまわりにぐるっと立ててあぶる。

つくだ煮

●材料の持ち味と手間ひまかけて作られた調味料のうま味を生かして、じっくり塩からく煮つけると、風味と保存性をかね備えたつくだ煮が生まれます。作り方が単純なだけ調味料により大きく左右される味。おいしいつくだ煮を作る仕事は、よい調味料を捜すことから始まるとも言えそうです。

材料 **乾燥昆布** **醤油** **酢** 昆布を軟らかくするために入れる。分量は昆布の一〜二%くらい **調味料** 好みで砂糖や酒、みりんなど。分量の目安は醤油の一割位

道具 **鍋** 土鍋、行平(ゆきひら)などが最適。その他、ホーローや厚手の鍋など保温力のあるものが良い。

一 昆布は堅く絞ったぬれ布巾で砂や汚れをふきとり、ハサミで好みの大きさに切る。

二 切った昆布を醤油などの調味料を合わせて水を加えてのばした中にしばらく漬け、あとはそのまま炊いて煮上げる。

※ただし昆布は軟かく炊けるもの(真こんぶ、羅臼こんぶ、利尻こんぶ、日高こんぶなど)と比較的煮えの遅いもの(長こんぶ、厚葉こんぶ、細目こんぶなど)があるので、煮えの遅いものは分量の酢を入れた水で先に煮ておく。このとき水がなくなったら適宜に水を足すが、軟かくなったら、水に溶け出たうま味を逃さないために残りの水分は全部煮切ってしまう。

三 水分がある内は煮たったあぶくが大きく、煮つまってくるとだんだん小さくなるので、それを目安にしてこがさないように、特に最後は気をつける。煮汁がねっとりした感じになったら、火をとめ、そのまま一晩置いて味をふくませる。煮汁が残ると悪くなりやすいので、汁が昆布の中までしみ通るように充分に煮る。

あさりのつくだ煮

一 あさりは少量の水で蒸し煮し、身を殻からはずす。

二 調味液を多めに煮たてた中に材料を入れて煮る。
※魚（カツオ、マグロ）の角煮など、生の材料を使うときは、先にさっと湯通しする。

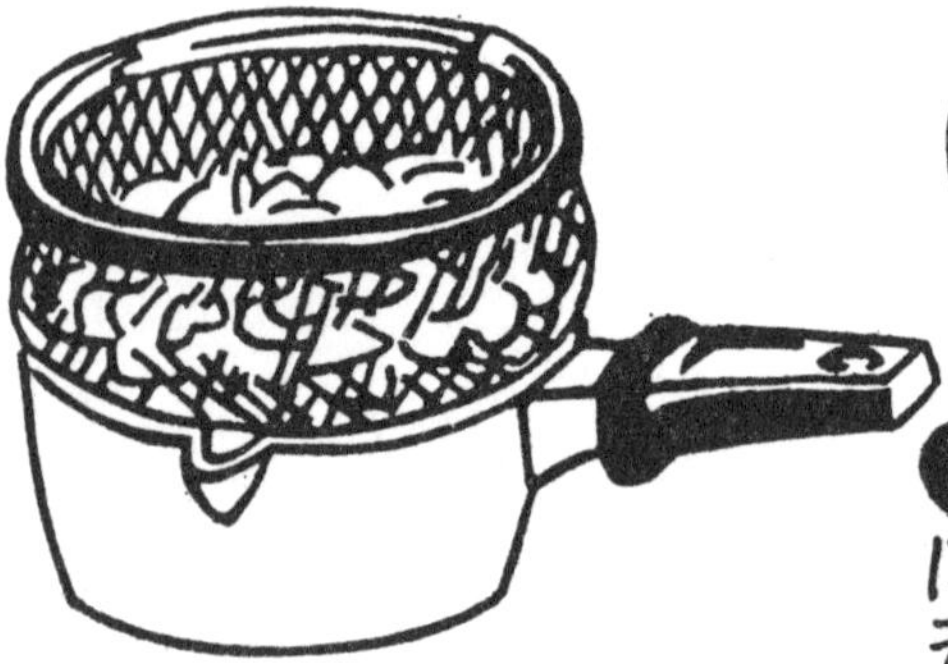

三 煮えたら煮つめてしまわずに、中身をざるなどに上げ、煮汁をよく切ってから手早く冷まして仕上げる。

※ 野菜でフキやショーガ、葉トウガラシなど、比較的アクの強いものは、下煮して、アクを抜いてから調味液で煮る。

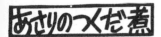

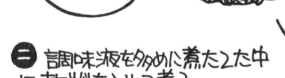

身近な素材でわが家の味

漁師がつくった保存食

「つくだ煮って何だと思う？」と聞いたときの答は、人によりずいぶん異なりました。ある人は「貝や小魚を煮たやつでしょ」と言い、ある人は「昆布じゃないの」と言います。言われるとどれもなるほどと思うものばかり。でも「つくだ煮」と聞いて最初に頭に浮んだのは、子供のころ母がよく作ってくれた、新ショウガの薄切りと殻付きのエビの煮《た》いたのや、古漬(夏のぬか漬の漬かりすぎたもの）を薄切りし、塩抜きして煮いたものなどの、家の味でした。こんなぐあいで、「つくだ煮」のイメージがしぼりきれないまま、近くのつくだ煮屋へ話を聞きに出かけました。

訪ねた店先の棚には二十あまりの大皿が並び、それぞれ異ったつくだ煮が山に盛られています。「ワカサギ」「アサリ」「キャラブキ」「昆布」「カツオの角煮」「小エビ」「葉トウガラシ」とさまざまに続き、最後には数種類の煮豆まであって驚いてしまいます。

「つくだ煮って醤油や砂糖で煮た総菜のことなんでしょうか」思わず出た質問に、「そうですね。もとは江戸時代に漁師が小魚を醤油と塩で辛く煮て保存し、時化《しけ》のときや沖での食事などに利用したのが始まりだったんですよ。それがだんだん材料が手に入りやすい乾物類や野菜へ広がったんですね。うちでは煮豆も扱ってますし、一般的にこうした総菜をつくだ煮と言ってますね」と。

こがさないタイミング

煮き方については、専門店だからといって特に変った方法があるわけではなく、むしろその店独自の味を出すことに工夫がこらされ、「特に気をつける点といえば、やはり最後の煮上げのときこげに行かないよう充分注意することかな。タイミングが大事だね」と教わりました。

このお話を参考に、昆布づくりに取りかかることにしました。昆布を選んだのは、たまたま『自然食通信』（現在休刊中）二四号「さかなっこかさまい」で紹介した下北昆布が届いたところだったからです。やわらかく煮けるというので酢を入れることにしました。

汚れを取り小さく切った昆布を、調味料を全部合わせた中に入れ、半分は三～四時間おき、残りの半分はすぐに煮き始めます。水分が減れば適宜水をたし、どちらも二時間ほど弱火で煮いたあと食べ比べてみたところ、味は同じでしたが時間を置いて煮いたほうがやわらかい煮き上がりでした。こうして好みの味に煮いた昆布は市販の

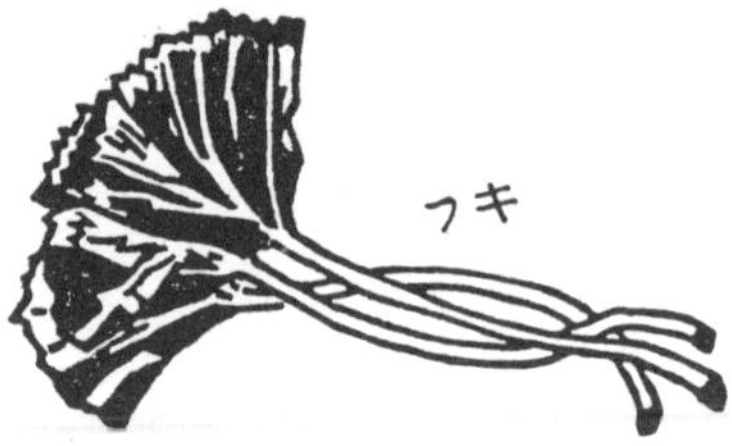

よりおいしいくらいで、初めてにしてはまあ満足できるものでした。でも昆布のやわらかさに少々不満が残り、もっとやわらかく煮く方法はないかと大阪の塩昆布専門店に尋ねてみました。

真昆布が最上

「良い食品を作る会」(注)（事務局は名古屋）の会員でもあるこの店のご主人は「つくだ煮は家庭で煮くもんやからその家によってそれぞれの味があるし、一般にこうというもんではないですけど。うちのやり方でよかったら」と、まず昆布について詳しく説明してくださいました。昆布は穫れる地域により種類がさまざまで、真《ま》昆布、羅《ら》臼《うす》昆布、利尻《りしり》昆布、日高《ひだか》（三石《みついし》）昆布、長《なが》昆布、厚葉《あつば》昆布、細目《ほそめ》昆布というように分れ、真昆布が最上といわれます。その真昆布も穫れる浜により浜格差があり、それがさらに天然もの（収穫期二年）、養殖もの（二年育成）、促成もの（小さいうちは水中で人口栽培、海に移して一年で収穫）と分れ、その天然ものがさらに一〜四級に等級づけされるのです。こんな多種多様な昆布を見分けるのは素人ではとても無理。「買わはるときは昆布専門の店を選ばはることですね」と助言を受けました。

こんなに種類のある昆布ですが、その昆布に合う料理というのがあり（沖縄では豚肉と厚葉昆布を煮き合せます）、「要は昆布をよく知って、それに合うた使い方をするいうことですね。その昆布に合わへん使い方をして、昆布はまずいと思われたり、昆布離れが起きたりするのがいちばん心配ですねん」と一言。

よく「昆布は洗うな。洗うと表面のうま味が失われる」と言いますが、この店では昆布の表面にうま味と一緒にある〝あく〟を取るために一度さっと洗います。ただ昆布により洗うと実際にうま味を無くするものもあり、また、浜の人たちは砂を払うぐらいで昆布全体のうま味を味わうと言いますから、家庭で作るお総菜なら、洗わなくてもよさそうです。

いい調味料でおいしく長もち

煮くときは、先に上げた昆布のうち真昆布から日高昆布くらいの煮えやすい昆布は、調味料で直接煮いてもやわらかく煮けますが、他の比較的煮えにくい昆布は先に水でやわらかく煮てから調味料を加えて煮きます。

おいしい昆布を煮くには昆布の良さとともに良い調味料を選ぶことが大切で、こちらの店では、調味料はすべて「良い食品を作る会」の会員の店のものを使用、添加物は一切使っていません。

ここで家庭でおいしい昆布を失敗なく煮く方法を一つ。炊飯器（ガス）を利用。まずガスコックの栓を少しだけ開け、ガス量を減らし弱火になるよう調節します。あとは切った昆布と全部の調味料を一緒に釜に入れ、ご飯を炊くように普通に煮けば焦げる前にスイッチが切れて出き上がり。「これなら焦がす心配なく手軽に昆布が煮けますよ」とご主人。

　あとは酢を入れるなどの工夫を生かすとよいわけで、ほかにも以前他の雑誌に番茶（焙じてないもの）で煮く方法が紹介されていました。切った昆布に熱い番茶を注いで二〇分ほどおき、昆布がふくれたら醤油を加えて煮ます。二時間ほど煮いて煮汁が少なくなればもう一度番茶と醤油をたし、汁がねっとりするまで煮て火を止め一晩置きます。ためしてみたところ、番茶の味も残らずやわらかくおいしく煮けました。いい醤油を使うと、何年でももちます。

エビ

保存料入りの「保存食品」に

　もともとは保存食だったつくだ煮が、人々の嗜好が変る（辛味から甘味へ）中で、手軽な日常の総菜の色合いが濃くなり、その特色を失ってきています。しかし、保存食との見方は依然として残り、多くの市販品ではその点を補うために保存料を添加するといった本末転倒が行われるのです。そのうえ使用する調味料は昔のものと違い、短期間で作る速成醸造のものがほとんどで、風味に欠けるため化学調味料が加えられ、見かけを良くするための着色料や、材料を早くやわらかくする軟化剤も使われています。

　取り立てて難しい技術や複雑な道具が必要なわけではなく、材料も手近なもので間に合うつくだ煮。市販品の手軽さに流されず、醤油、酒、ミリンなど本来の調味料の味を大切に、四季の材料を生かした我家の味のつくだ煮を作ってみてください。

〈注〉「良い食品を作る会」は一九七五年、大量生産、大量消費に押し流される食品業界の動向に憤りを感じ、何とかしたいとの思いを抱いていた生産者たちにより形成されました。会員の資格として「原料の厳選」「加工段階の純正」「一徹で、時代環境に曲げられることのない企業姿勢」「消費者との関係の重視」を四原則としています。会員は常に自らの商品に対して厳しい姿勢を保ち「良い食品」の定義として(1)安全であること。(2)ごまかしのないこと。(3)味のよいこと。(4)品質に応じた妥当な価格。を決め、良心的な食品を作っています。

　この会の形成以来十年の歩みをまとめた単行本『食品づくり一徹』が風媒社から発行されています。（「良い食品を作る会」事務局＝広島県豊田郡本郷町南方六三三三㈱椿き家内　TEL〇八四八―八六―六六六六）

山椒のつくだ煮

山椒の葉に熱湯をかけて絞り、調味料、梅干し2～3個を加え、弱火で少しサラサラになるまで煮つめる。

梅漬のシソ葉、ショウガ、キクラゲなどのみじん切りと、だしがわりに、シラス干や煮干のみじん切りを加えてもよい。

牛肉のしぐれ煮

〈材料〉牛肉（あまり上等でないところ）1kg、ショウガ150g、黄ザラ砂糖150g、ミリン170cc、醬油300cc。

❶鍋にミリンと砂糖を入れて煮立たせ、砂糖がとけたらショウガの薄切りを入れる。

❷また煮立ってきたら薄切りの肉を入れる。肉の色が変ったら醬油を入れて煮つめる。

チリメン山椒

〈材料〉チリメンジャコ100g、山椒の実25g、昆布だし汁⅓～½カップ、酒½カップ、薄口醬油大さじ2、砂糖小さじ2、ミリン大さじ3

調味料をあわせて煮たて、チリメンジャコと山椒の実を入れ、ゆっくりと煮汁がほとんどなくなるまで炒りつけるようにする。

ワカサギのつくだ煮

❶ワカサギを1日天日に干し、よく乾燥させる。

❷カヤの実は焼いて渋をとる。

❸砂糖、醬油、酒を合わせ火にかけ、❶の材料を入れる。粉ナンバンとゴマをふりかける。

❹弱火で調味液がなくなるまで煮る。

鰹角煮

❶鰹の身を1㎝半の角切りにする。

❷平らな器に❶を移し、ショウガの絞り汁をたっぷりふりかけ、三ツ握りくらいの塩をパラパラとふって身をしめ、1時間くらいしたら、よく水洗いして血抜きをし、水気を切る。

❸鍋に水と醬油と酒を入れ、強火で煮立て、鰹をくっつかないように入れる。落しブタをして30分間煮、ショウガの薄切りと醬油を足してなお火を弱め、30分煮たら、さらにショウガと砂糖を加え15分ほど煮る。最後にミリンを入れ、こがさないように仕上げる。

イカナゴの釘煮

〈材料〉イカナゴ1kg、醤油1½カップ、黄ザラメ250〜300g、土ショウガ100g

❶鮮度のよい3　0cmくらいの大きさのイカナゴを、よく洗ってザルにあげ、水を切っておく。

❷鍋に醤油、砂糖、千切りショウガをひとつまみ入れて火にかけ、沸騰して砂糖がとけたらイカナゴをひとつかみパラパラと入れる。煮汁が沸騰するたびにこれを繰り返す。

❸全部入れたら落しブタをしてやや強火で1時間煮る。途中で箸でまぜたり鍋返しをすると魚の形がくずれるので注意。

首をまげて煮上がる姿が釘のようなので、この名があります。

イナゴのつくだ煮

❶イナゴ（100匹くらい）をさっと熱湯にくぐらせた後、天日で2〜3日間乾燥する。

❷羽と足をむしりとり、身を油でサッと炒りあげた後、砂糖醤油で甘辛く煮つける。

幼蜂をハチの巣から取り出して同様の方法でハチのつくだ煮も作ることができます。

干椎茸の山椒煮

干椎茸は小ぶりなものを選び、水洗いをしてから水に浸し、軟かくしてから石づきをとる。だし汁、ミリン、醤油、砂糖で調味し、弱火で時間をかけて煮こみ、軟かくなったら実山椒を入れて、汁気がなくなるまで煮こむ。砂糖が多すぎるとこげやすいので注意。

切りイカのあめ炊き

〈材料〉切りイカ40g、醤油大さじ2½、砂糖大さじ1½、酒大さじ2、黒ゴマ大さじ½

❶切りイカはフライパンに入れて弱火にかけ、はしでかき混ぜながらからいりする。

❷鍋に醤油、砂糖、酒、水大さじ2を入れて火にかけ、小さな泡がたって汁があめ状になるまで鍋をゆすりながら煮つめ、❶のイカを加えて箸で手早く混ぜ合せ、火を止めて煎り、ゴマを加える。

❸サラダ油を塗った皿に❷をひろげてさます。

青ジソの葉のつくだ煮

〈材料〉青ジソの生葉200g、醤油大さじ2、梅干大3個、酒5勺、砂糖大さじ2、削り節、ショウガ、トウガラシ。

生葉を千切りにし、調味料、梅干、削り節などを加え、弱火で煮つめる。

歯ざわりを楽しむために、キクラゲや糸コンニャクを加えてもよい。梅干のかわりに梅漬のシソをひと握りきざんで加えると、少し酸味があり、食が進みすぎてこまるほど。

キムチ

●朝鮮では、冬が近づくと家族や近隣の女たちが寄り合い、白菜を山のように積み上げてキムチを漬ける作業があちらこちらで見かけられます。厳しい冬の仕度が助け合いの中で始まるのです。こんな風景を思い浮べながら、出盛りの白菜を使って本格的なキムチを漬けてみました。

材料 **白菜** 二kg（茎の薄いものを選ぶ）
大根 二〇〇g **人参** 一〇〇g **ネギ**（小）1/2本

ヤンニョムの材料 **ニンニク** 一片 **生姜** 親指大一ケ **トウガラシ** 粉末を大さじ二杯、荒引きを大さじ二杯弱 **リンゴ** 1/2ケ
アミの塩辛 一〇〇g **ゴマ** 適宜 **塩** 適宜
水またはダシ汁 一カップ強

① 塩漬け

㊀ 白菜は大きさによって、二ツか四ツに割る。根元に包丁で5～6cmの切り込みを入れ、そこに指を入れて左右に開げるようにすると二ツに割れる。割った白菜はサッと洗って水切りをしておく。こうしておくと白菜がシャキッとして葉と葉の間が開き、塩が振りやすくなる。

㊁ 葉を1枚ずつ開くようにして、茎の部分に白菜の5%くらいの量の塩をまんべんなく振り込む。くず葉がでたらそれも一緒に塩をする。

㊂ 塩を振った白菜をカメなどに入れ、半日から1日、塩漬けにする。重石はいらない。間に1、2度ひっくり返して、塩が全体になじむようにする。

※塩漬けは、茎の部分がしんなりするように注意。生っぽいところが残ったら、あとからそこに塩をして少しもむといい。

㊃ 白菜が漬かったら、水で1、2度洗い、絞ったりせずザルに上げてそのまま2～3時間水切りをする。手で持ち上げて水が落ちないくらい切る。このとき、洗った白菜を食べてみて、塩がききすぎていたら、水洗いをふやして塩抜きをする。味としては薄味の漬物くらい。

※塩はきかせすぎない方がいい。薄いものはあとでヤンニョム(薬味)で調整できるが、塩辛すぎて塩抜きをすると、白菜のうまみまで抜けてしまう。とはいっても、塩漬けには、白菜の余分な水分を抜く役目もあるので、このへんの塩加減は難しいところ。

② ヤンニョム(薬味)で漬ける

㊀ アミの塩辛の中に粉トウガラシ二種、すりつぶしたニンニク、生姜、ゴマ、リンゴのすりおろしを入れ、水を加えてボタボタ落ちるくらいの濃さにする。アミの塩辛はそのままでも、すりつぶしてもかまわない。また、水のかわりに、だし汁(煮干しを使って濃い目にとる)を使うと風味が増す。

㊁ 大根、人参は千切りにし、軽く塩をして余分な水分を取り、そのあとサッと水洗いをして水気をとっておく。ネギも千切りにする。そして、これにヤンニョムを⅓くらいかけてあえておく。

※トウガラシの粉末は色を美しく、荒引きは香りを良くする。

㊂ 塩漬けした白菜に残りのヤンニョムをもみこむ。このとき茎のところを重点的に1枚1枚の間にていねいにもみこむ。くず葉もヤンニョムであえておく。

四 ヤンニョムであえた白菜に、三の大根類をはさみこむ。1番外側の葉を残して、1枚1枚の間の茎のところに、全体の割合を考えてはさむ。（白菜の中心の細かい葉のところはそのままにする）

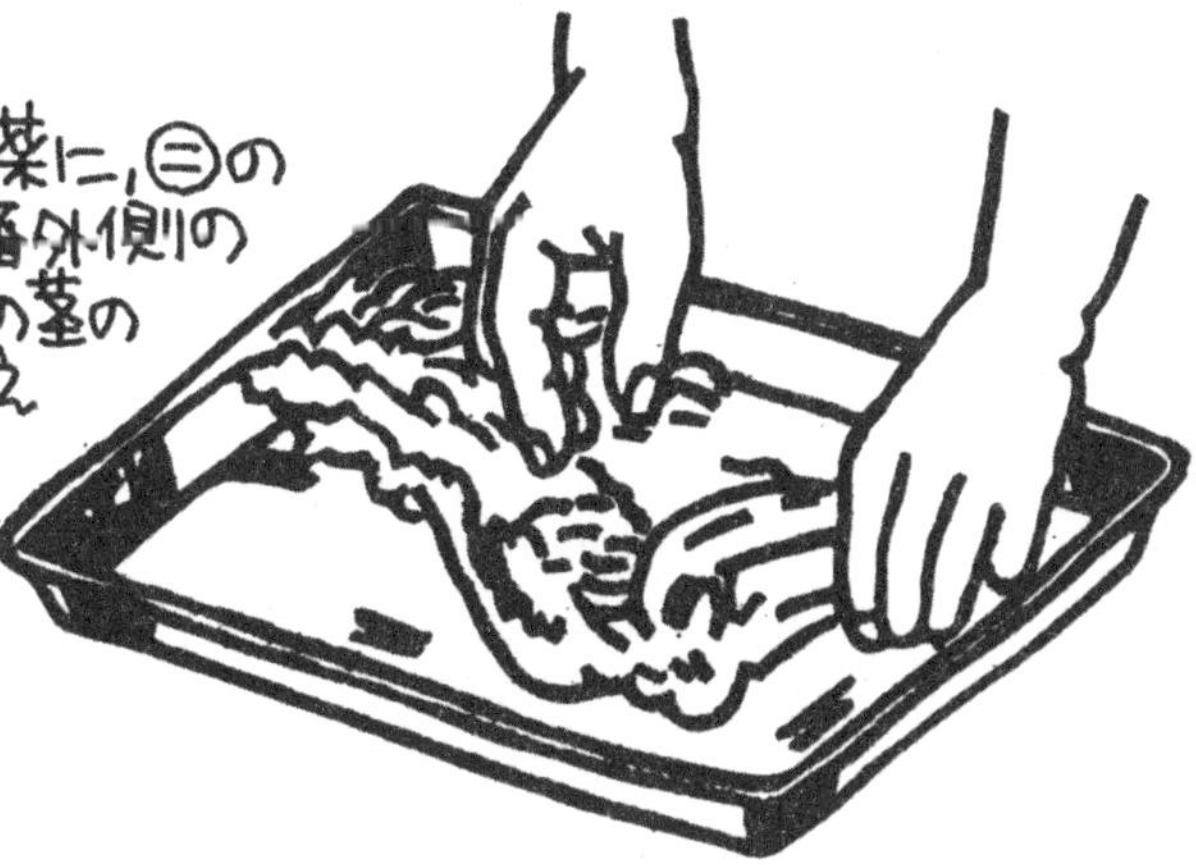

五 全部をはさみ終ったら全体を軽くしごくようにまとめ、白菜の中心を中にして二つ折りにし、1番外側の葉でぐるっと一巻きする。

六 1つ1つカメの中に入れて、空気が残らないようにギュッと押し込む。入れ終ったら上にくず葉を敷き、キムチが直接空気にふれないようにする。すぐにでも食べられるが、2,3日（寒い時は戸外でよい）置くと味が慣れて、白菜の甘味もでておいしくなる。2,3日して汁の味をみて、好みに合わせて、塩、リンゴ、トウガラシなどで味を調整することもできる。※保存は、寒い地方では戸外に置いても大丈夫だが、それ以外は冷蔵庫に入れた方が良い。

辛いだけじゃない、奥深い味

自在な味をつくる塩辛

二年ほど前、友だちから、朝鮮の人が本格的に漬けたというキムチをもらったことがありました。「とにかくおいしいのよ」と興奮して話す友だちの言葉を半信半疑に聞きながら、一口食べてみたキムチの味は、それまで知っていたものとはまったく違っていたのです。辛いばかりと思っていたキムチの中に、思いがけない自然な甘味があり、独特なうま味も含まれていて、「キムチってこんなに豊かな食べものだったの」とすっかりファンになってしまいました。

それ以来、機会があれば本場のキムチの漬け方を教わりたい、と思っていたのですが、今回、在日二世の李智淑《リーチスク》さんと知り合い、望みがかなうことになりました。その李さんからさらに紹介してもらった、横浜の朝鮮乾物店「晋州《チンジュウ》商店」の皆さん、板橋の曹甲連《チョカムヨン》さん、そして文頭に書いたキムチを漬けた京都の黄順子《ファンスンジャ》さん、と大勢の方からくわしい漬け方を教わり、実際に漬けるところも見せていただいたのです。

ひと口にキムチといっても、一夜漬け風のものから、冬の野菜不足を補うための保存用までさまざまで、材料の野菜だけでも、白菜、大根、小カブ、キュウリ、タカ菜、小松菜、つけ菜、セリとあげればきりがありません。さらに、ヤンニョム（薬味）は、それぞれの家庭で独自の工夫がこらされ、その家、その家で自慢の味があるとのことでした。

たとえば、トウガラシとニンニクと塩だけで漬けてもキムチはできるのですが、塩辛を入れると、熟成した塩辛がキムチの「だし」となって独特のうま味を作り、でき上がりの味がまったく違ってきますから、それぞれの好みで、いろんな塩辛を加えます。また塩辛のタンパク質が入ることで、キムチ自体の食としての栄養化も高くなるわけです。キムチは日本の漬物と違い、洗わず漬け汁まで全て無駄なく食べますし、他の料理（いため物、鍋物など）に利用したり、調味料としても使います。それに、塩辛をはじめ、煮干などのだし汁、時には生のイカ、カキ、タラなどの魚介類、肉なども加えてさまざまなうま味を作りだすことで、副食として充分な一品にもなるそうです。

この、キムチにかかせない塩辛には、アミ（小エビ）、イカ、シコイワシ、カキ、タラコ、カニなどいろいろあり、朝鮮料理の材料を扱う乾物店で手に入ります。

使い方も、「そのままで使う」「身をきざんだりすりつぶしたりして使う」「絞って汁だけを使う」「水やだし汁に入れてひと煮たちさせて使う」など、さまざまです。

いわく言いがたい塩加減

今回は、味にくせがなくよく使われるということで、アミの塩辛を選び、そのままの状態で使いました。野菜はやはり今出盛りの白菜に決め、本場のキムチに挑戦となったわけです。といっても「朝鮮の白菜は日本のとはだいぶ違い、茎の部分がもっと薄く葉の色は緑が濃く、キムチに仕上がってからもシャキッとした歯ごたえがあるそうで、「白菜そのものが朝鮮のものと違うので、塩漬けの方法も一世の人たちとは自ずと違ってきている」ということでした。日本の野菜で漬けるキムチは、日本的にならざるをえないということでしようか。

さて、キムチのできの良し悪しを左右する第一点が塩漬けです。塩辛すぎず、しかも白菜の茎の部分が全体にしんなりと漬け上がらなくてはなりません。塩を直接白菜に振る方法の他に、海水より濃い目の塩水にドップリ浸して漬け上げることもできます。中にはこの方がやりやすいという方もありましたが、塩がたくさん必要になるということで今回は見送りました。この方法に関して、曹甲連さんから伺った話を紹介します。曹さんは子供のころ(三〇年ほど前)福井県の小浜《おばま》に住んでおられました。そのころは海がまだきれいだったので、リヤカーに白菜を山と積んで海へ運び、海水で洗ってしんなりさせたあと塩をして漬け込んだりしたそうです。一世のお母さんが朝鮮にいたころに見聞きしていた方法で、塩を節約するのに役だったとのことでした。

塩漬けがすめば、次はヤンニョムで味をととのえ漬けこみます。ヤンニョムの材料については、先に述べたようにこれといったきまりはありません。塩辛の塩加減によって塩を調節し、トウガラシは、粉末のもの（出来上がりの朱色があざやかに出ます）と荒びきのもの（香りを良くします）を混ぜて使うというくらいでしょうか。

オモニの汗がつくる「わが家の自慢」

このヤンニョムの味と塩漬けの味が一つになってキムチの味ができあがります。自分の舌で好みに合わせて味加減を決められるヤンニョムですが、いつもおいしく、バランスよく漬けられるようになるには、色々と工夫し、何回も繰りかえし漬け、経験を積む必要があるそうです。朝鮮では、一家族の人数が多いので、皆の気に入るキムチを漬けるのはなかなか難しく、それは人間関係の苦労をこなすことでもあったそうです。それだけに、キムチの味は漬ける人の愛情や苦労や人間性の味ともいえ、「おいしいキムチは一家の誇り」ということでした。

味ももちろんですが、塩漬けした白菜一つ一つにこのヤンニョムをもみ込んでいく作業も、端で見るほど楽なものではありません。作業そのものがけっこう力仕事ですし、粉とうがらしやニンニク、生姜といった刺激の強いものが入ったヤンニョムを、長時間素手で扱うのですから、両手がだんだんヒリヒリしてきます。四ツ割の白菜五～六個を漬けただけでしたが、あかぎれにしみて、ピリピリして困りました（この対策としては、手に少しゴマ油をぬるといいそうです。ゴム手袋という手もありますが、やはり手ざわりや感覚がわかりにくくなります）。

自分で実際に漬けてみた感想は、〝おもしろくて、病みつきになりそう〟でした。あれを入れたら、これをふやしたら、と味の想像力をかきたてられました。でもこれを大勢の家族が三カ月間食べるだけ漬けることを考えると、やはり二の足を踏みそうで、朝鮮のオモニ（お母さん）達の動きぶりにすっかり感心してしまいました。

ナスのキムチ

〈材料〉ナス小12個、ネギのみじん切りカップ1、ショウガのみじん切り小さじ2、ニンニクのみじん切り小さじ2、塩小さじ1.5〜2、トウガラシ粉大さじ1、砂糖小さじ1。

❶ナスはヘタを切り捨て、両端の1.5cmを残して十文字に切れ目を入れる。熱湯に入れて返しながら軟かくなりすぎないように注意して1〜2分ゆで、冷水にとり水気を軽く絞る。(蒸し器で2〜3分蒸してもよい)

❷ボールにネギ、ショウガ、ニンニクを入れ、トウガラシ粉、砂糖を加えてよく混ぜ合せる。

❸ナスの切り目に❷の具をつめ、深い容器に並べ入れてラップでおおい、軽く重石をする。室温に置いて2日目から食べられます。2〜3日で食べきれるくらいの量を作りましょう。

水キムチ

本場では、白菜のキムチに食べあき、さっぱりした味がほしくなる夏、このキムチを手軽に作ります。汁気を多くして、薄い塩味仕立てにしてあるので、焼肉などしつこい料理の口直しや冷たいスープに最適の一品です。

〈材料〉大根5kg、セリ300g、ネギのみじん切り大さじ4、ニンニクみじん切り50g(½個)、糸トウガラシ10g、塩200g

❶大根を長さ3cm、幅2cm、厚さ2mmくらいの短冊に切り、ボールに入れて塩を少々ふりかけておく。

❷セリは細かく刻み、分量のネギ、ニンニク、糸トウガラシといっしょに❶に加え、よく混ぜ合せて塩味のだし汁をそそぐ。だし汁はカップ5の水に塩小さじ2の割合。一度煮立てて冷ましたのを具がひたひたにつかるぐらいに入れる。

❸空気がはいらないようフタをして冷暗所に置き、一晩以上寝かせて熟させた後、いただく。

これが基本ですが、ニラのみじん切り、煎りゴマ、ゴマ油を加えたり、松の実を浮かべたりしてもよい。東京・江戸川区に住む在日二世の高福子さんが、亡母の味を思い出しつつ「朝鮮料理」(朝鮮画報社)を参考に教えてくださいました。

大根のキムチ

〈材料〉大根1本、細挽きトウガラシ粉½カップ、薬味として一生食用カキ50g、セリ50g、ネギ1本、ニンニクのみじん切り1片、ショウガのみじん切り大さじ2、アミ(またはイカ)の塩辛½カップ、砂糖大さじ2、塩大さじ2。

❶大根は皮を薄くむき2cmの角切りにし、ボールに入れてトウガラシ粉をまぶし、色つけする。

❷大根に薬味を加え、よく混ぜる。塩分は塩辛の量で加減する。

❸容器に❷をつめこみ、表面にラップをかけて軽く重石をかけ、密閉する。

夏は2日目ぐらいが食べ頃。キムチのなかでいちばん手がかからず、簡単につけられます。

キムチのうどん

〈材料〉白菜、大根、長ネギ、ショウガ、トウガラシ、手打ちうどん

❶白菜と大根はザクザクと大きめに刻み、長ネギとショウガは細かく刻む。

❷❶に塩をふり(薄めでも濃いめでも)、好みでトウガラシも加え一晩押しをする。

❸1週間ほどで発酵してくるので、水を足して吸物くらいの味にする。(一晩後でも、2〜3日めでもそれなりにおいしい)

❹大麦と小麦半々で手打ちうどんをつくる。ゆでて水にさらし、よくもんで引きしめ、水気を切る。

❺❸にうどんを入れ、冷たいのを食べる。

水のかわりに昆布やしいたけの熱いだし汁と半々のぬるめの汁を足してもよい。発酵が始まって、かすかな酸味と甘さがとけあった冷たい野菜のおいしさはこたえられません。子どもたちが何杯もおかわりします。

朝鮮風漬物

サイコロに切った大根を、2〜3滴ゴマ油をたらした醤油に漬け込む。20〜30分でとてもおいしい漬物のできあがり。

(福岡市の一木美貴子さんより)

ハム、ベーコン、ソーセージ

●時間をかけた塩漬けと、木の香りを生かした燻煙をへて、肉はゆっくりとハムに変っていきます。その過程で素材の持ち味をどう生かし、うまみを引き出すかが、ハム作りの腕の見せどころ。何度作ってもその度ごとに、今度はここを工夫してといった、新しい試みのできる楽しい手造りです。

材料

豚肉 どんな部位でもよいが、一つが一kgをこえない **塩** 肉の量の二〜三% **黒砂糖** なくても良い(肉の量の一〜一・五%) **香辛料** 白・黒こしょう、ナツメグ、オールスパイス、グローブ、月桂樹の葉など **香味野菜** 玉ネギ、ニンジン、しょうが(風味づけ) **さらし** パルプ一〇〇%のセロファンでも可 **水糸** たこ糸でもよい **堅木のノコクズ** 新建材などの混じらない桜、楢、クヌギなどのを小バケツ一杯程

道具

燻煙箱 **コンロ** 電気コンロ、練炭コンロなど、練炭の場合は炭火五六本必要 **棒状温度計** あれば

塩漬け

※肉の入れ方は、一番底に、脂肪の部分を下にしたベーコン用（バラ肉）、その上に大きいものから順にのせる。

一 肉の表面の水気をよくふきとる。黒砂糖を使う場合は、粉にして肉の表面によくすり込み、1時間ほど冷蔵庫におく。

二 香辛料と香味野菜の準備をする。月桂樹の葉以外の香辛料は引いて粉にし、混ぜ合わせる。玉ネギは薄切りにしていためてさまし、ニンニクとしょうがはおろし金でおろす。

三 肉に分量の塩をすり込み、準備した香辛料と香味野菜を全体にまぶす。次に、塩漬用器（鍋でもいい）に所々に月桂樹の葉をはさみ込みながら肉を重ねて入れ、その上に中ぶたと軽い重石をのせてふたをする。これを冷蔵庫に1週間前後（夏は短め、冬は長め）漬け込む。

形成

一 肉から香辛料と香味野菜を取り、肉汁をよくふきとる。

二 肉をまるめて、さらしできつく巻く。このとき肉の繊維の方向に注意！ハムを切ったとき、繊維を直角に断つように巻かないと、切ったハムがくずれやすくなる。

※さらしの長さは肉を二巻きできるくらい、巾は肉より7、8cm長め

三 さらしで巻いた肉を水糸で縛る。まず片側の口を縛り、袋状にして肉をすき間がなくなるようによくつめ込み、もう一方の口も縛る。

※振ると肉がよくつまるのです!!

㊃ さらに水糸で、肉の太さが均一になるように全体を縛る。一巻きづつ、糸と糸をからめながらきつく縛ったら、両方に水糸で、肉を吊す輪をつくる。つくる。（水糸は文房具屋さんか手芸屋さんで買えます）

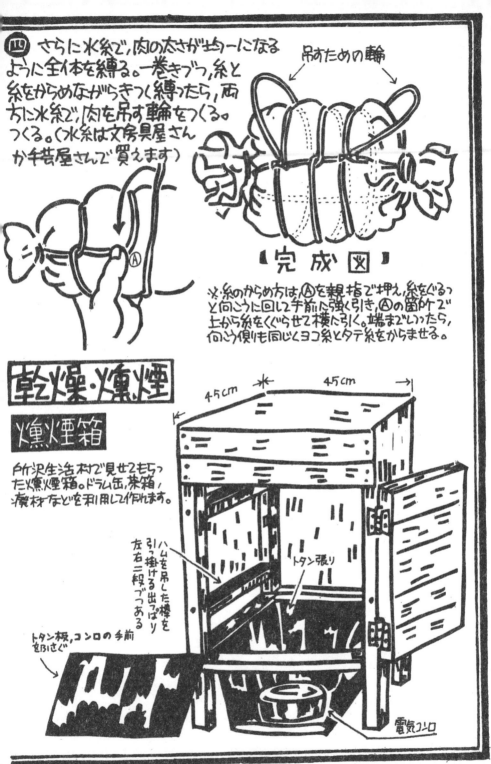

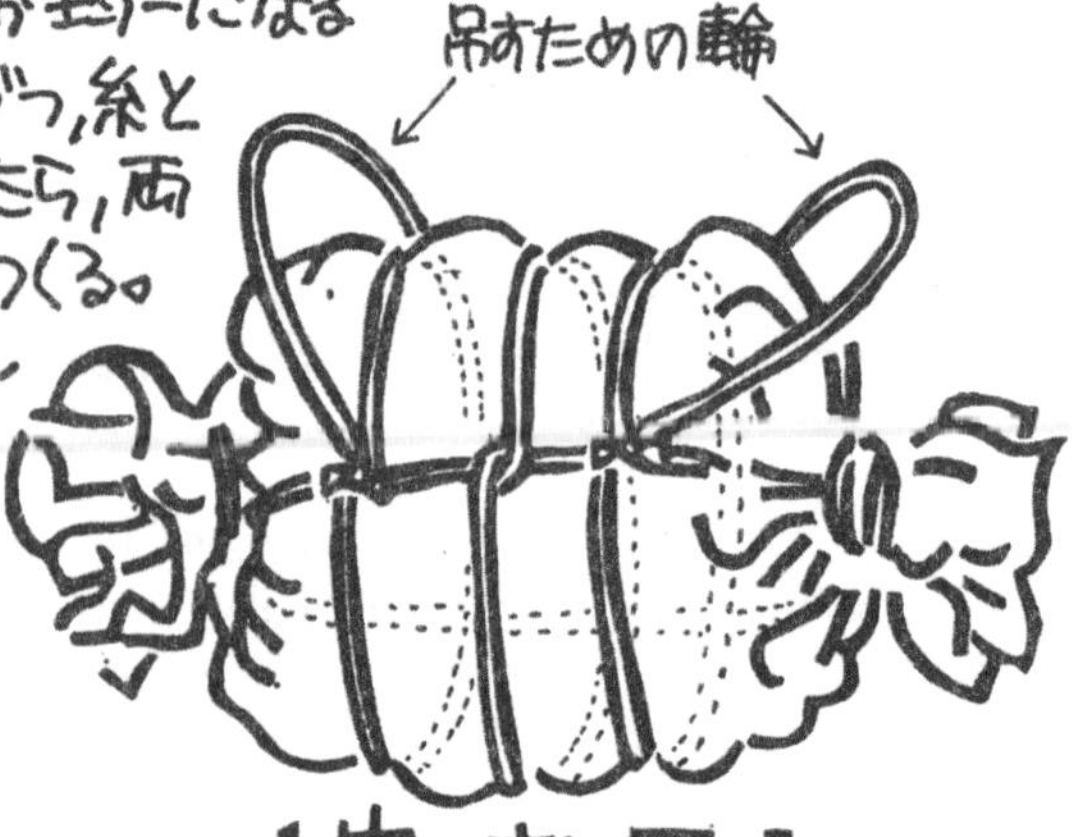

【完成図】

※糸のからめ方は、Ⓐを親指で押え、糸をぐるっと向こうに回して手前に強く引き、Ⓐの箇所で上から糸をくぐらせて横に引く。端までいったら、向こう側りも同じくヨコ糸とタテ糸をからませる。

乾燥・燻煙

燻煙箱

所沢生活村で見せてもらった燻煙箱。ドラム缶、茶箱、廃材などを利用して作れます。

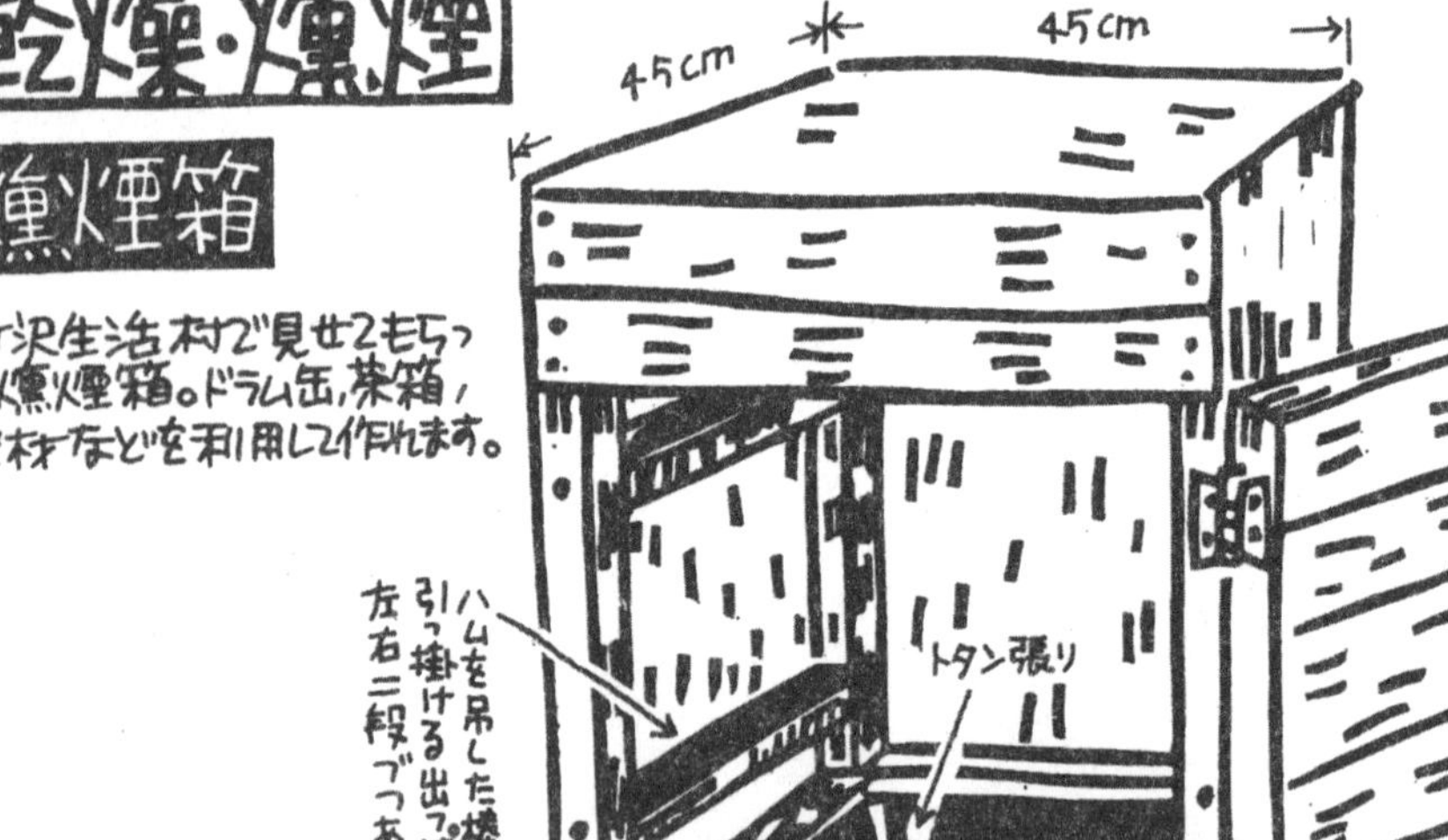

一 コンロを温め、燻煙箱の中をよく乾燥させておく。つぎに、ハム、ベーコン、ソーセージを互いにつかないようにして棒に吊し、箱の中に掛けて乾燥させる。温度は35〜40度に保って、夏なら1時間、冬なら2時間ほど。表面がカサッとした感じになる。

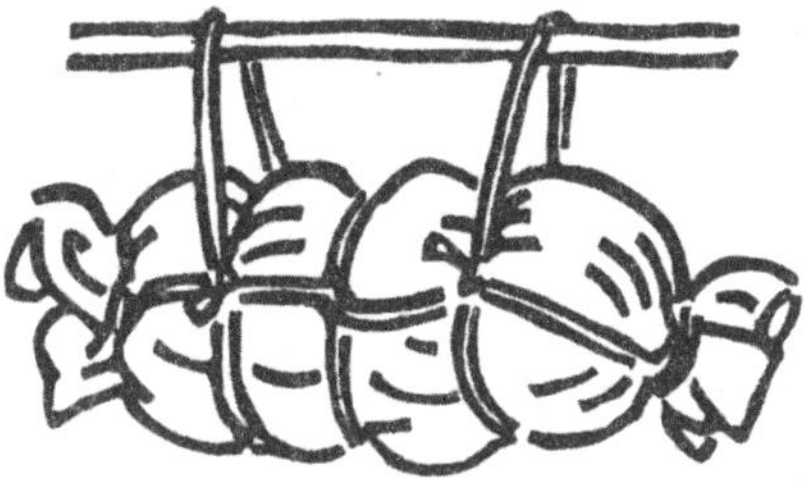

肉はのびるので短かく

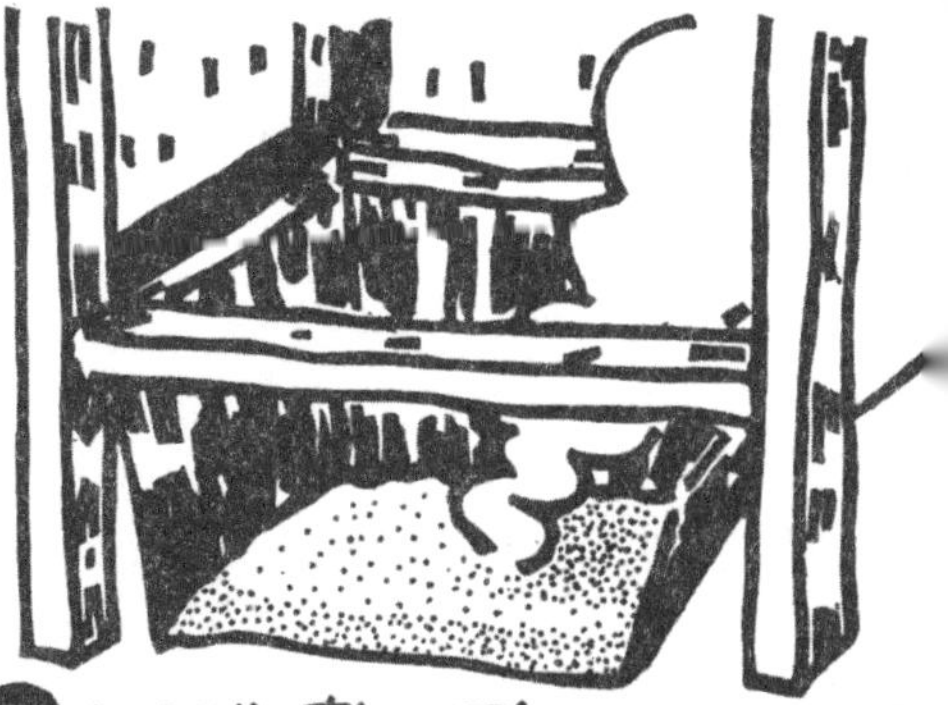

二 ノコクズを敷き、種火をつける。端から順に、蚊取り線香くらいにゆっくりとくすぶらせる。

三 扉を閉めて、時々くすぶり具合を確認しながら、最低4時間くらいは燻煙する。煙が隙間から出ているようなら、ガムテープで目張りする。温度は35〜40度

水煮

（※ベーコンは水煮をしないので燻煙のまま）

大鍋か寸胴鍋に湯を沸かし、65度くらいになったら燻煙箱からとり出した肉を、棒にかけたまま、全体が湯をかぶるくらいにして1時間半水煮する。温度は68〜75度。指を入れて1〜2秒我慢できる温度。月桂樹の葉を入れてもよい。

再燻（仕上げ）

一 水煮の終ったハムの水分をよくふき取り、燻煙箱に入れ、コンロをつけて30分ほど乾燥する。

二 再びノコクズを敷き、同じ要領でベーコンも一緒に再燻煙する。コンロは消す。

時間をかけて引きたつ肉のうまさ

一斗缶で手軽にできる

まず、肉はできるだけ新鮮な物を選びます（結着力が強く、ハムのできが良い）。固まりが大きすぎると、中までよく熱が通らず、食中毒を起こしたりするので一つが一kgくらいまでにします。

塩漬けは、充分血抜きした肉を使います。最近は販売前によく血抜きされていますが、気になれば、分量の塩のうち少しだけ使って、全体を荒ずりし、網などを置いた鍋の中で軽く重石をして、冷蔵庫で半日ほど置いて使うとよいでしょう。

調味料の黒砂糖は絶対必要というわけではないので、普段砂糖を使わない方は省いてください（砂糖が入ったほうが味がまろやかで、薫煙の照りの出が良いという話もありました）。香味野菜を除いた香辛料は、全部を丸のまま湯で一煮たちさせ、冷やして使う方法もあります。塩の量や塩漬けの日数は、季節によって変えます。夏場は防腐の役目もあるので、塩を三・五％くらいまでふやし、日数は短かめにするといいそうです。塩漬け後肉の端切れを噛んでみて（生なので食べない）塩辛すぎたときは、流水につけて二～三時間水だし（塩抜き）して使います。

薫煙効率やハムの発色を良くするには、充分な乾燥が必要ですが、肉を直接火にかざすことはさけ、コンロと肉の間にはトタン板などを置き、三〇～四〇cm離して乾燥します。ベーコンは主にバラ肉を使う上に、さらしで巻いたりしないので、油がたくさん出ます。吊す場所に気をつけて、火の上に油が落ちないようにします。温度の高くなる箱の上部には、大きな固まりを吊すとよいそうです。薫煙は、ノコクズの替りに、よく乾いた堅木をナタで親指大にけずって使うこともできます。ただ木片が大きいと、いぶる状態を越え、燃えたりするので気をつけてください。木の種類でできあがりの色や香りが違うので、色々ためしてみてください。（木くずが無いとか、どうしてもうまくいかない時は、木粉を固めた薫煙棒というのも、デパートなどで売られています）

薫煙には、熱薫、温薫、冷薫があります。熱薫はコンロを弱くつけるか、つけたり消したりして高めの温度（四〇～五〇度くらい）で薫煙し、温薫はコンロを消して二〇度前後の低めの温度で薫煙します。冷薫は一〇度以下の冷たい煙で薫煙するので、冬の戸外で行うか、煙を冷やして使う必要があります。（生ハムなどは五度以下で作ります）

水煮は湯の温度が高すぎると、肉汁が流れ出たり、包みがはじけたりするので気をつけ、時間は肉の大きさにより加減します。

ハムの完成まで一週間というと、長く感じますが、実際仕事をするのは二日くらいですから、本物の味を知るために、ぜひ一度挑戦してください（作るとき、メモを取っておくと、反省や次への参考資料として大変役だちます）。

三％の塩で充分塩漬けし、薫煙もいき届いたハムを薫煙箱の中に吊したままで、戸外に置いておけば、冬場なら一カ月くらいは保存できます（ソーセージ、ベーコンも同様）。夏場は冷蔵庫へ入れておけば同じくらいは保つそうですが、早く食べるにこしたことはありません。いずれもビニール袋などには入れずそのままの状態で保存します。

一斗カン燻煙箱

薫煙箱を作る時間がないときは、小さな肉なら油などの一斗缶（豆腐屋などで分けてもらえる）でも薫煙できます。片側が開いた一斗缶を、底を下にして直接ガスコンロなどの上に置きます。肉は棒にくくり、缶の上の開いた所へ棒を渡して中へ吊します（缶の上三分の一くらいの所に肉が来るようにします）。缶の内底に木片を敷き、コンロに火をつけて（強火）、煙が出始めたら、ごく弱火にするか火を消して、上は開けたまま（閉じると中の温度が上がりすぎる）で一～二時間薫煙します。途中、煙が絶えず肉全体に当たるように、動かしたり上下を返したりします。

日本の風土の中で考えたい畜産

こうしてできたハムは、もとの肉より二割近く目減りしています。市販のものは、この目減りを防ぐために結着剤（保水力を高め肉の縮みを減らす）が加えられ（保水力が高まると腐りやすいので）、さらに保存料や酸化防止剤が使われます。

こんな堂々めぐりの結果、次々と添加物が加えられるかと思うとやりきれない気がしましたが、原料の豚には、この添加剤の有無以上に大きな問題があります。現在の畜産は、狭い畜舎での多頭飼育（密飼い）が主なため、家畜にストレスや病気が発生しやすく、飼料の中に抗生物質やビタミン剤を加えてそれを防ぐという、安易で機械的な、大量生産方式で行われています。この経済効率優先の飼育のために、豚の種類も、在来種から、人間の都合に合わせて品種改良された成長の早い外国種へと移りました。在来種は丈夫で、農業残菜（稲ワラ、草、芋づる、根菜など）で飼育できたのに対し、現在の改良種は、使用量の九割を外国からの輸入にたよる穀物飼料

（トウモロコシ、マイロ、小麦など）で育てざるを得ないシステムになってしまっています。その輸入飼料は、長期輸送によるカビや虫の発生を防ぐために、防黴剤や殺虫剤で薫蒸処理された危険性の多いものです。このように、輸入飼料に頼る一方で粗飼料の稲ワラなどを焼き捨て、田畑の地力低下が言われるのに、密飼いによる大量の糞尿を持て余す、といった矛盾だらけの畜産ではなく、日本の風土や農業サイクルの一環としての畜産を考えてほしいと思います。

ソーセージのつくり方

①肉はくず肉を使うか、固まりは角切りにして、ハムと同じ調味料を全体にまぶして四～五日（夏場はもう少し短く）塩漬けします。

②塩漬けした肉を二～三度ミンサーで引くか、すり鉢でよくすります。このとき、粘りを出すために三%の片栗粉か小麦粉を入れ、あれば背の脂身も少し加えると、やわらかみのあるできあがりになります。

③②を塩漬けした羊（ウインナー用）や豚（フランクフルト用）の腸につめ、適当なところでひねって形を作ります。腸がなければセロファンで巻き、水糸でくくるとよいでしょう。（このあと、半日くらい冷蔵庫で寝かせると、塩なれしてまろやかな味になります）。

あとはハムと同じ要領で、乾燥から再薫煙までを行いますが、ソーセージの場合、③の後すぐに焼いて食べることもできます。

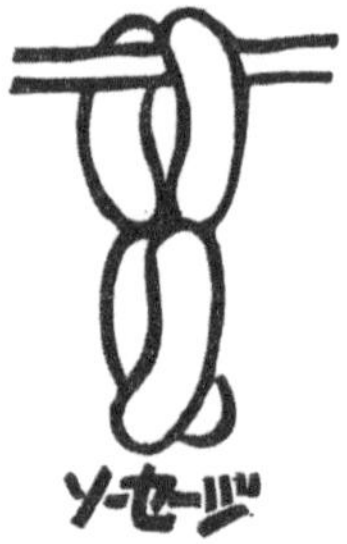

"一滴の血も生かす"ヴルスト（ソーセージ）

「人間は何を食べてきたか」（日本放送出版協会）に次のような一節がありました。ドイツのとある小さな町、農家の庭先で行われた豚一頭の解体作業のルポです。

「ヴルスト作りの圧巻は、ブルートヴルスト（血のヴルスト）であった。心臓、腎臓などを粗く刻み、コショウをたっぷりまぶしたものに、バケツの血をドーッと加える。それらをよく混ぜ合わせて、切りはなしておいた胃袋いっぱいに詰める。何とダイナミックなヴルストだろう！」

「本来、肉を食べるということは、その部分部分の持ち味を加工や調理で生かしながら、結果として肉のすべてを食べつくすということであるらしい」

西ドイツでは肉の四〇%がヴルストとして食べられ、一五〇〇もの種類があるということです。

のんびり育った黒豚の肉はおいしい

肉の共同購入グループには、八王子消費者の会生活共同組合（東京）、黒豚の会（東京）、とりでよいくらしの会（茨城）、たんぽぽの会（栃木）、あしの会（兵庫）などがあります。なかでも黒豚の共同購入を行っているグループ〈黒豚の会〉を紹介します。

〈会〉のスタートは次のようでした。現代の養豚は大型種に配合飼料を与え、密飼いにする。その結果、豚には強いストレスやさまざまな内臓疾患が生じ、肉はしまらなく、水っぽく、まずい。経済効率優先の企業養豚では当然の帰結ともいえる、このような〝水ブタ〟の実態に衝撃を受け、さらに鹿児島の黒豚健在を知りました。

そもそも黒豚は、十七世紀の頃、貿易船の置き土産として鹿児島に住みついたのが始まりだったとか。土地の作物サツマイモを飼料に飼い、その糞尿で再び作物を育てる。暑い南国では不可欠の動物性タンパク源ともなりました。今でもサツマイモや残飯を食べながらのんびり飼育されている黒豚と、その生産者に出会い、産直が開始されます。以来一〇年、首都圏七〇〇〇人余の会員と黒豚生産者一五〇人、解体業者、ハム・ソーセージの委託加工業者の四者共同で活動を推し進めています。

ところで最近、黒豚の肉を売る店が増えていますが、「年間生産頭数一万四〇〇〇～一万五〇〇〇頭の黒豚の肉がそんなに多量にあるはずがない」とは同会生産者の話です。いっぽう産地では黒豚復興に力を入れるあまり、大型種なみの飼育がされるなど、新たな問題も起っています。

同会の会員は産地見学や、毎月二回交替で送られてきた肉の部分カットに参加します。遠い産地の肉でも、肉質を見れば健康状態、飼育状態が手にとるようにわかる消費者をめざしてのことです。農場の家畜と丸ごとつきあう。いまや第二のブロイラー化の道を歩んでいる養豚にささやかながら「？」マークを投げかけています。

鶏は畜産効率化の典型

ブロイラーは、無駄なく肉になるため徹底的に改良された鶏です。鶏舎は窓のない建物で、畳一枚の広さに四〇羽前後がびっしりと密飼いにされています。中は薄暗く、温度・湿度が調整され、鶏は身動きもままならぬまま、自動的に運ばれるエサをついばみ続けます。

このような飼育法では、当然のことながら鶏に病気に対する抵抗力がありません。このため人が鶏舎にはいるときは、病原菌対策のため服を着替え、消毒液を浴び、鶏には病気予防のワクチンが打たれ、薬入りの配合飼料が与えられます。薬にはAF_2（強力な発ガン性が指摘され、使用禁止となった）と同系のフラゾリンをはじめ抗生物質が多用されています。出荷前の五日間は休薬期間と定められてはいますが、投薬を中止すれば鶏が死んでしまうので、現実にはほとんど守られていません。鶏肉を食べることにより、人体に抗生物質の耐性菌ができ、抗生物質系の薬が効かなくなる可能性もあります。

出荷はオスで一〇週齢、メス六週齢です。在来の名古屋コーチンは半年かけて二〜二・五キロにしたといいますが、ブロイラーは出荷時の三キロに成育させるまで、わずか二カ月余という短さです。

いっぽう卵を産むための鶏、採卵鶏はブロイラーと異なり、鶏舎は一日一四〜一六時間こうこうとライトに照らされます。産卵率の高い春から夏の人工照明のもと、金網に数羽ずつ入れられるゲージ飼いで卵を産み続けます。薬づけはブロイラーと同様です。飼育期間がブロイラーの一〇倍あるため、争い封じと餌こぼし対策として、くちばしの先を切断するのが採卵鶏ではあたりまえになっているとか。

農林水産省の統計（昭和五十九年度）によると、総飼養羽数はブロイラー約一億四千万羽、採卵鶏約一億八千万羽となっています。牛や豚が屠殺法の適用を受けるのに対して、鶏肉は安全性のチェックを必要とされず問題となってきました。最近になり、厚生省はようやく昭和六十五年度をメドに検査制度を導入することをうち出しています。

牛は草を食べる動物

肉は二次的農作物です。一般に畜産物一カロリー分を生産するためには、飼料となる牧草や穀物などの一次農作物が七カロリー必要だといわれます。草食動物の牛は、直接には人間の食糧となり得ない牧草やワラなどを餌として飼われるので、牛の食べる一次農作物をカロリー換算して人間が直接食べれば、一五倍もの人口を養えるといわれます。つまり人間は牛のからだを通して大量の牧草やワラを食べていることになります。乳や肉を提供し、一方では農耕の労働力ともなる牛。牧草の広がる土地では、牛は自然のサイクルの中で不可欠であり、乳製品や加工肉も発達しました。

しかし経済効率優先の畜産の波は、牛にも押し寄せています。肥育させるためには草などの粗飼料は少量しか与えられず、穀物を主体とした配合飼料が大量に与えられています。草だけでは肥育に手間ヒマがかかりすぎるためと、草を食べた牛は肉がしまって固くなりサシ(霜降り)が入りにくく、また肉の色が黒ずむということです。

高カロリーで脂肪がつくりやすい濃厚配合飼料では、牛の胃が本来の働きをすることができなくなり、消化器系やそれに関連した内臓の病気が急増しています。東京芝浦の屠畜場のデータを見ると、「肝蛭症」という寄生虫による病気にかわって「胆管炎」というエサに起因する代謝障害が急増しています。一九八一年の検査では検査頭数七万七五一七頭中、全部廃棄が二〇頭、一部廃棄が三万八三八二頭で、合わせると処分率は四九・五%にもなります。

牛は個体が大きいためか、鶏や豚ほど極端な密飼いはされていません。しかし、乳牛は牛舎につないだまま戸外には出さないようなところもあるそうです。乳牛にも、もちろん穀物入り配合飼料が与えられています。

簡単な燻製

燻製器や、燻煙材がなくても、手軽に燻製作りを楽しむ方法があります。中華鍋、金網、お茶などを利用した簡易法です。

〈用意するもの〉中華鍋(またはフライパン)、アルミ箔、鍋の内側にはまる大きさの金網、フタ(金網をすっぽりおおうもの、ボールでもよい)、燻煙材として茶の葉、砂糖、あればサクラのおがくず。

❶肉や魚など燻製材は熱が通りやすいようにやや小さめの切り身にして、塩をふったり、醤油、ミリンなどで下味をつけ乾かしておく。
❷鍋にアルミ箔を敷き、燻煙材を混ぜて、ひろげるように入れる。鍋の上に金網を置き、下ごしらえをした材料をのせ、上からフタをする。
❸中火にかけ、煙がフタの端から出だしたら火を弱め、小さめの材料なら20分、骨付きのモモ肉などは1時間くらいいぶす。

短時間に仕上げるので、3〜4日程度しか日持ちしませんが、燻製独特の風味は充分に味わえます。

自家製即席焼き豚

❶豚三枚肉の塊を5㎝くらいに切り、塩をふってフォークでよくついて塩をしみ込ませ、タコ糸でところどころ絞る。
❷フライパンに油を少し入れ、表面だけを焼く。深鍋にこれを移し、水をたっぷり入れてゆでる。
❸煮立ったら中火でコトコト煮、箸が通るようになって引き揚げ、水を新しくする。こんどは水をちょっとかぶるぐらい入れ、醤油、ザラメを入れ、ゆっくり炊き込む。
❹汁がなくなればできあがり。いつまでも汁がひかぬときは肉を取り出し、汁を煮詰め、この中に再び肉を入れてまとまらせるようにする。

生《なま》ぶし

●志摩半島の漁村では、今も昔ながらの手作業で生ぶしを作っています。燻煙の生み出す香り、風味、色あい、どれも市販のものと一味違う存在感。この生ぶしを家庭で作れないかと期待を抱き、工場にお邪魔して作業を見学。一斗缶を使って挑戦してみました。

材料　**カツオ**　冬場のくだりガツオは脂が乗り、生ぶしやカツぶしに不向き。六、七月の、のぼりガツオがいい

道具　**鍋**　大きめのもの　**トゲ抜き**　あれば

軍手

燻煙の道具　**一斗缶**　二つ　**ザル**　竹製の古ザル　**焼き網**　底のついたもの　**堅木の薪**

一 カツオの頭と内臓を取る。頭はアラ煮などに使うとよい。

二 ゆでたあとの骨ばなれをよくするために切り込みを入れる。場所は尾ビレのつけ根、中骨の↓

↓ところ、背ビレ、腹ビレで、両側とも。

【切り込みを入れる箇所】

三 沸騰させたお湯に、カツオを丸ごと入れる。カツオを入れたらグラグラ煮たたせず、沸騰の一歩手前くらいで40分ほどゆでる。

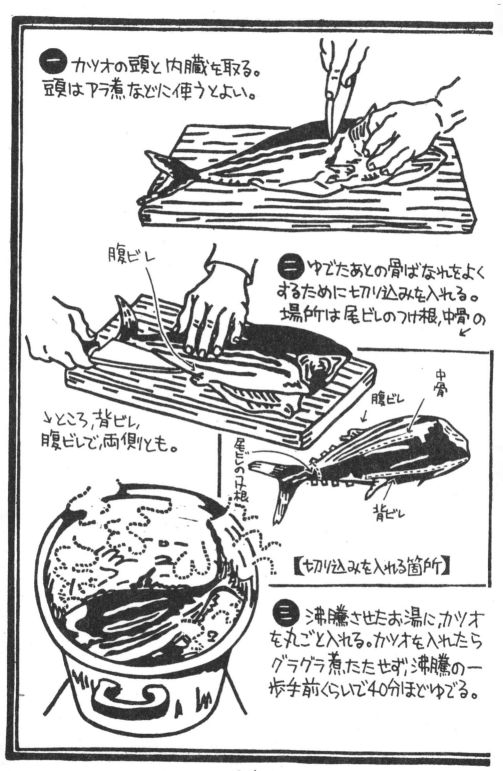

四 身を二つに分け、背骨を外す（身の置き方は図※参照）。カツオがまだ熱いうちにするので、素手で持てないときは、軍手を使うといい。

イ まず背骨のところで二つにはがす。

ロ つぎに背骨を外す。

五 中骨、腹骨、ヒレの部分に残った骨やウロコを取り除く。トゲ抜きがあると小骨がとりやすい。冷めると骨ばなれが悪くなり身をくずしやすいので、熱いうちに手早くやる。

※外《はず》した身は必ず、骨についていた側を下にして置く。反対にすると中骨のところで、四半身に割れてしまう。

⑥燻煙用の一斗缶に薪《まき》を燃やす。強火の内から燻煙すると身がこげるので、一度薪を燃え上がらせ、火の勢いが落ちついてから網にカツオを乗せる。火力を一定に保ち20~30分燻煙。上に古いザルやカゴをかぶせてやる。

燻煙道具の作り方

●一斗缶を二つ用意する。一つは上ブタも底も両方切り取り、筒抜けにする(缶切りでできる)。

もう一つの一斗缶は、上ブタだけを切り取り、つぎに焚き口も側面の一カ所に開ける。そして焚き口を開けた缶に、上ブタも底も切り取った缶を乗せ、つなぎ目をガムテープでとめる。

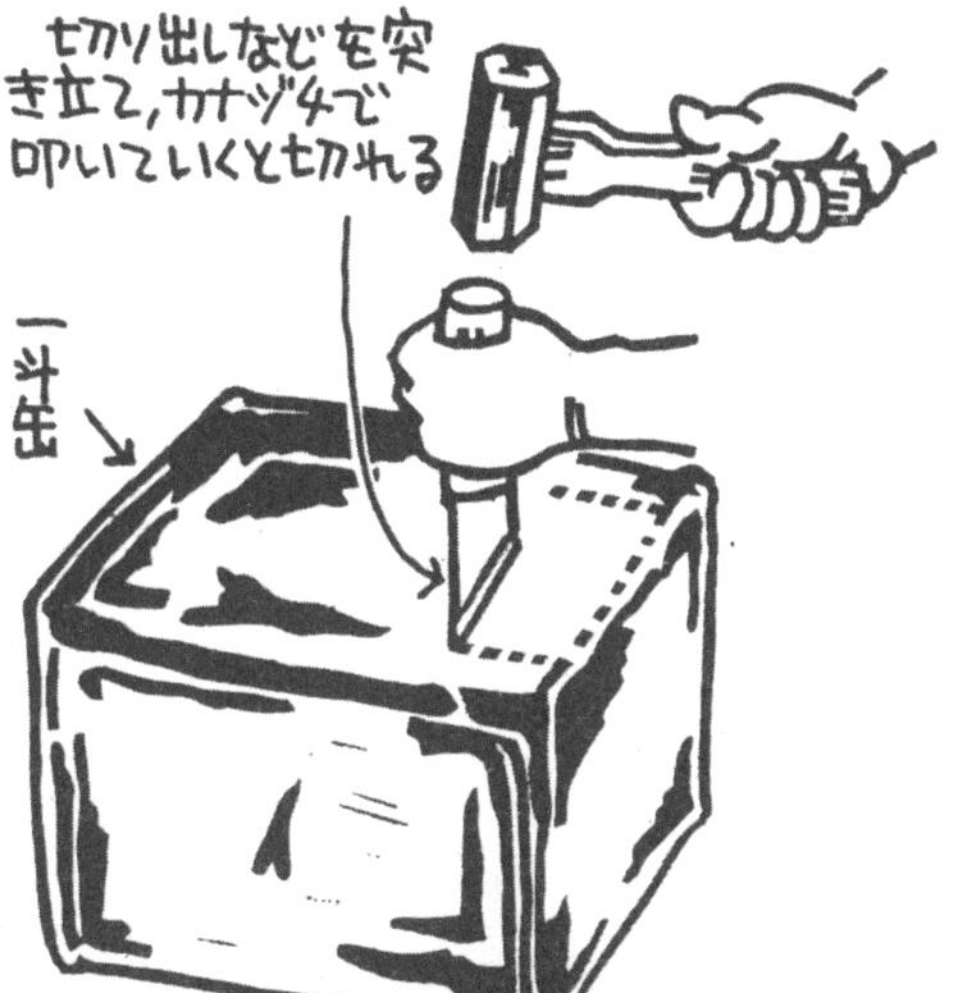

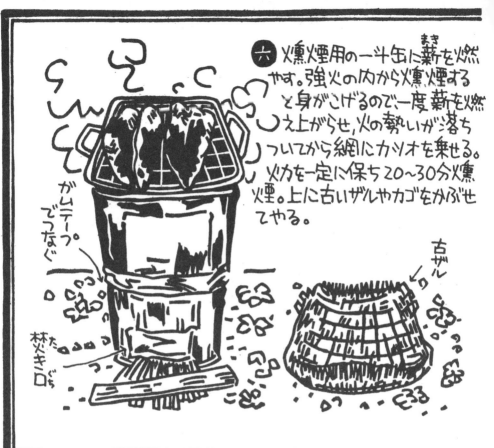

手仕事で完成させる香ばしさ

鰹の浜、三重県大王町から

三重県志摩半島南東の角、伊勢湾から太平洋の黒潮へと海が移り変るあたりに、いくつかの漁村の集まる大王町という地区があります。

ここの漁村の一つ波切《なきり》から毎週二回、その日の朝水揚げされたばかりの旬の魚を浜競《せ》りで仕入れ、京都の消費者まで片道五～六時間かけて届けてくれる魚屋さんが「海人《うみんちゅ》商会」の玉川秀樹さん（三十九歳）。海人という店名からも推測できるとおり、波切に住む前は沖縄県八重山列島の小島、小《こ》浜《はま》島で十年間漁師をして暮していました。

玉川さんがここ波切に越してきたのは三年余り前。沖縄が企業の進出で急速にリゾート化され、加速度的に変化し始めたのをきっかけに、妻の昌代さんの実家があり（隣の名田《なった》）、海もそれほど汚れていないこの地区へ移ってきたのです。

玉川さんの届けてくれる品物は、魚の他、モズク、ヒジキ、メヒビ、ワカメなどさまざまな海藻、自然塩を使った天日干しの干物類、鰹節、生節などですが、この鰹の生節は、よく街の市場で売っている茹でられた大きな切身とはまるで違い、頭を落とした鰹の半身をそのままの形で燻煙、真空パックしたといったもの。

鰹節のような香りと風味があり、そのまま切って生姜醤油で食べるもよし、残れば野菜その他と煮つけてよしの調法な一品です。

もともと大王町は鰹節で有名な土地で、人口六千人ほどの地区に最盛期には七十軒からの鰹節工場があったといいます。

しかしそれも昔のこと、玉川さん一家が移ってきたころにはわずか三軒が残っているだけでした。玉川さんはこれらの工場を、酸化防止剤などの薬品を使っていないか、製品の仕上がり具合はどうか、仕事はていねいか、仕事に対する考え方はと、自分のこだわりを満たしてくれる所を求めて尋ね歩き、中の一軒とおつき合いを始めました。先に紹介した生節や干物もこの店、「角《カネカク》商店」で作られています。

脂の少ない上り鰹の時季に

小川美千栄さん（六十五歳）と三十代の息子さん夫婦（利夫さん、美重子さん）が経営するこの工場は、玉川さんの家から車で十数分、地区の郊外にあります。何しろ生の魚を大量に扱う仕事、夏にはハエも増え、魚の臭いもきつくなるので人家の多い所はむきません。

朝九時近く、玉川さんと一緒に訪ねた工場では、小川さん親子と、アルバイトに来ている近隣のおばさんやおばあさん十人ほどが、生節にする鰹の頭とハラモ（内臓）を取り除き、背ビレ、腹ビレに切り込みを入れ、畳一畳ほどのせいろに並べる作業に余念がありません（中に二十歳前後の男女が一人ずつ混っているのがうれしい）。

その横では、せいろがすっぽり入る大きな長方形の釜で、すでに処理された鰹が熱湯でゆがかれており、その湯気と魚の煮える匂いが工場内に流れ始めていました。

このゆがく作業は湯が沸騰しないよう九十三〜九十五度くらいで一時間以上続きます。素人から見ると味が抜けないだろうかと気になるところですが、ゆがくことで鰹の余分な脂を落し身がしまるそうで、むしろこのゆで上がりが不充分だと身がフワフワと軟らかくなり、カッチリしたよい生節ができないとの話。余分な脂分はこの他、燻煙・乾燥の妨げにもなります。

したがって鰹節や生節には六、七月頃に獲れる脂の少ない上り鰹が最適。この時期に大量に買い付け、一年を通して使えるよう冷凍保存してあります。

ゆであがった鰹は冷めぬよう、せいろごとビニールで覆い、一尾ずつ身を二枚に割り、背骨、小骨（腹骨、中骨）、硬い皮を取り去る作業が続きます。冷めると骨離れが悪くなり身をくずすので手早さと慣れが必要で、アッと思うまに大きなトゲ抜きで次々処理され、こちらの目は手元をウロウロするばかり。ゆでたての鰹を持つ手は軍手をしていても熱そう。見ている方まで手の平がヒリヒリする気がします。

骨を取った鰹は、ゆがいた時のお湯を使って表面についた小骨や身のくずを取り、形を整えた後、一つのせいろに三十枚くらいずつキチンと並べて燻煙を待ちます。

木を燃やした燠火《おきび》で

燻煙用の炉は一・五メートルほどの深さに掘り下げられた四角いもので、一つの炉にせいろ二つが並ぶ大きさ。すでに花カツオ用鰹節の入ったせいろが上に積み重ねられていました。「このせいろが煙突の役目を果して火を導くから、何も置かないとうまく火が回っていかん」そうで、薪ストーブの原理と同じなんだと納得。

やがて山桃、桜、イマメなどの堅木がくべられ煙が出始めました。燃え始めは煙が多く生節の燻煙に不向きなので、しばらくは鰹節用のせいろ（こちらは数カ月間燻煙→放置→燻煙をくり返して作る）を乗せます。

薪の燃える勢いが落着き、赤々した燠火が全体に広がれば生節の燻煙に最適、この火が生節の赤い色を引き出します。五段ほど積み重ねた生節用せいろが炉にかけられると、ここからは火の様子に絶えず注意をはらい、薪を足したり、火が万遍なく回るように、せいろの上下を入れ替えたり、まさに火と人との渡り合いです。

三十分ほどたつと色よく仕上がった鰹が次々と顔をのぞかせ、それまで魚をゆがくにおいが満ちていた仕事場に、香ばしい鰹節に似た香りがたちこめ始めました。

燻煙の終った生節は冷めるのを待ってもう一度小骨が残っていないかていねいに調べます。これはこのあと真空パックしたとき、取り残した骨でパックを破かないための作業です。

最後は真空パックごと九十五度の熱湯に三十分ほどつけて殺菌、完成。この日は五百本ほどの鰹が生節になりました。

尾の先まで〝もったいない〟

最初の処理で切り落された鰹の頭や内臓は、別にせいろに入れてゆでられ、成形時に取った骨と一緒に天日で干され、粉砕されて肥料（魚粉）になります。

私が訪ねた日は雲一つない晴天、工場の表のコンクリートの車寄せいっぱいに頭や内臓、骨が広げられ、長靴で踏みつぶしたり、鍬で砕いたりの作業が行われていました。こじんまりした、人の手だけで運営する工場だからこそ可能な、細かい無駄のない利用法です。

この魚粉はスイカやミカン畑の肥しに最高で、野菜の味も違うと、近隣の農家を始め遠く京都から買いに来る人もいるほどですが、こうした欲しい人に売る以外、特に肥料会社に販売したりはしていません。

「いちばん安心な肥料になるし、私らくらいの者はもったいないいう気持が頭から離れんから」と小川さん。こんな考え方で仕事する人たちの作ってくれる食べものなら安心して食べられる、とうれしくなりました。

工場で話を伺った後、昌代さんの実家のある名田へ。前日がヒジキの解禁日で、刈りとられたヒジキが、まだ生々しい赤茶色のものから黒く乾き始めたものまで浜いっぱいに広げられ、海沿いの道端にまで干されています。

ここ名田はウェットスーツは禁止、今も昔ながらの海女着で潜るという、採りすぎない、海を荒さないが暮しの中に自然と受け継がれている土地です。

浜で働く人たちを、道端に腰をおろし日なたぼっこしながら眺めるお婆さんも元は海女。今はもう潜らない人でも、浜で貝を掘ってきて浜競りに出して小づかいを稼いだり、その人の身に合わせて海とかかわって暮している村。

人の中を流れる時間《とき》と土地や自然の季節の流れがゆるやかにつながっていて、その景色の中にいるだけで、なにか街中のせわしなさが身体から抜け落ちていく気がしました。

「魚も畑と一緒、季節感もあるし海のさまざまな状況がストレートに反映します。それをもっと消費者に知ってもらいたい。まだまだ昔からの良さが残っている海辺の暮しや、海そのものに目を向けてほしい」と語る玉川さん。

　こうした海辺からの食べものの便りを通して、少しずつでも海と付きあっていきたいと思いました。

（有限会社カネ角商店　〒517－0603三重県志摩市大王町波切2358－1　http://www.kanekaku.com/）

冬瓜と生ぶしの煮物

〈分量〉

生ぶし＝片身3分の1ほどを手で軽くほぐしておく。

冬瓜（地域によっては夕顔など）＝500g程度。皮を厚めにむいて大ぶりに切る。

❶鍋にたっぷりの湯を沸かし冬瓜に竹串がスッと通るくらいにゆがく。(15分程度)
❷別の鍋に冬瓜がかぶるくらいの水と酒を100cc程度と生ぶしを入れて火にかけ、中火で沸いてきたら湯がいた冬瓜を加える。
❸薄口醤油、塩で味は気持ち薄めにつけ、弱火に落として、煮立たせないよう15分から20分ほど静かに煮て味を整え、火を止める。
❹あら熱が取れるまで置いて味を含ませると、上品な薄味の煮物に仕上がります。

生ぶしと新玉ネギの柚子酢しょう油和え

カツオ漁が勢いづく若葉のころに、辛味少なく瑞々しい新玉ネギも出回ってきます。鮮度のいいカツオを加工した生ぶしと薄切りにした新タマネギ、特産の柚子の絞り汁と醤油でさっくりと和えれば、酒のつまみや食事の箸休めにも欠かせない爽やかな一品に。

生姜入り生ぶしのそぼろ

生ぶしは余分な水分が抜けてがっしりと固まっているので、けっこう使いでがあります。使いきれず残りそうなら、そぼろにしてみてはいかが。

❶生ぶしを粗めに手でほぐすか、包丁でざくざく刻む。
❷生姜は小さなさいの目に刻む。
❸生ぶしの塊り5～6センチとして､生姜は刻んだもの大さじ2ほど。(好みで加減)
❹ほぐした生ぶしを中華鍋か厚めの鍋に入れた所に酒と水半量ずつ生ぶしの倍量加えて煮立たせる。大さじ2の醤油と砂糖適量（量は好みで）加え、中火より弱めて生ぶしを鍋肌にこするようにしながら煮詰めていく。
❺煮汁が減ってくると焦げやすくなるので、火をさらに弱くし、しっとりとそぼろ状になれば完成。ご飯のおともに。

鶏をさばく

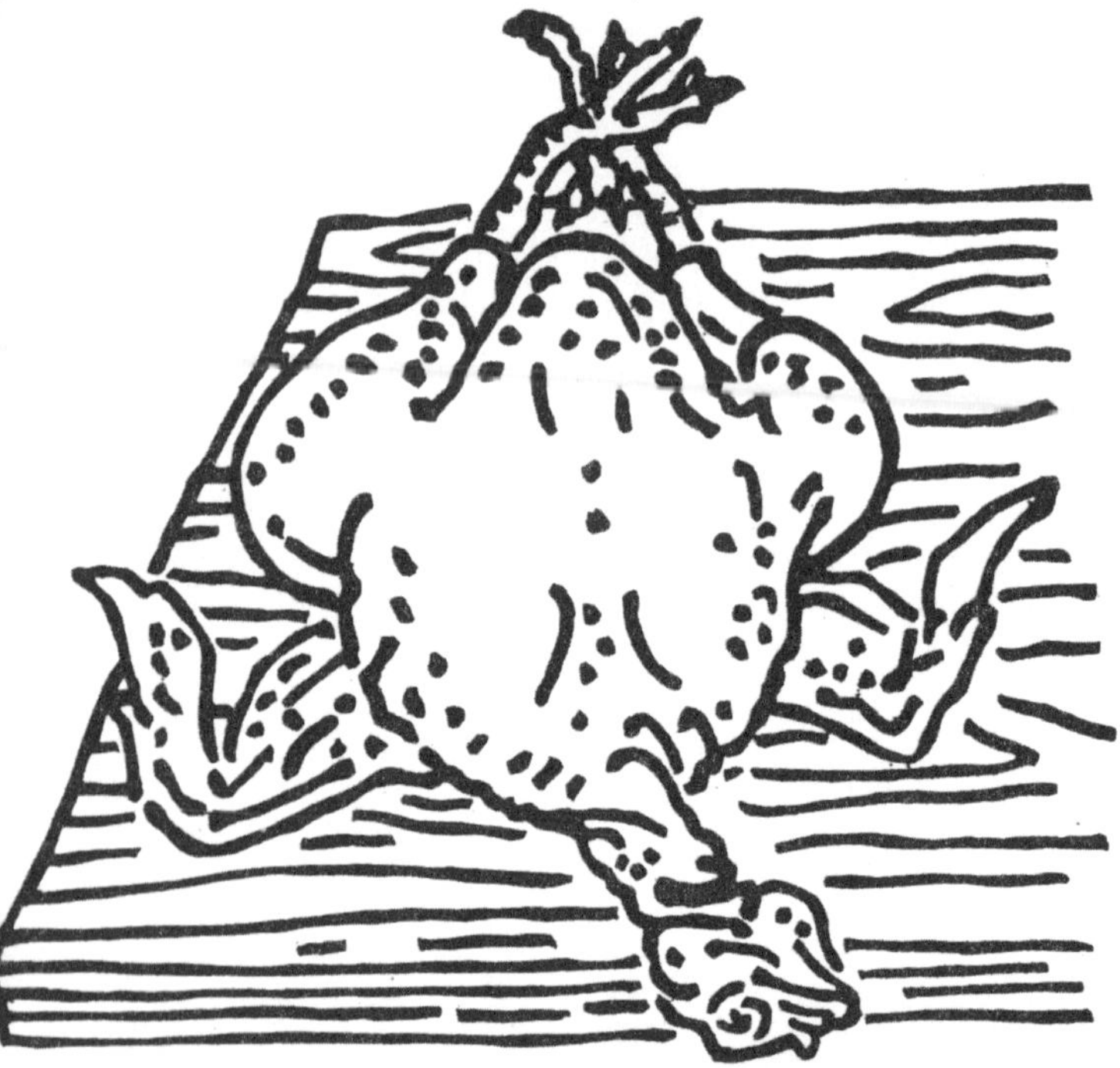

●処理済みのトリを丸ごと買ってさばくことはあっても、生きた鶏の処理は未体験。ズッと瞬時に消えた抵抗と、ぬくもりの残る屠体の解体が、生きものを食べる意味を改めて実感させてくれました。また、農の一環に家畜を飼う意義とむずかしさも見聞きし、消費する側も、もっと現場を知らねばの思いを強くしています。

材料 鶏（丸のまま）前日に屠した鶏だと"死後硬直"で足がピンと伸びたまま硬くなっている。あお向けにし、両足を屈伸運動させて、モモの関節をゆるめておく。

道具 まないた　出刃包丁　刃先のよく切れるもの。

モモ肉をはずす

一 背中の真中に一本,包丁の先で切り目を入れる(左右のモモ肉をはずすとき,最後はこの部分で分かれる)。

※首は,屠したときの切り口部分にある関節を手で折り,そこから切り離す。

二 鶏をあお向けにし,両モモの付け根と胴体の境目に包丁で軽く切り込みを入れる。鶏の頭を手前に置き,両手の指四本がモモの股関節部分に当たるよう下から持ち,親指で足を関節部から後ろへひっくり返す(廃鶏の場合は特に骨が硬いので,足だけ持ってやると骨が途中で折れやすい)。

三 ひっくり返したモモ肉と胴体との間を刃先でせせり,股関節を出して周りの白い筋を切る。その後,胴体の骨(胴ガラ)に沿って少しずつ刃先で肉をはがし,背中の切り目で皮ごとはずす(左右二本とれる)。

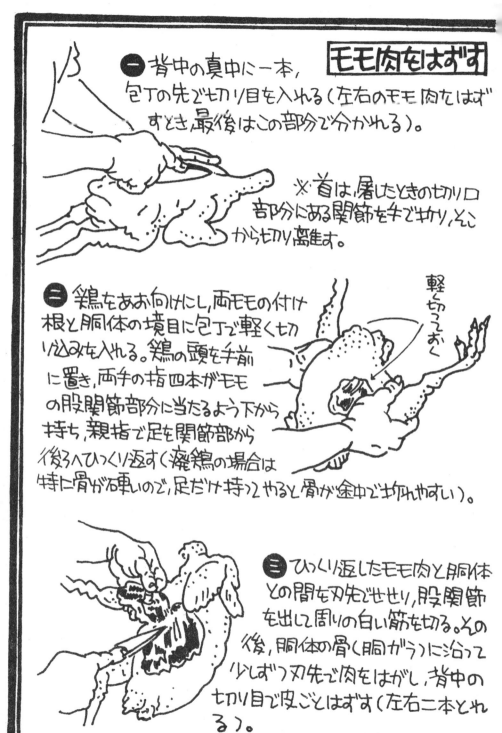

胸肉(手羽)をはずす

一 首の皮を刃先で二つに裂くように切る。

二 皮をはいで鶏の肩の部分の骨を出し、その少し外側にある関節に包丁の刃元をザクッと入れ、関節を切り離す。(骨を外したり、叩くときは包丁の元の方を使う。刃先でやると刃こぼれする)

三 背中側の肉は、胴がらからはぐように刃先でそぐ。胸側はV字型の胸骨の細かい骨に沿って刃先を入れる。モモ肉も同じく関節周りの筋を切って関節部から適当に引っぱり引いてもはがれにくい所は適宜包丁を入れて切り離す。

四 胸肉は、片方をはずしたらもう一方にかかる前に、首の皮から気管支・食道をはがし、食道につながる胃袋(エサ袋)を刃で破らぬよう注意して脇にどけ、残りははずす。

※胸肉(手羽肉)は大きな肉は切り取り、あとは骨に沿って刃先を入れて切り開き、細かくせせる。

ササ身をはずす

● ササ身は胸骨の両側にある。どちらも真中のところでついているので、そこを包丁ではずし、あとは刃先か指で、頭から尻の方へこそげるようにしてとる。

内臓の処理

一 背骨の横の細い骨の下に包丁を入れてはずす。

二 首をおさえV字型の部分を引っぱり、胸骨（通称カッパ）をはずすと中に内臓がある。

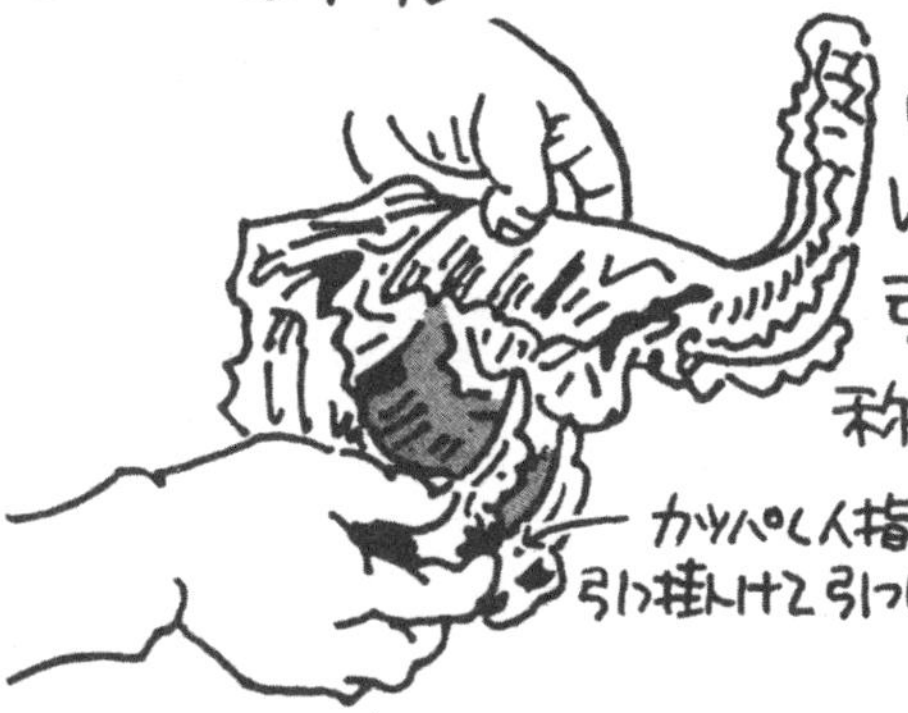
カッパに人指し指を引っ掛けて引っぱる）

三 胃袋・気管支を一緒に持って引っぱり、レバーの後ろに指を入れて内臓全体を引き出す。レバー・砂ギモ・心臓・輸卵管・黄身（つぶれやすいので先に指ではずす）は食べられる。腸・胃袋・気管支・食道・胆のう（つぶすと苦い汁が肉につくので注意）は廃棄。

※ガラに残った油・皮・肉は取って使う。油は冷凍して少しずつ切っていため油にすると便利

【カッパを外して腹側から内臓を見る】

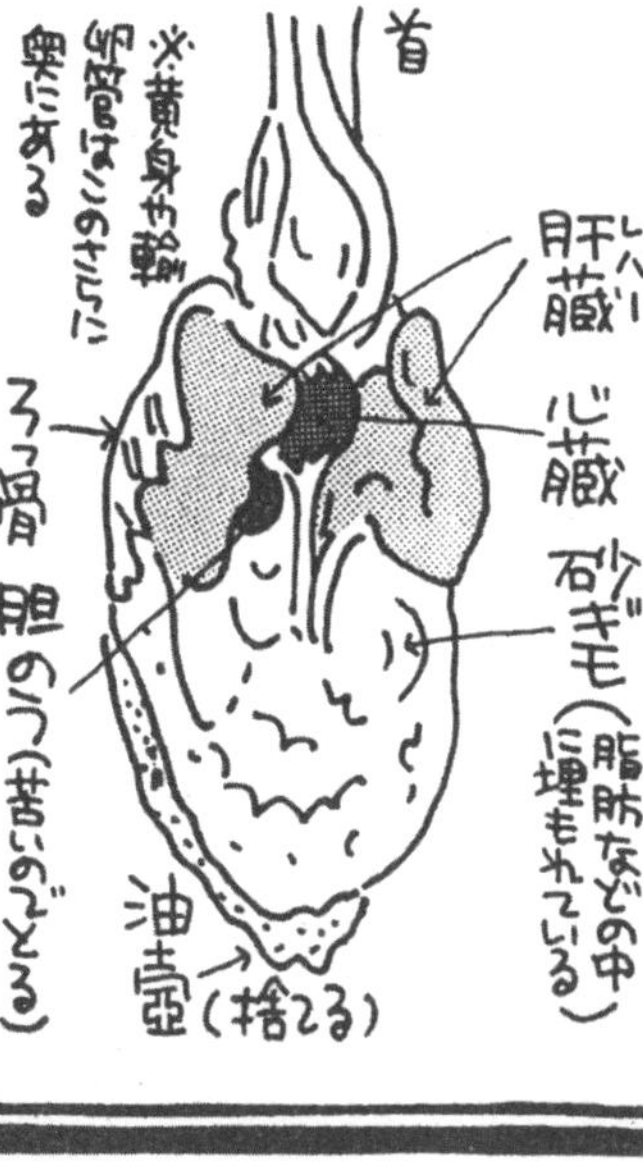

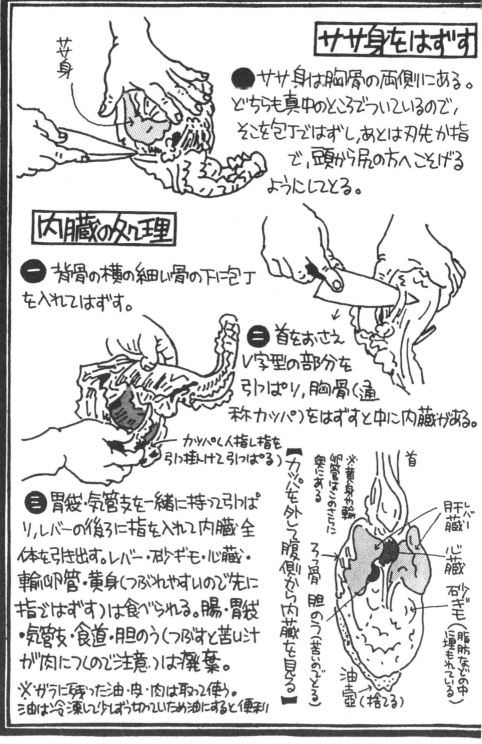

モモ肉の処理

㊀ 皮を下にしてモモ肉をおき、足の曲がっている方向の肉側に骨に沿って骨が見えるくらいまで包丁を入れる。

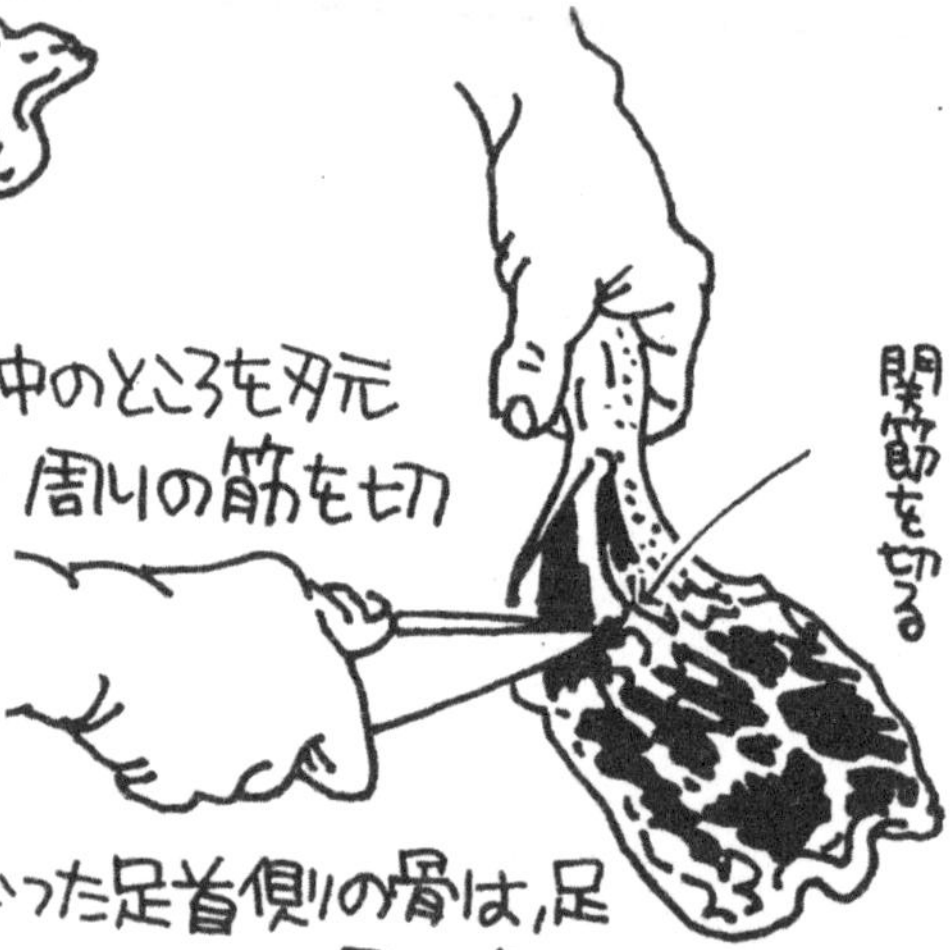

㊁ 次に関節を探り、丁度真中のところを刃元で下まで切る。関節の切り口 周りの筋を切り、胴側の骨は、骨の周りの肉を刃先でそぎながらはずす。

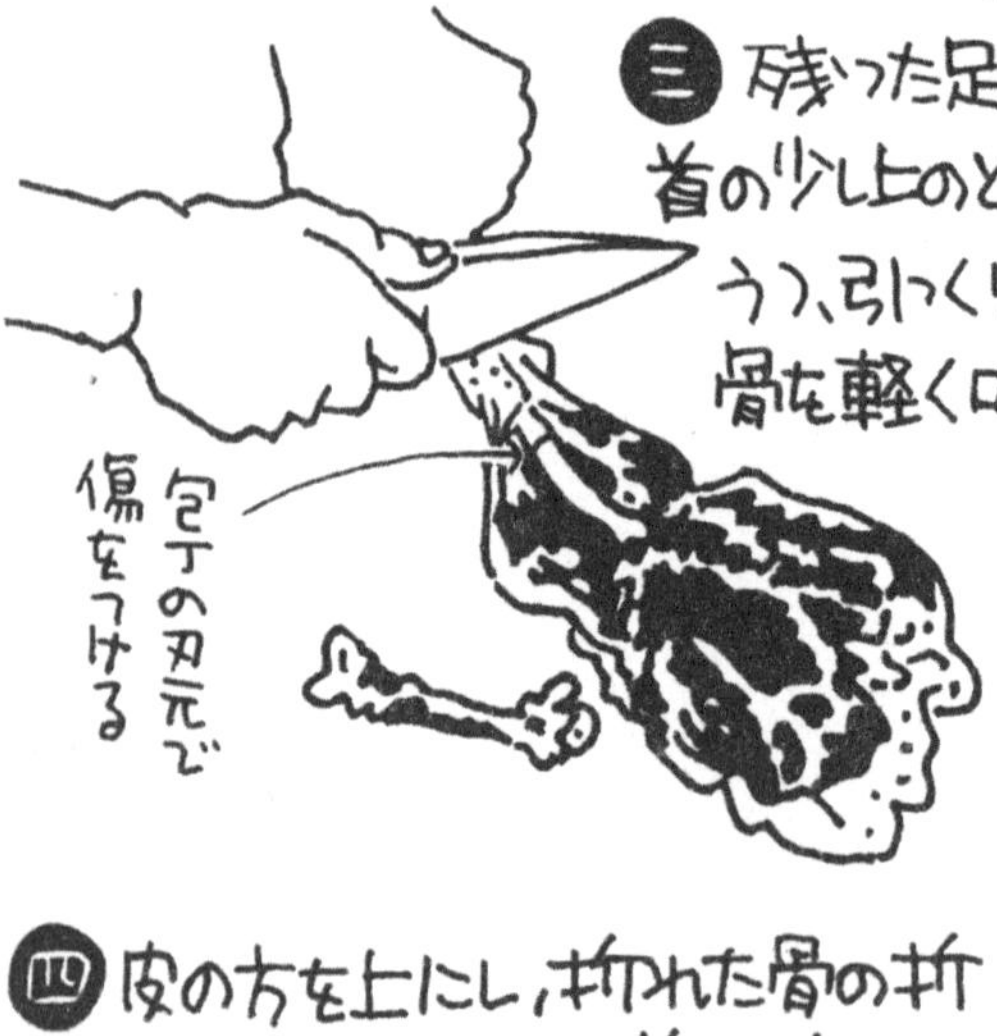

㊂ 残った足首側の骨は、足首の少し上のところで骨に傷をつけ（刃元を使う）、引っくり返して裏側から包丁の峰で骨を軽く叩いて折る。

㊃ 皮の方を上にし、折れた骨の折れ口を刃元でおさえ、足首を持って肉を骨からはがすように引っぱる。途中、筋が出てきたら適宜切ってはずす。

（取材協力・東京都調布市、宮川商店星野啓二さん）

鶏横目に包丁を研ぐ

安全農産供給センター（京都の「使い捨て時代を考える会」の配送部門）の専従、干川《ほしかわ》了さんを講師に、「鶏のさばき方講座」を開いたのは一九八七年の十二月中旬。将来自炊するときのため参加したという男子高校生を始めとして、中年から熟年まで、十数名が集まりました。

「せっかく習うのなら、生きた鶏を使って一から解体しよう」と話がまとまったため、初体験を前に何となく気の引きしまる感じ。

鶏の解体の第一歩は包丁研《ご》ぎ。鶏を苦しませず手早く屠すためにも、肉をうまくさばくためにも包丁の切れ味は不可欠、特に刃先はスパッと切れるよう入念に研ぎ上げます。これにまず一苦労。

〝生きてるんや〟と緊張

さて、研ぎ上がった出刃を手にセンターの駐車場へ。二抱えもある大鍋からはすでに湯気が立ち上っています。この湯は屠した鶏の羽を抜くのに使うもの。適温は六十三度です。すぐ脇のケージでは鶏が五羽、クワーッ、クワックワッと鳴き声をあげ、中には卵を産んでいるトリもいて、〝生きてるんや〟の思いが頭をかすめます。

「じゃ、やりましょうか」干川さんの声で皆一瞬緊張。ケージから手早く一羽とり出すと、左手（包丁を持たない方の手）の人指し指と中指の間に両羽の付け根をはさみ、鶏のアゴを上向けるようにして親指で嘴《くちばし》をおさえます。「耳たぶの下あたりに毛の無いところがあるでしょ。ここを頸動脈が走っているので、ここを切ります」

出刃包丁を取り上げ、スッと軽く引くと、切り目がパッとあき、プァッと血が溢れてきました。包丁を置き、す早く右手で両足をつかみ鶏をさかさまに。同時に左手親指を嘴から離します。下に受けたバケツの中に血がポトポト……、したたっていきました。

一分か一分半くらいたったでしょうか、「血の最後の一滴が絞り出されるときすごく暴れるから、しっかり持っていないと」、ジッと見ていると、何やらグッと体が伸びる感じがし、クタッと全体が柔らかくなりました。

「これで次は羽根を抜くため湯に入れます」。両手で鶏の足を持ち、湯の中で行水させるようにボチャボチャ。上げたり下げたり、ぐるぐる回したり泳がすように動かします。「浸けっぱなしだと毛が寝てしまい、中まで湯が回らないから。こうして振れば奥まで通るし、仕上げも早い、あまり長くつけると肉が煮えちゃうしね」。湯の温度が高すぎて皮が煮えても、また低すぎても毛はうまく抜けません。湯が全体に回ったらためしに毛を引っぱって、バリバリと手応えがあるうちは湯の浸み方が不足。スッと抜ければオーケー。鶏を水の中に移し羽根を掃除します。

促されて羽根を引っ張ると、引く感じもないほどたやすくスッとはがれてビックリ。ただしシッポ、首、手羽先、足首などは硬くて取りにくく、少しウブ毛が残りました。

体温がホアーっと伝わる

いよいよ私の番です。鶏をつかむと、見ているときにはわからなかった体温の暖かさがホアーッと指先や手の平に伝わってきます。

気を引きしめ、思い切って包丁をあてスッと引くと、割とうまくスパッと切れました。急いで足をつかみ逆さに。ババッと暴れる感じが手に伝わり、鶏の全身を痙攣が走ります。手が小さく羽根が外れそうで、待ち直すのがたいへん。最後は抵抗するように体中を硬直させ、筋肉がキューと硬くなったと思うとフッと緊張が解け、力が抜けました。〃終った〃の思いと重なるように目頭が熱くなるのを感じました。

廃鶏＋食用鶏の二本立て

今回、「鶏の解体」を習う話が持ち上がったのは、会の共同購入に初めて〃食用鶏〃が登場したためです。これまで会で食べていたのは採卵鶏の廃鶏。卵の共同購入が始まって二年目くらいして「卵の扱い量も会員の数も増えたし、親鳥まで引き取って食べるべきでは」との声が上がり、その後、廃鶏の多い冬場を中心に供給に乗せてきました。

一九七七～八年頃、養鶏業は加速度的に統廃合の道を進み、一軒の飼養羽数は増大し、飼養戸数は激減する一方でした。京都府宇治の養鶏組合自前の処理施設として開業した「宇治食鶏処理場」も開店休業に近い状態に追いこまれていました。そこで会の廃鶏処理をしてもらうことになりました。

この処理場は、元「カシワ屋」を営んでいた老夫婦がやっており、職人はおじいさんだけ。そこで前出の千川さんが手伝う目的と処理技術の習得を兼ね、屠体を洗う補助から始めて、モモ肉のさばき方、手羽肉、全身と一年余りかけて覚えたそうです。

こうして続いてきた廃鶏の供給ですが、味に不満はないものの何といっても肉が固い。普通の調理方法では歯がたちません。〃ミンチにする〃〃長時間煮込む〃〃一度圧力鍋で煮て使う〃など、食べ方に工夫がいります。もちろん廃鶏にする年数を早めれば、肉も軟らかく味もよく最高ですが、会の生産者の方々は単に卵を採るためだけに鶏を飼うのではありません。田畑に入れる堆肥となる鶏糞もまた大事な生産物。ところが、生産者の多くが実践しているヤマギシ式養鶏では、鶏糞は三年くらいたった完熟したものを使います。肉の軟らかい一年半から二年くらいで廃鶏にしては、成鶏の成熟した糞が出ないままで終ってしまうというわけで、なかなか早めの処理はむずかしいのです。

しかし、すべての田畑に使う鶏糞を得るにはまだ不充分な飼養羽数の現在でさえ、卵の方はすでに、一斉に生み出す春先には会員の需要を超えるほど出荷されます。そこで食用鶏も入れてはとの話がでてきたわけです。

でも、採卵鶏と食用鶏の両方を飼育するには、うまく回さないと鶏舎の数が不足してきます。

ツヤツヤ褐色、目も生き生き

こうしたさまざまな問題を抱えつつ、昨秋、会初めての食用鶏の秋ビナが三重県白樫の「いわん農場」に入りました。飼育してくれたのは清水康久さん。もともとは神奈川県藤沢で夫婦とも教員を十年余りやっていた経歴の持ち主。藤沢では百坪ほどの畑で自給野菜を作っていましたが、三年半ほど前「使い捨て時代を考える会」を知り、以前会の農場の専従だった松井さんを訪ねて研修を受け、八六年三月から松井さんのいわん農場の仲間に。この春からはいわんから少し離れた伊賀の地で自前の清水農場を始めました。会の若手生産者です。

清水さん、松井さんにもう一人を加えた三世帯で「伊賀有機農産供給センター」を作ったり、名張の消費者に週一回パック野菜を届けたり、自分たちの住む地域での消費者とのつながりも探りながら、さまざまな所で技術を習得し、一人前の百姓をめざす。そんな清水さんだから〝食用鶏の飼育〟という新しい試みも、よい経験や勉強の機会とチャレンジしたわけです。

「ヒナ自体は健康やし、病気にも強いみたい。たくましい。その点は楽やったね」。野性味あるツヤツヤした褐色の成鶏は、採卵鶏に比べ目も生き生きしてみえました。

餌は二種混（トウモロコシ粉＋魚粉）を六十％に、大豆カス、糠《ぬか》、魚粉、モミガラ、カキガラなどを自家配合したもの。鶏一羽が一年間に必要とする餌の量はおよそ五十キロ、飼料をすべて自給するのは耕地面積を考えてもとても無理ですが、畑で採れる野菜（葉物の外葉や人参、カブラ、大根などの葉、出荷するにはちょっといった根菜など）を緑餌に回しています。

飼料要求率を下げ経済効率を高めるため、薄暗いウインドレス鶏舎で密飼いされ、栄養剤や抗生物質入りの輸入配合飼料で生産されるブロイラーは、六十日ほどでヒナから成鶏になります。その変に柔らかく水っぽい肉に比べ、四〜五カ月かけてじっくり育てられた鶏の肉は、新鮮で適度な歯応えがありうま味たっぷりでした。

かぶらずし

●カブの間に鯖をはさんでコウジ漬けにした「かぶらずし」は、私のふるさと富山ではいわゆるあたり前の食べもののひとつ。それがなぜ「すし」と名がつくのか考えたこともなく、ただただ隠れている鯖がなるべく大きそうなのをと迷いばししながら食べていたものです。

材料 **カブ** 一、五kg（直径六〜七センチのもので15個） **塩鯖** 大一本（塩ブリや新巻鮭、油揚でも） **ニンジン** ½本 **昆布** 五センチ四方 **米コウジ** 乾燥した状態で一五〇g **塩** 四〇g（カブの三〜四%）

道具 **漬け込用容器** 樽、ホーロー容器など **重石**

一 カブの葉を落し、1.5センチぐらいの横輪切りにする。大カブは厚めに皮をむく。中に鯖をはさめるよう、中央にさらに切れ目を入れる。わりばしを2本おいた上にカブをのせてやると、2枚にわかれてしまうのを防げる。

二 カブの下漬けをする。容器にカブを並べては塩をパラパラとまいて、またカブを重ねることを繰返す。最後に重石をして水があがってくるのを待つ。早くて一晩、水のあがりが遅いようなら少し塩をたしてみる。

三 ほかの材料を用意する。まず米コウジはほぐして50〜60℃ぐらいの湯を少しずつそそいで生コウジの状態にしておく。今回は一晩保温しておいたものを使用。

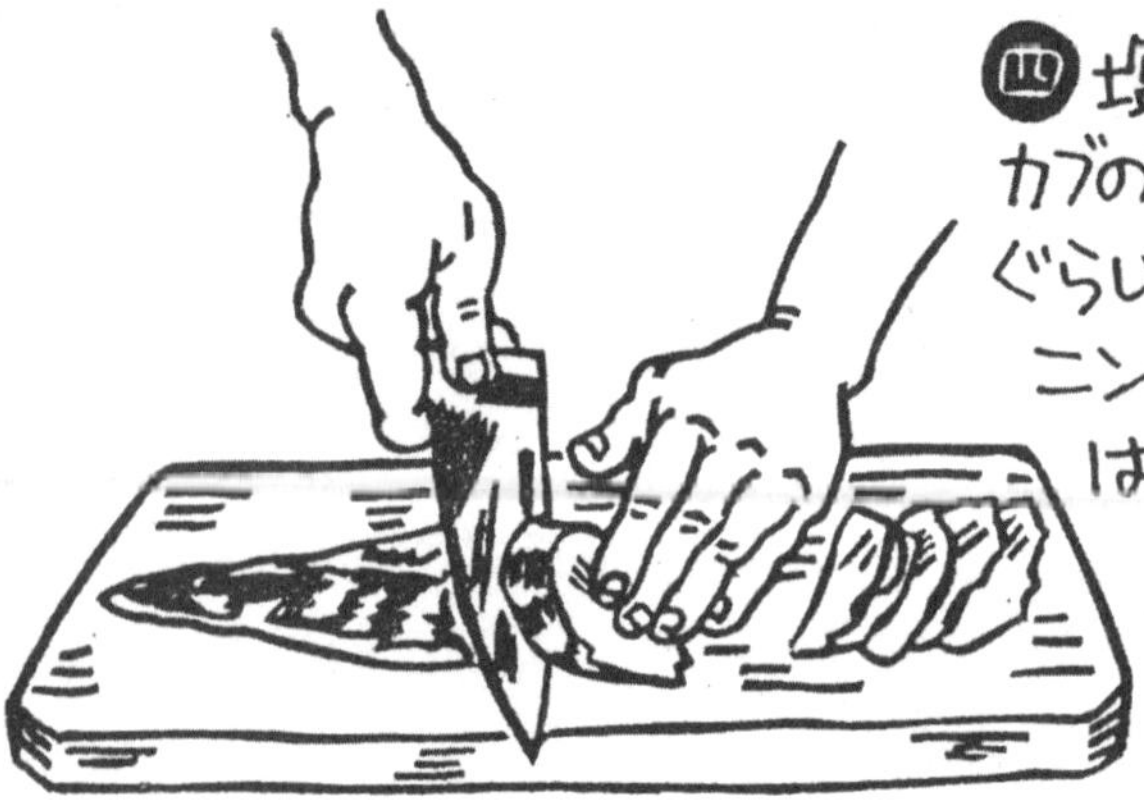

㊃塩鯖は三枚におろして、カブの大きさに合わせて5ミリぐらいの厚さのそぎ切りにする。ニンジンは千切り、昆布もはさみで細切りに。

㊄カブの水があがったら一切れ食べてみる。塩気が足りないようなら本漬けのコウジを入れる時にたす。カブの水気を切り、切れ目に鯖をはさむ。

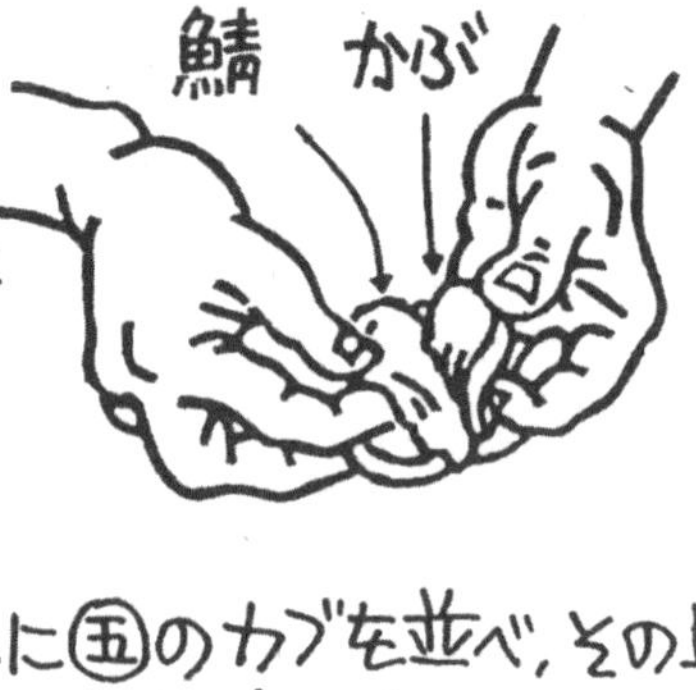

㊅容器に㊄のカブを並べ、その上にコウジをうすく広げる。さらにニンジン、昆布を色どり程度にちらす。これを繰返し、最後に重石をして一週間から10日間漬ける。ただし9月頃の気候なら2~3日で十分熟れた味になる。

酒もよしご飯にもよしの逸品

お正月のご馳走として

鯖の脂をすっきりと和らげている酸味は発酵によって生れたもの。酢は全く使いません。カブは鯖の旨味を吸い、一方でそのコクをひきたて……。あったかご飯にのっけると、湯気とともに立ちのぼる香気がたまらない逸品なのです。この組合せを考えついた昔の人、エライ！

おとなり石川県金沢ではブリをはさむのが主流とか。そのせいでしょうか、某デパートの加賀百万石物産展で見かけたものは、百グラム五百円といい値段。千円出してたった三切れしか買えないのです。かつては金沢でも庶民の食べものだったはずですが。

富山県の最西部、東砺波《ひがしとなみ》郡井波《いなみ》町では、自家製かぶらずし作りが晩秋から冬にかけての台所仕事に今もしっかり根をおろしています。

ひと晩で二メートル積ってしまうこともある雪深い土地。静かな冬に、とりわけお正月のご馳走として、かぶらずしは欠かせない華やぎ、お楽しみなのです。

大カブも自家栽培もの

山本綾子さんも、家族の好物のかぶらずしを毎年作り続けてきた方。九月半ば、きのうカブの種をまいたばかりという日に、お母さんの代からの作り方を伺いました。

「聖護院（ダイコン）でもいいけど、やっぱり大カブやね」

そう、山本さんが蒔《ま》いた種は大カブ。収穫は十一月の見込みとのこと。年内用に一～二回、お正月用に、年が明けてまたと、そのたびに直径二十センチほどの大カブを五～六個ずつ使います。

その季節ともなると、ちゃんとかぶらずし用に切った塩鯖が魚屋に並ぶのがこの町の習い。山本さんもこれを重宝に利用していますが、「魚の味がよくでるからって、昔は鯖のアタマももらってきて漬けたもんです」と。

あっけなく大成功

九月の東京で大カブを手に入れるのは無理。なるべく大きいものをようやく探してきて、さてあの味になりますかどうか。下漬けしたカブの水があがってくるのを待って丸二日、本漬けの段になり鯖はたっぷりはみだしそうなくらい奮発して……。

朝方仕込みながら「いいにおいだねぇ」と家人と話すことしきり。あの懐しい香りがもう漂い始めているのです。その夜、ホーロー容器のふたをあけ重石をとると、漬け汁がたっぷりとあがり表面にポツリポツリと気泡が。発酵進行中のサインです。

翌日夜には、さあ味見。ウン、たしかに間違いなしのかぶらずしダ。まだ半袖でも大丈夫な陽気のせいでしょう、発酵の進み方は予想以上に早いものでした。三日目にはちょっと酸っぱすぎるかなと判断して冷蔵庫へ。

その後、初めて食べるという客人に供した評判は上々でした。あまりにスルリと成功してしまって拍子抜けものでしたが、だからこそ自家製に手軽に取り組めるわけかと納得。

そうそう、切りそこなったカブや、鯖の血合いなどのアラ、余ったニンジンの千切りなどなど、体裁を整えるために省いたものをみーんなあわせて、残ったコウジとざざっと混ぜただけのもの。見かけはご馳走ぽくないものの、おいしさは変りませんでした。

魚の保存を目的に

さて、かぶらずしに「すし」とつくのは、熟酢（なれずし）の一種ゆえ。近江のフナずしやモロコずし、和歌山の鯖熟酢、イワシのくさりずし（千葉）、秋田のハタハタずし、いずれも魚の保存を目的としたものが発展して熟酢の形になってきたようです。

その効用と由来は、小泉武夫先生（東京農業大学教授）の著書に詳しいので、少し引用させていただくと、

「熟酢は魚の長期保存のみならず、発酵中の微生物がさまざまなビタミン群を多量に生成するから、ビタミンの含有量が豊富であり、ビタミンの補給という点でも優れた食品であった。

その上、熟酢に含まれている良質の乳酸菌や酪酸菌は生きた活性菌であるため、これを食べると整腸作用に効果がある。腐敗菌の増殖を阻止する細菌群が多量に腸内に棲みついて腸を整え、そして各種のビタミンをそこで作るから、これを腸が吸収することもできた」（『世界「香食」大博覧会』徳間書店　一九八九年刊より。）

さて、話はわがかぶらずしに戻って、寒中じっくり熟成させると、もっとまろやかな味になるかも、との感想がありました。どぶろく通のこの方の提言は耳傾ける価値あり。

第二弾は木枯らし吹き始める頃にでも。こんどは塩鯖も自家製と凝ってみましょうか。

残り物ご飯を発酵させたら糀の香りに

塩コウジ（麹・糀）の手づくりがブームを巻き起こしたことがありましたが、手軽に料理に使える商品が次々とスーパーマーケットなどの店頭に並ぶようになると、程なくブームはプロの作り手に吸収されていきました。

業務用のアミノ酸たっぷり添加の調味液にひたされた即席漬けが店頭のほとんどになって久しいけれど、塩コウジとの出会いを通して、じっくりと発酵の過程を経た食べ物の奥深い味わいに魅了されている方も少なくないのでは。

実はコウジが手元になくても、ご飯があれば簡単に漬物ができるんだと知って、びっくり！　東北地方にお住いのお年寄りに教わりました。

夏場など、食べ残したご飯をうっかりしまい忘れ、「あやしい臭いがついたわ、ちょっととろ～りかな…捨てなくちゃ」と焦る前に、塩を適量（ご飯の量がお茶碗一膳分くらいなら小さじ 1/2 くらい）混ぜて（冷蔵庫には入れず、風通しのいいところに）おくと、1 時間足らずで気になる臭いはすっかり消え、ほんのり甘～い匂いに変ります。ホント！

そこへ、まずはキュウリや蕪や人参などの切れっ端を入れて一晩寝かせたら、オツな浅漬けの味わいに変身。

ご自分の味覚・嗅覚に自信がないわという方にはおすすめしませんが、発酵させるつもりがうまくいかず腐らせてしまった経験、ぬか漬けの好きな人なら一度や二度はありますもんね。自家製酵母の発酵に試行錯誤の末、パン種作りに成功した人も数知れず。そんなに怖がらなくても、ネ。

加工食品には不安材料がいっぱい

一九八七年以降の大きな変化

本書旧版が刊行された一九八七年以降、私たちの〈食〉をめぐる状況は大きく変わりました。食品行政の動きを軸に、食品の安全性を考えてみましょう。

いちばん大きな変化は、一九九五年の食品衛生法改正です。

八七年当時、食品添加物は化学的な合成品だけが規制されていました。それが九五年、天然由来の添加物も食品衛生法の「既存添加物名簿」にリストアップされ、規制の対象となりました。長年使用され続けていたから、というのがその理由ですが、もともと天然物でも今日では、工業的な化学反応によって抽出された物質が大部分です。

改正によって食品添加物は、以下の四つのグループに分けられることになり、現在、総数は一四九一品目にのぼります。

まず、厚生労働大臣によって指定される「指定添加物」。これには天然由来のものも含まれ、〇五年十一月時点で三五七品目が指定されています。

次に前述の「既存添加物」。現在、四五〇品目がリストアップされていますが、うち一〇八品目は厚労省による毒性検査が終了していません。また、〈アカネ色素〉には〇四年、遺伝毒性、発ガン性があるとして使用禁止になりました。

このほかに、厚労大臣による指定から除外されてはいるが、食品添加物として使用できるものがあります。ひとつは六一二品目の「天然香料」。〈バニラ香料〉、カニの身から得られる〈カニ香料〉などが含まれます。もうひとつは七二品目の「一般飲食物添加物」。羊羹の製造に使われる〈寒天〉など、本来は飲食物であるものを添加物として使う場合です。

九五年の食品衛生法改正と時期を一にして、ＪＡＳ（日本農林規格）法による製造年月日表示は、消費期限あるいは賞味期限の表示となりました。

以降、年々明らかになる食品不正表示事件の後を追うように、表示制度が改正されます。

二〇〇〇年には、すべての生鮮食品の原産地表示、水産品については解凍、養殖の表示も義務化されました。さらに、有機農作物・有機農作加工品の表示、また、抜け道はあるものの、遺伝子組換え食品の表示が義務化。〇二年には卵、ソバなど、アレルギーを起こすおそれのある五品目の表示が義務化されました。

さらに〇六年十月からは、漬物

類に加えて、カット野菜、餅、フライ物など二十品目の加工食品の原産地表示が義務化。農水省は外食についてもガイドラインを作成し、原産地表示を促しています。

表示制度は進歩したのか

食品の安全性を考える上で、加工食品に使われている食品添加物は、私たち消費者にとっては大きな関心事です。どんな添加物がどのような目的で使われているかは、表示を見て判断するしかありません。

八七年当時食品添加物は、着色料、保存料などの用途名だけ表示すればよしとされていましたが、九一年、個々の物質名表示が義務付けられました。しかし結論からいうと、現在の表示は決してわかりやすいとはいえません。

まず、「限られたスペースにわかりやすく表示するため」（※1）として設けられている簡略名、類別名があります。

たとえば着色料の〈β-カロテン〉は、〈カロテン色素〉〈カロチン〉など四つの簡略名、〈カロテノイド〉〈カロチノイド色素〉など四つの類別名があります。表示の際はこのいずれか、または別名の〈β-カロチン〉でもよいことになっており、専門家でない限り混乱するといっても言い過ぎではないでしょう。

同じく「限られたスペースに表示するため」、あるいは「添加料が微量であるため」（※2）、一括名で表示できる食品添加物があります。

イーストフード、ガムベース、かんすい、苦味料、酵素、光沢剤、香料、酸味料、チューインガム軟化剤、調味料、豆腐凝固剤、乳化剤、pH調整剤、膨張剤の十四種類。たとえばパンの袋に〈イーストフード〉と表示されていても、使用が認められている十三物質のうち、どれが使われているかはわかりません。この十四種類に含まれる添加物の種類の多さもさりながら、一括名表示はつまるところ、九一年以前の用途名だけ表示すればよかった時代から一歩も進歩していないのです。

表示が免除される場合もあります。

ひとつは、加工助剤。製造の過程で使われても食品そのものには影響を与えないから免除、とされますが、食中毒予防のために使われる殺菌料〈次亜鉛素酸ナトリウム〉は、サラダ、すし具材などに残留してはいないのか疑問です。

次に、キャリーオーバー。食品の製造過程で、直接には使用されない添加物のことで、たとえば煎餅の味付けに使われた醤油に、保存料、調味料などが添加されていても表示する必要はありません。

さらに、栄養強化の目的で使われる添加物、店頭でバラ売りされる食品についても表示の義務はありません。

簡略化したり、まとめて名乗ったり、省略したりと、さまざまな表示方法がとられている食品添加物ですが、次の八種類については特別に、「甘味料（アスパルテーム）」のように物質名と用途名の両方を併記しなければなりません。

甘味料、着色料、保存料、増粘剤（または安定剤、ゲル化剤、糊料）、酸化防止剤、発色剤、漂白剤、防かび剤。

自然界にない化学的合成物がほとんどで、「食品の取り扱いや選択のために、とくに表示の必要が高い」（※2）ことから、併記が定められたとのこと。その多くに使用基準が定められています。ということは言葉を換えれば、この八種類の添加物は使い方によっては、おおいに危険だ、ということなのでしょうか。

消費者にとって表示は、購入する際の大きな目安です。しかし表示に関する決まり事ははたして消費者のためなのか、それとも食品業界のためなのか、疑問にすら思えてきます。

「調味料」の不思議

ところで、スーパーに並ぶ加工食品の表示を見ていて、おかしなことに気付きました。グルソー、MGS、グルタミン酸ソーダとも呼ばれ、化学調味料の代名詞だった〈グルタミン酸ナトリウム〉の名前がほとんど見当らないのです。

砂糖や塩、醤油などの食品としての調味料に対して、化学的に合成された調味料は、食品添加物として取り扱われ、その数は合計六九物質。これらはアミノ酸、核酸、有機酸、無機塩の四つにグループ分けされ、うち、もっとも数が多いのはアミノ酸のグループで、「指定添加物」二十、「既存添加物」十五、合わせて三五物質が使用を認められています。

アミノ酸グループに属する食品添加物の中で、使用量の多いものを順にあげると、〈L・グルタミン酸ナトリウム〉〈グリシン〉〈DL・アラニン〉〈L・アスパラギン酸ナトリウム〉となり、調味料全体でも、群を抜いて使用量が多いとされているのは〈L・グルタミン酸ナトリウム〉。グルソーは今日でも大量に使われているのです。

〈グルタミン酸ナトリウム〉は百年ほど前、小麦粉のグルテンや昆布から開発されました。製造コストを抑えるために石油からの合成が試みられたこともあるようですが、グルタミン酸生産菌の発見によって、サトウキビの搾りカスなどを利用して発酵させる製法となりました。〈グルタミン酸ナトリウム〉をはじめアミノ酸発酵の技術は、今日では日本を代表する化学工業のひとつ。数々の添加剤や薬剤を加えながら、バイオテクノロジーを用いた複雑な過程を経て生産されています。

その安全性について、中華料理症候群と呼ばれる、胸やけや身体のしびれを起す原因となる、また新生児に影響があるとして、一九七四年にJECFA（国際連合食糧農業機関と世界保健機構の合同専門家会議）では、一日の許容摂取量が定めました。が、その後、健康被害はないとして制限はなくなっています。

では安心して、〈グルタミン酸ナトリウム〉が添加された食品を購入するか、それとも、やはり心配だから避けるかは個々人の判断次第のはずです。しかし前にも触れたように、「調味料」は一括名表示でよい食品添加物。表示に際しては、「調味料（アミノ酸等）」と、一括名とグループ名だけを記せばよいことになっており、どんな物質が何種類使われているのか不明です。

化学調味料から、「うまみ調味料」と名を変えて、ダシの素や加工食品に多用されている〈グルタミン酸ナトリウム〉。一昔前のように、その小瓶が食卓に置かれることはあまりなくなりましたが、表示欄に「調味料（アミノ酸等）」とあったら、間違いなく使われていると判断した方がよさそうです。

毎日の食卓を見直そう

厚生労働省が継続している、食品添加物摂取量の実態調査によると、日本人は一人一日当たり、天然に存在しない化学合成品は、一日に〇・一グラム、天然由来の添加物は三・二グラムを摂取しているとのこと。これを前提に計算すると、一日に合計三・三グラム、年間一・二キロを摂取量していることになります。いっぽうで一人が一日に口にする添加物は、六十種類とも八十種類ともいわれ、年間一・二キロとは、安心できる摂取量なのか、否か。

最近では「無添加」の表示も目につくようになりました。

保存料の〈安息香酸〉や〈ソルビン酸〉などに代わって、指定添加物の調味料〈グリシン〉、同じく指定添加物の酸味料〈酢酸ナトリウム〉などが「日持ち向上剤」として使われ、「保存料無添加」と強調されています。はたして安全なのか。また、「化学調味料無添加」のダシの素などに、必ずといっていいほど使われている、〈酵母エキス〉とは何か。化学的合成品とどう違うのか、安全性はどうか。疑問をもてばもつほど、不安感はぬぐえません。

貿易の自由化、規制緩和によって、世界中のありとあらゆる食品や農作物が、国内に流通している今日。食料品輸入の際には、相手国とのトラブルを避けるためにも、規制のゆるやかな方向に流れがちです。したがって今後、国内法を改訂してでも、新たな食品添加物が許可される事態も充分に予測できます。

一九八七年当時から比較すると、私たちの食生活は様変わりしました。

デパートやスーパーには、できあいのお惣菜や冷凍食品、世界各国からの食品がにぎやかに並び、コンビニの弁当やおむすびを買うことに抵抗が薄れました。また、鍋料理のつゆ、中華料理の素、スパゲティソースなど、半加工調味料の新商品が次々に売り出されています。昨今の食を取り巻く状況は、本書で取り上げた「手づくり」の世界から、遠く離れてしまったことを実感します。

食品製造に使われる個々の食品添加物の安全性はどうか、許容量はどれくらいかなどの検証は大切です。その前に大切なことは、なぜ食品添加物が使われるのか、本当に必要なのか、おおもとに立ち返って見直すこと。そのための出発点は、毎日の食卓です。

【参考】

『食品添加物ハンドブック 第二版』（※2） 藤井清次他著 光生館 一九九七年

『よくわかる天然添加物の話』藤原邦達著 合同出版 一九九六年

『食品衛生法』藤原邦達著 合同出版 一九九六年

『食品添加物』渡辺雄二著 丸善 一九九八年

『食品表示ここを、こう見る』渡辺雄二著 河出書房新社 二〇〇〇年

厚生労働省ホームページ

日本食品添加物協会ホームページ（※1）

東京都ホームページ《食品衛生の窓》

特許庁ホームページ《微生物利用技術》

アサマ化成ホームページ《食品添加物基礎講座》

本書の「手づくり」を使っての料理は『自然食通信』に掲載したものと、以下の本からも転載させていただきました。

『北国の手づくり食品』北海道農業改良普及協会

『岩手の郷土料理』熊谷印刷出版部

『なにゃとやら』熊谷印刷出版部

『にいがたの味』新潟県農業改良協会

『さいたまの味』埼玉県農林部

『ふるさとの味』神奈川県農政部農業技術課

『信州の郷土料理』信濃毎日新聞社

『とやま四季の味』富山県生活改善グループ連絡研究会

『ふるさとの味なつかしい郷土料

理』福岡県八女西部地区生活改善グループ連絡協議会
『おばあさんの漬物』葦書房
『ごりょんさんの博多料理』葦書房
『熊本の食べ物』熊本開発研究センター
『私の鹿児島料理』柴田書店
『わが家の韓国料理』蕗出版
『現代農業』農文協
『手づくりの健康食品』農文協
『聞き書 秋田の食事』農文協
『家庭の郷土料理』婦人の友社
『和尚の健康精進料理』平河出版社
『わが家の手づくり食品』家の光協会
『家庭でできる加工食品』建帛社
『作って食べよう とうふの本』文化出版局

あとがき

●取材先を考えるとき、つい、（日帰り大丈夫かな、何時に帰れるかしら）こんな思いが頭をかすめます。家庭人間の本音を断ち切れなかったのです。いきおい取材に出かける範囲も狭《せば》まりがち、あとは手紙と電話を頼りの取材が三年半続きました。

でも、生産の場と生活の場が切り離され、身近な物の成り立ちさえ見えなくなった都会の中で、都市育ちの私が、単なる知識でない、存在感を持った生活の知恵と出会えたこの取材。それは一面、二人の子の母としての実力を養う得難い場でもありました。

いつの間にか私たちの周りから消えていった衣食住の知恵。その幾らかでも、後を歩く子どもたちに繋げられたらと希《ねが》っています。（小玉光子）

●最初この本づくりの話があったとき、生後六カ月だった息子は四歳、編集作業の合間を縫って産まれた娘は満一歳になりました。子育ても料理も家事も手抜き、思いつきが常、醤油は小麦と大豆からつくられることさえ頓着しなかった私が、この本づくりに携ったいま、じっくりと熟成させることの良さをかみしめています。

実際に手づくりしてみなければ一行も書けない本づくり。仕込んだ味噌には「小たけ味」、醤油には「ももの香」と、子どもの名を借用した我流銘柄ラベルまで、瓶にしっかり貼りつけて、こちらの方はいまだ熟成中です。（八田尚子）

●夫の祖父は、海から遠い北陸の穀倉地帯で、戦前から魚を商っていました。買いつけのため全国の漁港をくまなく訪ね、遠くは樺太へもニシンを求めて出かけたそうです。

鳥獣肉やその毛皮、肥料などまで手がける、一帯ではちょっとした豪商だったのですが、昭和三十年代のスーパーマーケットの台頭や流通革命に乗りおくれ、没落しました。

取材を終え、干物の原稿を書くため魚食の歴史をひもといていると、かわいがってくれた義祖父の笑顔が何度も浮かんできました。（石崎須珠子）

【新装改訂版　あとがき】

改訂版を作ろうということになり、本書を一ページ一ページていねいに読み返しました。改めるべき箇所のチェックのためだったのですが、読み進むうちにページのすみずみから、土地土地の暮らしが立ち昇ってきます。暮らしの厚みから必然的に生まれ、伝えられてきた手づくりの一品一品は、凛とした豊かさと落ち着きをただよわせています。

一九八七年の旧版編集に加わり、そしていま改訂版の作業をすすめながら、初版当時からすると私たちの暮らしは、なんと遠いところにきてしまったかと、しみじみとした思いにとらわれました。

〈食〉をめぐっては、法制度上でも大きな変化がありました。資料編で簡単に整理したように、加工食品に関する食品行政、さらに、米と塩に関する状況も大きく変わりました。

米をすべて政府の管理下に置いていた食管法に替わって、一九九五年から新食糧法が施行され、米の生産・流通・販売についての規制がたいへんゆるやかになりました。

また、塩の生産・輸入・販売は、塩専売法によって政府の管理下に置かれていたのですが、一九九七年、塩専売法が廃止され、だれでも塩を作ったり、売ったり、輸入したりすることができるようになりました。

米と塩を縛っていた法律がなくなり、一見、いいことずくめのようですが、はたしてそうでしょうか。

米は生産者自らが直に販売できるようになり、インターネットなどを通してさかんに取り引きされています。高価なブランド米が人気を呼ぶいっぽうで、ディスカウントストアには驚くほど安価な米が山積みになっています。農薬や化学肥料はどれほど使われているのか、農家の人に健康被害はないのかなどなど、根っこの問題はおきざりにされたまま、稲作農家の数は年々、減少しているのです。

米、塩に限らず、本書でとりあげた食品はすべて、お金さえ出せば、全国、いや世界中からお取り寄せできる時代になりました。デパートの食品売り場には、全国各地、世界各国からの食品が並び、塩も例外ではありません。料理によって塩も使い分ける時代です、などと書かれた料理本も目にします。

法律による規制はなくなっても、海水塩は海からの恵みです。そして製塩は、海と深くかかわり合う中から生まれてきたいとなみです。生きるためになくてはならない塩。もし、四周の海の汚染を直視することなく、おいしいから、健康にいいからと塩を選ぶなら、それは豊かな食とはほど遠いといえるでしょう。

改訂版の編集にあたり、書き直したところは加工食品についての巻末資料だけです。旧版の雰囲気をそのまま残したく、問い合わせ先の住所等は調べ直しましたが、そのほかは旧版を生かしました。したがって文中に「現在」とあれば、一九八七年と理解してください。問い合わせ先の住所を確認する際、味噌の章に登場する星野さん、醤油の章の民宿「こおしんづか」などは、現在も手づくりの心意気を伝え続けていることがわかり、うれしくなりました。


（八田尚子）


1987年初版の本書は、81年創刊の雑誌『自然食通信』で連載を開始した〈手づくりのすすめ〉から23篇が単行本としてまとめられました。出版後も連載は続き、総数49篇を数えたところで1996年、雑誌は休刊に。たくさんの読者の方から「続編」出版のご要望をいただきながら、今日まで実現かないませんでしたが、ようやくこのたび雑誌連載分から3篇（20P）を追加、〈増補改訂版〉の刊行に至りました。

念願だった〈続編〉も、雑誌連載のものに加え、創刊時に掲げた「原子力発電に頼らない暮らしと世界」に向けての一歩に繋がる今日的な内容を孕んだ〈食べもの〉と食にまつわる話も新たに収録、〈PART2〉として、2022年春の出版に向け準備をすすめています。

自然食通信社サイトで進捗状況も随時お知らせしてまいります。ご期待ください。（編集部）

●収録 魚をおろす／ご飯を炊く／柚子コショウ／青梅エキス／どぶろく／凍み豆腐／だし／かるかん／豚をさばく／ソース・ピューレ・ケチャップ／パテ／イカ燻／納豆／野草のお茶／カレーの薬味／チャパティ／豆しとぎ／山椒の実で保存食／栃餅／鹿のさばき方／他

手づくりのすすめ　増補改訂版

二〇二一年一一月一日　初版第一刷発行
二〇二三年　三　月五日　第二刷発行

編著者小玉光子＋八田尚子
＋自然食通信編集部
版画　宮代一義

発行者　横山豊子
発行所　有限会社自然食通信社
東京都文京区本郷二―一二―九―二〇二
電話　〇三―三八一六―三八五七
ＦＡＸ　〇三―三八一六―三八七九
振替　〇〇一五〇―三―七八〇二六
http://www.amarans.net

印刷　東光印刷所
製本　積信堂

ISBN978-4-916110-42-8

●自然食通信社の本

ききがたり **ときをためる暮らし**

つばた英子・つばたしゅういち

聞き手・水野恵美子

撮影・落合由利子

定価 1800 円＋税

84 歳と 87 歳、どんどん美しくなる人生。山を削ってできた造成地に丸太小屋を建て、木を植え、土を耕し、自給生活めざして四半世紀。自分流に、手間ひまを楽しみ、ていねいに生きて、お金はなくても、なにかが溢れている。ふたり合わせて、171 歳の青春。だんだん美しくなる人生を設計するのは、けっして夢ではありません。

ふたりからひとり

ときをためる暮らし それから

つばた英子・つばたしゅういち

聞き手・水野恵美子

撮影・落合由利子

定価 1800 円＋税

『ききがたり ときをためる暮らし』から 4 年。その後のふたりの日々と、しゅういちさん亡き後の英子さんの暮らし――。ていねいに生きて積み重ねてきた 65 年の歳月は、ひとり暮らしへと踏み出した英子さんをやさしく見守る。誰かのために手足を動かす変わらない営みは引き継がれていく。愛らしくも潔い 89 歳の心豊かな日々。

おいしいから野菜料理

季節におそわるレシピ 777　増補改訂版

自然食通信編集部＋八田尚子編著

定価 2000 円＋税

使えるレシピ集です。個性的な地元野菜から新顔野菜まで、素材のうま味を上手に引き出す料理を季節別、材料別に網羅。事典としても備えておきたい野菜料理の決定本です。「あえて細かい分量は載せていないから、作りながら自分の味を見つけていく楽しさがある。料理好きにはたまらない！」と大好評。野菜ってほんとうにおいしい！と、あらためて気づかせてくれる一冊。

改訂新版　ふみさんの自分で治す

草と野菜の常備薬

一条ふみ

聞き手・横山豊子

定価 1700 円＋税

「病知らせるからだの中からの信号に耳を澄ませて」――民俗信仰の『集まりっこ』のなかで、ばっちゃんの膝に抱かれ“風のように光のように自然に覚えた”豊かな薬草の知恵。採取して乾燥させて煎じて、と用事は増えるけれど、そのことによって自分は守られていく。今日までたくさんの人々を癒してきた一条ふみさんからの温かく、心にしみる贈り物。

オモニたちから寄せられた

環境にやさしい素朴な料理 110 選

自然がいっぱい 韓国の食卓

緑色連合編

B5 判／定価 2000 円＋税

日本では観賞用のあおい（葵）を、お隣の国ではどう料理？ ゼリー状に固めたそばがきって？ 同じ材料から思いもよらない料理が…医食同源の伝統が息づく韓国全土から寄せられた 1000 を越す料理を厳選。ご飯ものやスープ、野菜料理に特別の日のおかず、保存食、自家製調味料…長く家庭で愛され作り継がれてきた素朴で体にもやさしい料理と出会えます。

すべてはおいしさのために

オーボンヴュータン

河田勝彦

聞き手・水野恵美子

撮影・坂本真典

定価 1600 円＋税

甘さは 控えるものではなく 秘めるもの――。甘さが前に出たら、おいしさの真髄は味わえない。キュートな飴菓子にエスプリ溢れる生菓子、焼き菓子に至るまで、数百種に及ぶ菓子のどれひとつ手を抜かないと自分に課して 40 年。「僕らの表現方法は、作る菓子がすべて」という伝説の菓子職人が大事にしてきたものとは。パティシエの哲学書。

地球を汚さないシリーズ② **捨てない主義で「布」生活** 八田尚子＋自然食通信編集部編 定価 1200 円＋税	肌になじんだGパン、プリントに一目惚れしたシャツ。作り直したり、繕ったり、チクチク楽しい布生活に、130のアイデア、実例が役立ちます。布に寄り添う暮らしを楽しむ人たちの紹介や、古着･古布･古ふとん、ペットボトルと、布リサイクルの現状を見渡せるレポートも充実。
地球を汚さないシリーズ③ モノの命とトコトン付き合う **台所サバイバル** 自然食通信編集部編 定価 1100 円＋税	大根、人参はもちろん、山芋だってヒゲをちりちり焼いて皮ごと使っちゃう。大豆の煮汁は拭き掃除に、茶殻のうがいは効くんだョ。台所のモノたちが土に還っていくまでいとおしむ大技小技の数々や、ツーカイ生活の達人の暮らしぶりをクローズアップした読み物も充実。
100 年未来の家族へ ぼくらがつくる〝弁当の日〞5.7.5 文 / 写真・竹下和男 写真・宝肖和美 定価 1400 円 + 税	「親は手伝わないで」校長のこの一言から始まった「子どもがつくる〝弁当の日〞」。材料の調達から、調理、後片付けまで子どもだけで行う。2001 年に始まり実施校は 2300 校に！　著者が 18 年間撮りためた〝弁当の日〞の写真と子どもたち自身の発見や思考の深まり、成長する姿から掬い上げた川柳 128 句は、100 年未来の家族を応援する。
料理大好き **小学生がフランスの台所で教わったこと** ケイタ著 定価 1400 円＋税	山あいに暮らす小5の男子。生死の境をさ迷って思い立ち、学校を2週間休みフランスへ。待っていたのは彼の家で農業ボランティアしながら自国の美味しい料理を作ってくれた友人達。地域の伝統料理や地元の味わい深い家庭料理にも出会い、新たなレパートリーを次々増やして帰国。「料理は楽しいけど、本をたくさん読みたい！」と読書三昧、夏休みは遊び場としての家づくりに熱中。成長のステップを楽しさ武器に疾走する姿が眩しい。
ふかふかあったか ここちいい香りの誘惑 **小さな酵母パン教室へようこそ** 新装版 林弘子 定価 1700 円＋税	ユニークな発酵食ライフの中から生み出される自然発酵種のパン作りを小さなキッチンで伝授してきた著者のパン作り総集編。シンプルな食事パンから、あんこも手づくりのあんぱんやメロンパンまで、自然発酵ならではのおいしさを四季折々のパンに詰め込んで詳述。初心者が陥りやすい失敗への的確なアドバイスがうれしい。
自然なお産献立ブック 増補改訂版 矢島助産院ウィメンズサロンの安産・おっぱいレシピ 岡本正子 定価 1500 円＋税	つわりの時のお助けメニュー、貧血・冷え対策、赤ちゃんのアレルギー予防、乳飲み子を抱えている時の手抜き術…。妊婦さん、ママさんたちの声を聞きながらアドバイスしてきた著者が提案する和食中心野菜たっぷりのレシピ集。国際薬膳師の視点から改訂版では「からだのめぐり」を助ける薬膳レシピの章が新たに加わりました。